北京市社科基金资助课题

京津冀农民合作社减贫效应及协同政策研究

冯开文 等 著

中国农业出版社
北 京

目　录

CONTENTS

绪论

一、问题的提出

贫困和减贫都是世界性的难题。伴随着对贫困成因的认识从单纯的低收入（Townsend，1962）到能力与权利缺乏（Sen，1999）的提升，测度贫困的方法也从仅以收入水平为衡量标准扩展为多维视野下的贫困衡量与反贫困（Foster，2008；王小林、Alkire，2009）。与此相对应的是，减贫的具体实践也在不断丰富与发展。中国的反贫困事业从新中国成立后至今持续70余年之久，扶贫重心经历了从生产开发式扶贫到综合性扶贫，从区域性扶贫到瞄准贫困县、贫困村以及到户到人的精准扶贫，从解决普遍性贫困、解决温饱问题入手到促进农村综合发展、全面建设小康社会和实施乡村振兴战略的转变，走出了一条具有中国特色的扶贫开发道路，成为世界上减贫卓有成效的国家，为全世界的减贫事业做出了巨大的贡献（汪三贵，2018；左停、徐卫周，2019；汪三贵、胡骏，2020；汪三贵、刘明月，2020；李猛，2020）。

然而，贫困与减贫同时也都是持续性的课题。我国农村贫困的治理是一个长期的、动态的、连续的过程。当前，我国正处于脱贫攻坚和乡村振兴战略实施的交汇期。随着脱贫攻坚任务的全面完成，我国的贫困问题也在发生新的变化，突出表现就是新的贫困形态和致贫因素会凸显出来，并呈现多维度、多元化的存在状态和发展趋势。反贫困不仅需要应对脱贫不稳、易于返贫问题，同时也需要应对各种形式的相对贫困问题，主要表现为城乡之间、区域之间在收入、社会基本公共服务获得上仍不平等以及养老、医疗、教育等社会保障水平还较低（王小林、Alkire，2009；左停，2017；李小云、许汉泽，2018；陈志钢等，2019；李小云等，2020；汪三贵、刘明月，2020），贫困性质还将呈现为发展性贫困和精神性贫困等相复合的状态（张永丽、徐腊梅，2019）。与此同时，在乡村振兴的全面推进过程中，已脱贫地区还面临着推进经济持续发展的问题（刘文斌、武力，2020）。对此，相当多的既有研究都指出，应促进脱贫攻坚与乡村振兴在产业发展、管理体制、社会动员、考核评价、动态监测等方面的制度衔接，统筹推进农村地区的经济社会发展（庄天慧等，2018；周绍杰等，2019；叶兴庆、殷浩栋，2019；郭晓鸣、廖海亚，2020；左停、苏武峥，2020）。

农民合作社一直都是减贫反贫的重要主体，也是当前统筹农村社会经济发展背景下被重点关注的重要的组织制度。作为弱势群体联合成立的互助型经济组织，合作社的制度安排具有“天然的益贫性”，是市场经济条件下实现精准扶贫与农村贫困人口脱贫的理想载体（吴彬、徐旭初，2009、2018；赵晓峰，2016；苑鹏，2019），也是各种经济组织中相对容易被贫困人口接受的一种，是贫困农民通过自身努力彰显主体性、提升自我管理水平和发展能力，进而减贫脱困的最合宜、最合意的组织化形态（徐旭初，2016）。合作社所具有的这种益贫性决定了其能够成为农村扶贫开发的重要主体（徐旭初，2016）。已有研究不断指出，在激发内在发展动力方面，合作社因其可以从根本上解决地区贫困的根源、提高扶贫资金的使用效率和贫困地区农民收入，应被视为反贫困过程中高效率的经济组织（吴定玉，2000；刘同山、苑鹏，2020）。特别是合作社作为一种特殊的制度资源，其在农村市场资源配置失败或不完全有效的领域可以产生超越市场的潜在积极作用，这让政府注意到了对其规制的经济价值空间（崔宝玉，2014）。也因此，合作社在整合农村资源、促进农业产业化发展等方面的反脆弱性使合作社在贫困治理中承接了更多功能，合作社的贫困治理能力日趋项目化、结构化和现代化，在农村贫困治理领域具有不可忽视的作用（刘风，2018）。正如 2018 年中央 1 号文件指出的，要实现“持续稳固脱贫”，必须激发贫困人口的“内生动力”，走“内生脱贫”的道路。

在此背景下，合作社这种具有“天然的益贫性”、可以与贫困农户长期持续联合并对其实施利润返还和各种能力培育的经济组织，更应该受到应有的重视。可见，改革开放以来，我国以合作社减贫为代表的开发式反贫困历程，大体能反映中国农村反贫困过程的经济与历史逻辑，也即反贫困最终须回到内在发展、依靠内生动力自主脱贫的逻辑。中国的反贫困历程以及由此决定的历史逻辑和经济学理论逻辑在合作社这里形成了“交汇”，这应该是一个很吸引人的现象，这说明合作社的内生减贫成效以及区域内合作社减贫的协同政策，是一个极具理论价值与现实意义的研究领域。

从京津冀地区来看，反贫困的长期性、动态性、复杂性同样存在。京津冀地区是我国北方最大的经济圈与都市群，既是“环京津贫困带”的所在地，也是国家划定的“燕山—太行山集中连片贫困地区”所涉及的区域。长期以来，“环京津贫困带”仍有大量的贫困村和贫困人口，贫困面较大、贫困程度深、发展基础薄弱、行政分割严重（黄征学、史育龙，2016；张亚明等，2018）。2013年，京津冀地区20个贫困县的城镇居民人均可支配收入为北京的41.8%，农村居民人均纯收入为北京的30.39%（马玉芳、沙景华，2016）。“环京津贫困带”与京津远郊区之间不仅在农民人均纯收入的空间差异非常显著，绝对差异呈持续上升趋势，相对差异阶段性、波动变化特征明显（何仁伟等，2018），而且在综合经济情况、收入构成、产业结构等方面也存在很大的差距，“环京津贫困带”的综合经济实力较差、工资性收入低、产业结构不合理，这些都加深了“环京津贫困带”的贫困程度（马林靖、严雪晴，2018）。

作为我国北方最大的都市圈与经济群，核心城市带动下的区域经济高速发展有力地促进了京津冀地区的脱贫攻坚与农业农村的全面发展。但不可否认的是，虽然在2020年，随着我国脱贫攻坚任务的全面完成，京津冀地区已经实现整体脱贫，但是巩固脱贫攻坚成果并促进其与乡村振兴实现有效衔接仍是京津冀地区反贫困与经济社会发展的重要任务。同时，在后脱贫攻坚时代，京津冀区域内也面临相对贫困问题，缩小城乡、区域经济社会发展差距的任务依然艰巨。特别是，农村资源环境承载力低下、关键生产要素区域配置不合理、农民增收产业基础单一等因素对京津冀地区巩固脱贫攻坚成果、缩小区域发展差距的阻碍依然存在。在此背景下，如何继续深入推进京津冀地区的反贫困工作及其区域协同发展仍有很大的讨论空间。

对于在2020年之后的“后脱贫时代”，区域经济社会发展中如何继续推进高质量扶贫的问题，需要从历史、辩证、创新等视角综合考察。从历史的视角来看，考虑到贫困与反贫困的多重维度和多元内涵，京津冀地区巩固脱贫攻坚成果以及区域经济社会发展的协同将是一个长时期的历史过程，在此过程中必然存在一定的起伏波动，但其相互促进、相互融合的大趋势不会变。从辩证的视角来看，任何时代、任何社会总会有一部分个体因为各种原因导致的脆弱性而陷入贫困状态，即使在京津冀地区脱贫攻坚任务全面完成后，返贫与相对贫困问题也依然会存在。而京津冀协同发展这一战略的多元内涵，恰恰为应对“后脱贫时代”的这一问题提供了具有足够包容性和针对性的制度框架。从创新的角度来看，在不同发展基础和发展阶段的条件下，京津冀地区巩固脱贫攻坚成果与持续推动反贫困所要解决的问题不同。在京津冀地区减贫的问题上，既有因要素单向流动造成的“灯下黑”问题，也有非贫困村的欠发达区域发展的制度支持欠缺问题，这都是相对贫困问题的重要表现，都要求与时俱进地推进反贫困的目标调整，以及相应制度体系的完善创新，包括有利于自主脱贫的合作社制度的完善创新。因此，回顾和总结我国合作社反贫困的历史经验，展望后脱贫攻坚时期合作社减贫在京津冀地区反贫困与区域经济社会发展中的地位与作用，对于全面认识改革开放40多年以来中国农村的反贫困经验、继续巩固脱贫攻坚成果、持续缩小城乡和区域发展差异都具有重要的理论价值和实践意义。

二、对现有研究的回顾和总结

（一）对合作社减贫机制的研究

合作社在农村反贫困中的重要地位，与合作社所具有的多元减贫机制密切相关。总体来看，控制权、财产权和剩余索取权这三类产权构成了合作社利益分配的上层建筑，最终形成了利益分配机制，这套机制有利于提高社员的生产积极性，增加合作社的可分配利益（宋慧、贺潮，2020）。也有学者通过构建农民合作组织参与贫困治理的动力机制结构框架，提出价值追求和物质利益驱动是农民合作组织参与贫困治理的内部动力，国外合作组织的经验、治理困境催生和政府政策推动是农民合作组织参与贫困治理的外部动力（陈家涛，2019）。还有研究指出，现阶段中国特色贫困治理结构是农民及其合作社的主体作用、政府的主导作用、市场的基础作用和社会的促进作用等多元主体协同作用的贫困治理结构，在这样的贫困治理结构中，各方主体是相互关联、协同作用、多元博弈的（徐旭初，2016）。李红玲（2014）则从多元贫困角度出发讨论了农民专业合作组织的扶贫逻辑，认为农民专业合作组织在农村反贫困进程中，在提高贫困农民经济收入的同时也帮助其缓解了能力贫困和权利贫困，因此更符合多元贫困论的扶贫要求。秦德智等（2019）也指出，农民合作社反贫困机理的构成，主要包括联合多主体合作、反收入贫困、反能力贫困和反权利贫困四个维度。

具体地看，合作社的减贫增收机制可从四个方面加以概括：一是合作社的组织形式能够通过生产托管服务、增强社员互助协作等途径降低农业生产经营要素的投入成本，从而提高农民生产的积极性（黄祖辉、朋文欢，2016；钟真、黄斌，2018；冯双生、关佳星，2019；苑鹏，2020；张晓山，2020；陈嘉祥，2020；杜洪燕等，2021）。二是合作社可以通过构建农业产业化联合体、能人带动、对贫困户“增能赋权”等途径，在贫困农户和市场之间架起桥梁，提高农产品的市场效益，降低自然风险与市场风险，并通过盈余返还使贫困农户收入提高（胡联，2014；蔡荣等，2015；孔祥智，2016；吴欢等，2018；韩旭东等，2019、2020；秦德智等，2019；王志刚、于滨铜，2019；庄星月，2020；王雅楠、张洋洋，2020；陈娜，2020；袁俊林等，2021）。特别是很多研究指出，在增强贫困农户能力方面，合作社能够产生显著成效。赵春雨（2017）强调合作社对于农民增强自身“造血功能”来摆脱贫困具有突出的重要性。而合作社在传达农业知识的同时，也为贫困人口创造了就业机会（张永年、赵敏，2020），提高了农村居民的社会适应性和竞争力，还推进了老人、女性获取应得的权利（曹湖云，2016）。也有研究指出，农户自身的社会资本对合作社增收效应的发挥同样具有重要作用（张笑寒、陈毓雯，2020）。三是合作社的发展有利于农业增长方式转变，促进农业生产结构调整（姜松、王钊，2013），从而提高农业生产经营收益。四是合作社能够有效利用扶贫项目、扶贫资金提高农民财产性收入和转移性收入，帮助贫困农户实现脱贫（高杨、薛兴利，2013；岑家峰、李东升，2018；李卓、左停，2018）。特别是专业合作社具有“民间性”和“草根性”等特征，与农村和农民的联系都非常紧密，使其能够对贫困农户进行精准识别和精准扶持，在对政府扶贫资金的利用上也更加高效（陈琦、何静，2015）。

（二）对合作社减贫成效的研究

在合作社减贫机制得到充分研究的同时，合作社减贫的实际成效也受到学界的广泛关注。来自山东、贵州、河北、黑龙江、新疆、安徽、四川等地的大量实地调查数据也证实了合作社对贫困地区和贫困农户减贫增收所具有的显著成效（刘俊文，2017；张天佐等，2020；颜华等，2020；单彦等，2020；张永年、赵敏，2020；倪玺涵等，2021；蒋宁等，2021；刘景政等，2021）。对合作社减贫成效的实地调查表明，合作社对贫困农户和低收入农户的增收都具有正向作用（刘俊文，2017），这种正向作用主要集中于贫困农户的工资性收入和财产性收入方面，而经营性收入和转移性收入的增长效应并不明显（颜华等，2020）。在具有促进农民增收的经济效益的同时，合作社减贫还具有提高资源利用率、改善生态环境等社会效益（张天佐等，2020）。

（三）对合作社减贫的政策设计必要性的研究

在对合作社减贫成效实地调查与分析的基础上，也有研究讨论了合作社减贫政策设计的必要性（徐旭初、吴彬，2018），特别是合作社减贫中政府顶层设计的重要性（张梅、王晓，2019）。一方面，合作社自身的治理机制对社员增收效果具有显著影响（王真，2016），但管理机制不健全、社员人力资本积累不足、政策协同欠缺等其自身问题及相关制度的不成熟，也制约着合作社减贫效应的发挥（蒋辉、刘兆阳，2016；袁伟民、唐丽霞，2020；倪玺涵等，2021），破解这诸多的现实约束，正是完善合作社减贫政策设计的重要任务；另一方面，包括合作社、政府、企业、社会组织在内的多中心贫困治理有助于提高扶贫主体参与治理的积极性和贫困地区公共产品或服务供给的效率（冯朝睿、李昊泽，2020）。已有研究指出农民合作社贫困治理功能的实现依赖于贫困治理主体之间的多向互构，依赖于贫困治理主体之间有为意愿、有效能力和有序行动的多维互嵌（崔宝玉、孙倚梦，2020）。特别是政府对合作社参与减贫不仅能够通过资金、项目等途径给予多方面的支持（王军、曹斌，2019），政府管理部门还可以打破公共管理的“一元化体制”，通过项目合作、资格认定、资源支持、精英吸纳和党群嵌入五个路径，凝聚和整合龙头企业、村官、党员、大学生等社会、经济、文化精英阶层等多方资源，有效解决当前我国合作社经营中普遍存在的供给数量不足、精英俘获或“弱者排斥”、组织制度异化和竞争力不强等乱象，推动合作社成为政府带领贫困户实现脱贫致富的重要平台和载体（周海文等，2020）。而在政府与合作社的反贫困互动过程中，中央政府的权威强制和地方政府的动员、参与、合作在多中心反贫困治理中具有不同的重要作用（冯朝睿、李昊泽，2020）。也有研究指出，促进区域间和省际间农民专业合作社的协调发展，提升农民专业合作社经营能力，应当成为推动合作社更好发挥增收致富带动作用的政策着力点之一（杨林、李峥，2021）。

（四）对京津冀地区反贫困的研究

在京津冀区域的反贫困过程中，合作社同样发挥了显著作用。特别是21世纪初，随着国家对集中连片特困地区和城乡统筹发展问题的日益关注，对于“环京津贫困带”的相关扶持政策陆续出台，也产生了一定效果。2003—2015年，京津地区经济增长对农民收入增长产生了明显的拉动作用，该时段京津地区对贫困带极化效应小于扩散效应，贫困带的空间集聚效应有所减弱（何仁伟等，2018）。

但由于“环京津贫困带”是一个贫困程度深、范围广、集中连片的区域，具有地理位置的特殊性和致贫因素的复杂性（何仁伟等，2018），长期处于贫困状态是由自然资本、人力资本、资金资本、物质资本和社会资本构成的"生计五边形"显著缩小造成的（赵弘等，2015），也因此，环京津贫困带空间贫困精准扶贫应从自然系统、经济系统、社会系统等多个方面共同发力（张亚明等，2018）。其中，统筹协调包括中央在内的京津冀三方关系，打破行政壁垒，加强协作和互联互通对促进环京津贫困带发展具有重要意义（刘娟，2016；黄征学、史育龙，2016）。特别需要指出的是，政府间协同治理区域贫困问题，既表现在中央政府与地方政府之间的有效协同关系，也表现在地方政府与周边地方政府之间的有效协同关系，要从中央政府的角度、地方政府的角度和地方政府间关系的角度多层面多主体地推进区域贫困问题的解决（丁梦娇，2016）。

而在政府协同之外，多元化的区域反贫困协同举措也是破解京津冀区域贫困问题的重要路径。例如，从跨区域生态建设、加快京津冀产业转移和资源互补、区域基础设施联合共建、促进劳动力流动等方面入手，在联合中求发展，逐步缓解"环京津贫困带"与京津远郊区县的贫富差距（马林靖、严雪晴，2018），以及通过创新扶贫机制与政策、跨区域合作减贫、发展生态经济、加强教育培训、强化生态修复与生态建设等促进"生计五边形"扩张，进而达到减贫脱贫的目的（赵弘等，2015）。

在多元化的京津冀区域反贫困举措中，生态环保和第三产业发展等京津冀地区发展中具有相当协同需求和潜力的领域受到更多的关注。利用京津冀区域生态经济协同发展推动生态扶贫，不仅是贫困地区本身的发展问题，同时也是京津冀生态协同发展的重要组成部分（刘薇，2021）。要加强京津冀地区在生态扶贫方面的合作，通过京津冀大区域的政策顶层设计和协同发展，促进京津政府对"环京津贫困带"进行生态补偿（殷阿娜、邓思远，2017），推动形成横向与纵向相结合、财政资金与社会资金相结合的多元化生态补偿资金筹措格局，加大"造血型"生态保护补偿力度，为贫困地区提供可持续的生计能力，实现生态保护和减贫增收的双赢（刘建杰，2021；刘薇，2021）。同时通过加强扶贫规划统一协调、推动建立京津冀"生态经济共建区"、加大金融支持、发挥贫困地区自身优势等途径，推动环京津贫困地区在协同发展中实现脱贫（李斌、李长妍，2015）。作为产业扶贫的重要领域，旅游产业在京津冀通过服务业协同发展促进反贫困中的重要地位也受到既有研究的重视。依托京津冀旅游资源的总体优势，利用政府的推动大力发展环京津旅游产业（刘思敏，2014），构建环京津便捷休闲旅游区，通过发展休闲旅游来扶持环京津地区的旅游事业（王淑娟、李国庆，2015）成为京津冀区域反贫困协同中的共识。

在旅游产业之外，金融、交通、教育等也成为破解“环京津贫困带”问题的重要切入点。

虽然近年来京津冀地区金融一体化建设持续推进，区域金融反贫政策体制机制构建持续完善，但河北省金融扶贫依然存在区域金融扶贫协同性不足、农村贫困地区弱质性、金融生态环境较差等问题（康书生等，2019），同时京津冀区域仍存在金融发展不平衡、金融反贫缺乏协同、大扶贫格局尚未形成等问题（康书生、冯艳博，2021）。傅巧灵等（2020）基于京津冀地区13个主要城市2006—2017年的数据，从普惠金融服务的可获得性和使用情况两个维度出发构建指标体系，通过计算普惠金融指数来测度普惠金融发展水平，并对比分析互联网环境下京津冀地区普惠金融的减贫效应，指出京津冀地区普惠金融指数总体上升，但发展并不平衡，有较大的城市差异。同时，普惠金融发展水平、互联网普及率对缓解贫困有非常显著的正向影响，且普惠金融和互联网的发展不仅可以帮助自身缓解贫困，对周边城市也有显著的空间溢出效应。同时，普惠金融发展水平和互联网的普及互相促进，能够更大程度地缓解贫困。因此，要打破京津冀三地金融各自为政的局面，提高京津冀协同发展中金融资源的配置效率（魏革军，2016）。特别是京津冀区域要深化“协同精准”，整合各自区域内和整体区域内扶贫金融资源，优化协同扶贫体制机制，推进构建大扶贫格局，以提高金融反贫效率，巩固拓展脱贫攻坚成果（康书生、冯艳博，2021）。

如果拓展视野，将对基本公共服务区域差异的讨论纳入京津冀地区反贫困研究的范围，可以看到，京津冀地区的基本公共服务情况也受到相当程度的关注。侯胜东（2021）提出，京津冀三地在协同发展过程中面临着公共服务供给短板突出、弱项较多、质量不高的现实问题。因此要建立以京津冀协同发展需求为中心的多元化公共服务供给协同机制，通过深化重点领域体制改革、优化服务需求表达机制、强化多元化主体供给、优化公共服务评价机制等措施提升京津冀公共服务多元化协同供给能力。申伟宁等（2020）运用生态系统评估中的健康距离模型与空间计量模型进行分析，指出 2006—2016 年京津冀城市群基本公共服务失配度整体上呈现出下降的势态，但各城市间的绝对差异呈现扩大趋势，基本公共服务失配度在地理矩阵中不存在空间集聚现象，但在经济矩阵下存在空间集聚现象。为实现京津冀城市群基本公共服务均等化以及社会稳定与和谐发展，应大力提高经济发展水平、加大财政投入力度、建立合作运行机制等。李林君等（2018）将京津冀地区的 43 个区（县、地级市）作为研究对象，考察了京津冀一体化进程中的公共服务不平等累积性，指出 1994—2015 年，虽然京津冀各区（县、地级市）人均公共服务累积规模普遍持续增长且保持在较高的水平，且京津冀地区公共服务人均累积极端布局基本稳定，同时增量调整、降低存量不平等的公共服务均等化政策效果显露，但京津冀各区（县、地级市）公共服务存量不平等程度依然很高，长期以来人均公共服务存量基尼系数处于警戒线 0.36 附近，特别是户籍口径公共服务不平等揭示了京津冀地区公共服务的真实差距。杨胜利、姚健（2021）通过构建公共服务资源均等化评价指标体系，提出在全市范围口径下，各市公共服务资源均等化程度要大于市辖区范围口径下的均等化程度，2006—2016 年全市口径下的公共服务均等化程度逐渐向好，而市辖区口径下的公共服务均等化程度并未好转。今后在发展中需要关注具有较大人口吸引力的各市市辖区范围内公共服务的供给水平提升，进而推进京津冀公共服务均等化进程。

还有研究提出要在京津冀一体化背景下加强跨区域轨道交通建设，从而促进消除“环京津贫困带”（王辉、李占平，2015）。同时，还可以依托职业教育打造“环京津人力资源储备带”，倡导实施“环京津贫困带”教育扶贫的思路，开展职业教育扶贫（高兵，2010）。此外，李娟、孙启（2021）提出，养老服务一体化已成为京津冀三地协同发展的瓶颈，严重阻碍了一体化的进程。京津冀三地养老服务发展中较弱的河北省面临着资金短缺、医养结合不够深入、供需矛盾突出以及人才短缺等问题。应加大政府扶持力度，规范养老服务体系，推进“医”与“养”深度融合，加强人才队伍建设，满足老龄群体多样化的养老需求，从而补齐河北省养老服务发展短板。

（五）对已有研究方法的总结

从所采用的研究方法来看，对合作社减贫成效的研究，相当多的既有成果采用了量化方法。张晋华等（2012）利用16省32个行政村的561户农户的问卷调查数据，采用两阶段模型分析了加入合作社对农户收入的影响。研究结果表明，加入合作社对农户的纯收入有显著的正向作用，这种正向效应不仅体现在纯农户的农业收入上，而且体现在兼业农户的农业收入和工资性收入上，对于在外务工农户，加入合作社对其收入的影响不显著。胡联（2014）采用2010年和2012年两次对湖南和甘肃贫困村农民专业合作社的实地调研数据，用DID模型分析发现，贫困地区合作社促进了农户社员收入的增长，且更明显地促进了人均资产高、收入高的农户的收入增长。温涛等（2015）选取全国17个省68个县（市）的农户调查数据，运用OLS回归和分位数回归估计方法研究发现，合作经济组织对入社农户农业收入、做生意收入、转移性收入、财产性收入的影响均显著为正。姜天瑞等（2017）选取对黑龙江省240个农户的抽样调查数据，用多元线性回归模型分析表明，在产前、产中环节，由合作社为社员统一采购农资、提供田间管理和生产技术服务，农户生产成本降低、生产效率提高；在产后环节，合作社通过农产品品牌建设及为社员提供包装、仓储、配送、销售等服务，实现农产品价值增值。刘俊文（2017）以2014年中国扶贫开发建档立卡数据库中的山东和贵州两省3个县60个村5 891户农户为样本，采用Probit模型进行实证研究，发现参加农民专业合作社对促进贫困农户和低收入农户增收均有显著的正向作用，但贫困农户受益更大，即农民专业合作社的“益贫性”特征比较明显。吴欢等（2018）基于浙江省185家农民合作社样本数据，采用倾向得分匹配模型实证检验合作社二次返利分配方式对合作社增收的影响，结果表明实施二次返利能显著提高合作社收入、社员履约率及农产品品质，社员履约率及农产品品质对合作社的增收效应明显，二次返利与非二次返利合作社的收入差异主要来自于二次返利的实施。宋瑛等（2019）利用对贵州、重庆2个省市建档立卡贫困村176份社员农户的微观调查数据，采用有序Probit模型从社员个体特征和合作组织特征两个方面对影响贫困村农民专业合作社促农增收减贫效应的重要因素进行了理论与实证研究，结果表明，是否行使权利、是否任职等个体特征变量以及合作社服务态度、年底分红与否、财务信息公开与否等合作组织特征与合作社促农减贫增收效果显著正相关。此外，相较于公司领办型合作社，大户带动型合作社更有助于社员增收减贫；相较于“一人一票”型决议方式，“一股一票”型决议方式并不利于合作社社员增收减贫。张淑辉（2019）利用山西省和甘肃省515户农户的调研数据，运用Logit模型和PSM估计检验合作经济组织的多维减贫效应，结果表明合作经济组织对农户多维贫困状况的改善有重要作用，参与合作经济组织能够有效改善农户的人均收入水平，促进农户教育水平提高；但是否参与合作经济组织对农户健康贫困与信息贫困的影响并不呈显著性差异。李想（2020）基于江西省贫困地区的实地调研数据，运用内生转换回归模型分析了农民合作社技术扶贫的福利效应，研究结果表明，参加合作社技术扶贫会显著改善贫困户福利水平，贫困户家庭总收入提高了33.6%。单彦等（2020）基于新疆生产建设兵团第十四师农民专业合作社的380份问卷数据，采用多元回归和分位数回归方法进行分析，指出连队职工积极加入农民专业合作社有利于连队职工家庭人均净收入的增长，即新疆生产建设兵团第十四师连队职工积极加入农民专业合作社具有一定的减贫效应。

合作社减贫成效的影响因素也是实证方法用于合作社减贫研究的重要领域。王真（2016）基于山东、江西、四川3省109个农民合作社的调查数据，利用有序Probit模型分析了治理机制对社员增收效果的影响。结果表明在控制了个体特征和合作社基本特征之后，社员制度、股权结构、决策方式、盈余分配四个方面的治理机制对社员增收效果具有显著影响。李想（2017）基于江西省井冈山市等5个县市的216份调研问卷数据，运用Heckman两阶段模型，针对参与决策与参与程度，对合作社产业扶贫与就业扶贫参与行为的影响因素进行了分析，指出在产业扶贫中拥有政治资本、有盈利能力、能够获取扶贫信息、有政府扶贫开发项目有助于合作社做出扶贫参与决定和提高参与程度；带头人文化程度越高、合作社成立年限越长、能够获得贷款对参与决策有积极作用。黄金秋、史顺超（2018）基于对安徽省阜阳市界首市和临泉县、巢湖山市含山县、芜湖市鸠江区以及滁州定远、凤阳等县（区）的合作社 132 份调研问卷数据，将合作社成长能力划定为自身实力、制度建设、市场竞争能力、规模经营能力、服务带动能力、可持续发展能力六个方面，基于对问卷数据的计量模型分析，认为地方政府通过扶持、指导、服务、监管四个途径影响着合作社成长，其中扶持、指导、监管作用对合作社成长具有不同程度的正向影响，而服务作用对合作社成长具有负向影响。张笑寒等（2020）利用江苏南京、苏州和连云港三地 76 家合作社、340 户入社农户的调研数据，构建多元线性回归模型进行实证检验，发现不同内部治理机制下合作社对农户增收的影响不同，理事会中核心成员比例、让普通社员参与重大问题决策、管理人员有报酬、按交易额（或交易量）分配盈余、公开财务报表，对农户增收有显著的正向作用；理事会成员持股比例越高，监事会提意见的次数越多，则越不利于农户增收；加入农户和合作社特征变量后，户主的受教育程度、在合作社中的职位以及第一大股东持股比例均显著正向影响农户增收，家庭人口数则呈显著的负向影响关系。

在实证计量方法之外，案例分析方法也在合作社减贫成效的研究中被广泛应用。其中，既有对单一专业合作社扶贫成效及其问题的分析（张永年、赵敏，2020；倪玺涵等，2021；蒋宁等，2021），也有对单一合作社股权架构、利益分配、内部管理、风险防范、节本增效等多角度的详细剖析（张天佐等，2020）。

纵观合作社减贫研究中的方法使用，主要体现出以下三个特征：一是主流计量分析方法的广泛应用。在对合作社减贫的实证分析研究中，OLS 回归、分位数回归、Probit 模型、Logistic 模型等常见的计量模型已经得到广泛应用，Hec*k*m*a*n 两阶段模型、倾向得分匹配模型、DID 模型等方法也被用来对减贫成效进行更为精确的估计；二是在计量方法之外，案例研究方法的使用更为广泛，不仅反映了合作社减贫中的更多细节，也有利于加深对合作社减贫区域异同的理解，而这都是计量分析所无法清晰反映的；三是对合作社减贫的影响因素的分析日趋合理、多元化、系统化，除合作社与参与农户的自身条件之外，地方政府对合作社的影响等外部因素也被纳入合作社减贫的影响因素分析中，加深了对合作社减贫复杂性的认识。

（六）对既有研究的评价

应该指出，以上大量的、系统且深入的研究对于理解中国农民专业合作社在减贫增收中的实际运行状况及其成效是富有启发的，许多研究展现了深入的分析、大量的案例与翔实的数据，也为后续研究积累了良好的基础。但需要指出的是，既有研究也存在一定的不足。

从已有研究来看，将合作社与减贫直接关联的研究虽然已经形成一定规模，但对合作社减贫的研究大多局限于内部治理层面（周海文等，2020），对合作社外部因素对合作社减贫的影响的关注仍有不足；合作社减贫的理论以及在中国特殊的经济社会条件下合作社减贫的特殊机理也有待进一步探索和完善；服务于合作社减贫问题的持续性，连续性地考察2020年前我国7 000万贫困人口的减贫和2020年后可能存在的返贫及相对贫困问题并进行必要比较的研究目前尚未充分展开，针对合作社在2020年之后在应对巩固脱贫攻坚成果并同区域经济社会发展实现有效衔接，以及应对相对贫困问题中的地位与作用的研究仍不多见，不多的现有研究成果也仅仅体现在乡村振兴有关研究中，包括合作社在内的农民合作组织具有推动产业兴旺的现实价值、促进增收和益贫价值以及包括生态宜居、乡风文明和治理有效在内的正外部性（朱鹏华、刘学侠，2019）；合作社的减贫支持政策，特别是兼顾持续性、时效性和区域性的支持政策，还需在对合作社减贫成效从计量实证和案例分析等途径多角度衡量的基础上，进行协同化支持政策设计。现有研究对合作社与区域经济增长对反贫困的基础性作用之间的联系强调不足。尽管很多现有研究已经提出，经济增长对减贫具有显著的作用，特别是农业部门的经济增长具有较高的减贫效应（汪三贵，2008；李小云等，2010），但从区域经济增长这一视角入手，讨论合作社—农业经济增长与现代化转型—区域反贫困这一连锁关系的研究更为鲜见。特别是，京津冀地区作为我国北方最大的经济圈与都市群以及“环京津贫困带”的所在地，现有的京津冀地区反贫困研究多局限于讨论促进京津冀区域经济协同发展的各项举措，如加快农地经营权有序流转（张远索等，2021），加快建立协同发展的利益共享、成本分担、跨区域协调与产业匹配四大动力机制（刘晓萌等，2021），对环京津冀贫困带县域的产业承接潜力进行测度及分区优化（徐磊等，2021），也有不多的案例研究分析了近年来京津冀地区合作社的整体发展情况（王振波、王新明，2019）以及北京、河北的合作社反贫困情况（张天琪等，2021；李宝东，2020；白琦瑛，2018）。对京津冀地区合作社减贫协同的政策设计以及合作社在2020年之后在反贫困领域如何更好地发挥作用，仍未得到足够的研究。上述这些研究空间的存在，也为本课题设计研究内容奠定了基础。

三、本书的结构安排

本书共分七章。除绪论外，包括理论探讨、实地调查和计量分析等形式和内容，各章安排如下：

第一章为合作社要论。对国内外合作社的发展，特别是国际合作社的成长历程与中国合作社的发展过程进行简要回顾，在此基础上，总结合作社的原则与基本属性，并提出中国合作社发展中出现的新问题，包括异质性问题、变异或者中国化问题、虚假合作社问题等。

第二章为合作社减贫问题讨论。首先从合作社的原则、成长史、发展、社区嵌入四个视角探讨合作社为何具有天然的“益贫性”。其次分析合作社减贫的劣势与对策；在此基础上对中国农民合作社减贫问题进行分析，主要集中讨论五个方面的问题：一是中国农民合作社减贫取得的成绩和存在的问题；二是中国农民合作社减贫的特殊原因和机理；三是中国农民合作社减贫的制约因素；四是后脱贫时代农民合作社减贫的机理和影响因素；五是京津冀农民合作社减贫问题的特殊性和复杂性。

第三章是关于合作社减贫问题的实地调研，并进行了河北省张家口市和山东省青岛市的比较分析。基于京津特别是北京地区合作社的特殊性，将河北的合作社调研作为重点就是一种实事求是的做法；同时鉴于本区域的特殊性等原因，我们认为有必要尽量将区域内的研究域外化，这就是对河北省张家口市和山东省青岛市进行比较研究的初衷。而河北省张家口市和山东省青岛市合作社发展的差距，为比较研究增添了理由。

第四章为京津冀农民合作社减贫的机制分析。首先对合作社借助收入、能力、地位、观念等进行减贫的机制进行分析，在此基础上，提出本研究的研究假说之一，即农民合作社具有较为显著的减贫效应。其次对本研究的数据和实证方法进行介绍并进行实证分析。再次，对合作社减贫的典型案例进行分析比较，在实证分析与案例比较的基础上，提出合作社减贫机制分析与效应分析的逻辑联系。

第五章为京津冀农民合作社的减贫效应分析。通过对合作社减贫效应的简要文献回顾，提出本研究的假说之二：京津冀农民合作社具有较显著的减贫效应。在此基础上，运用 CGE 方法对京津冀合作社的减贫效应进行实证研究，并对京津冀合作社减贫的典型案例进行分析与比较。

第六章从社会网络的视角，研究农民合作社对农户减贫效应的影响。采用需求可识别双变量 Probit 模型与联立方程组模型（SEM），以形成合作社的业缘、血缘和地缘等社会网络为研究对象，分析了其对农户正规信贷和非正规信贷的影响，及其对村级社会网络和村级信用发挥的作用。

第七章为京津冀农民合作社减贫的协同政策。这一章在分析京津冀合作社减贫协同政策设计的必要性的基础上，提出京津冀合作社减贫的协同政策建议。主张通过政策支持使京津冀农民合作社的发展差距逐渐缩小，从而进一步改善整个地区的合作社减贫效应。

最后是一个简短的后记，做一个较另类的总结。

参考文献

[1] Foster J., Greer J., Thorbecke E. The Foster - Greer - Thorbecke poverty measures: 25 years later [J]. Journal of Economic Inequality, 2008 (8): 491 - 524.

[2] Sen, A. K. Development as Freedom [M]. Oxford: Oxford University Press, 1999.

[3] Townsend P. The meaning of poverty [J]. The British Journal of Sociology. 1962 (3): 210 - 227.

[4] 白琦瑛．太行山区万亩花椒十里飘香　河北涉县王金庄花椒专业合作社以产业带动农民增收 [J]. 中国合作经济，2018，4 (5)：26 - 28.

[5] 蔡荣，马旺林，王舒娟．小农户参与大市场的集体行动：合作社社员承诺及其影响因素 [J]. 中国农村经济，2015 (4)：44 - 58.

[6] 曹湖云．农民专业合作社在农村扶贫中的路径和作用——以宁远县左坝烤烟种植专

业合作社为例 [J]. 管理观察，2016 (19)：23-25，29.

[7] 岑家峰，李东升．精准扶贫视域下资产收益扶贫的减贫效应——基于桂南 LN 养殖合作社的考察 [J]. 开发研究，2018 (2)：20-26.

[8] 陈家涛．农民合作组织参与贫困治理的动力机制及制约因素 [J]. 管理学刊，2019，32 (6)：36-43.

[9] 陈嘉祥．我国欠发达地区农业产业化的减贫效应——基于 15 个省份面板数据的空间计量分析 [J]. 山西财经大学学报，2020，42 (10)：52-68.

[10] 陈娜．我国农民专业合作社的逻辑演变 [J]. 河北农业大学学报（社会科学版），2020，22 (5)：77-83.

[11] 陈琦，何静．专业合作社参与扶贫开发行动分析——来自 QZB 茶叶合作社的案例 [J]. 中共福建省委党校学报，2015 (3)：46-51.

[12] 陈志钢，毕洁颖，等．中国扶贫现状与演进以及 2020 年后的扶贫愿景和战略重点 [J]. 中国农村经济，2019 (1)：2-16.

[13] 崔宝玉，孙倚梦．农民合作社的贫困治理功能会失灵吗——基于结构性嵌入的理论分析框架 [J]. 农业经济问题，2020 (12)：17-27.

[14] 崔宝玉．政府规制、政府俘获与合作社发展 [J]. 南京农业大学学报（社会科学版），2014，14 (5)：26-33.

[15] 单彦，张传辉，李雄．新疆兵团第十四师农民专业合作社减贫效果研究 [J]. 农村经济与科技，2020，31 (23)：139-141.

[16] 丁梦娇．地方政府协同治理区域贫困问题的制度分析——以环京津贫困带为例 [J]. 中共银川市委党校学报，2016，18 (4)：84-87.

[17] 杜洪燕，陈俊红，李芸．推动小农户与现代农业有机衔接的农业生产托管组织方式和利益联结机制 [J]. 农村经济，2021 (1)：31-38.

[18] 冯朝睿，李昊泽．后脱贫时代多中心反贫困治理的影响因素与效果实证研究 [J]. 学术探索，2020 (12)：76-85.

[19] 冯双生，关佳星．农民专业合作社促农增收作用机理研究——基于农业适度规模经营理论视角 [J]. 商业经济，2019 (11)：91-95，156.

[20] 傅巧灵，杨泽云，武建辉．互联网环境下京津冀地区普惠金融减贫效应研究 [J]. 中国软科学，2020 (S1)：187-195.

[21] 高兵．开展职业教育合作打造“环京津人力资源储备带” [J]. 中国职业技术教育，2010 (19)：37-40.

[22] 马林靖，严雪晴．京津冀协同发展下“环京津贫困带”出路探讨 [J]. 河北工业大学学报（社会科学版），2018，10 (2)：1-6.

[23] 高杨，薛兴利．扶贫互助资金合作社试点运行状况分析——以山东省为例 [J]. 农

业经济问题，2013，34（6）：43-49，111.
[24] 郭晓鸣，廖海亚．建立脱贫攻坚与乡村振兴的衔接机制［N］．经济日报，2020-06-05（11）.
[25] 韩旭东，等．盈余分配制度对合作社经营绩效影响的实证分析：基于新制度经济学视角［J］．中国农村经济，2020（4）：56-77.
[26] 韩旭东，王若男，郑风田．能人带动型合作社如何推动农业产业化发展？——基于三家合作社的案例研究［J］．改革，2019（10）：98-107.
[27] 何仁伟，樊杰，李光勤．环京津贫困带的时空演变与形成机理［J］．经济地理，2018，38（6）：1-9.
[28] 侯胜东．新时期京津冀公共服务多元化协同供给机制建设［J］．中国劳动关系学院学报，2021，35（3）：117-124.
[29] 胡联．贫困地区农民专业合作社与农户收入增长——基于双重差分法的实证分析［J］．财经科学，2014（12）：117-126.
[30] 黄金秋，史顺超．地方政府作用对农民专业合作社成长影响的实证分析［J］．统计与决策，2018，34（19）：121-124.
[31] 黄征学，史育龙．促进环京津贫困带脱贫发展的政策建议［J］．经济研究参考，2016（63）：54-67.
[32] 黄祖辉，朋文欢．农民合作社的生产技术效率评析及其相关讨论——来自安徽砀山县5镇（乡）果农的证据［J］．农业技术经济，2016，4（8）：4-14.
[33] 姜松，王钊．农民专业合作社、联合经营与农业经济增长——中国经验证据实证［J］．财贸研究，2013，24（4）：31-39.
[34] 姜天瑞，等．农产品供应链中农民合作社的助农增收效应——以黑龙江省240个农户为例［J］．江苏农业科学，2017，45（3）：258-262.
[35] 蒋辉，刘兆阳．农户异质性对贫困地区特色农业经营收入的影响研究——微观农户数据的检验［J］．贵州社会科学，2016（8）：161-168.
[36] 蒋宁，卢学英，魏纪泳．农民合作社内涵式发展促进乡村振兴战略实施的路径研究——以安徽省为例［J］．中国合作经济，2021（3）：52-55.
[37] 康书生，冯艳博，郭小卉．京津冀协同发展下河北省金融扶贫研究［J］．河北大学学报（哲学社会科学版），2019，44（2）：71-79.
[38] 康书生，冯艳博．后脱贫时期京津冀金融反贫长效机制构建［J］．北方金融，2021（6）：13-20.
[39] 孔祥智．合作社的益贫性［J］．中国农民合作社，2016（7）：38.
[40] 李宝东．北京谷氏农业专业合作社产业扶贫的启示［J］．中国合作经济，2020，4（5）：58-61.

[41] 李斌，李长妍．环京津贫困地区在协同发展中实现脱贫问题的对策建议 [J]. 河北省社会主义学院学报，2015 (3)：30-32.

[42] 李红玲．农民专业合作组织的多元扶贫逻辑与公共治理 [J]. 贵州社会科学，2014，4 (7)：133-137.

[43] 李娟，孙启．京津冀协同发展背景下河北省养老服务的现状、困境及对策 [J]. 许昌学院学报，2021，40 (1)：116-119.

[44] 李林君，王莉娜，王海南．京津冀一体化进程中公共服务不平等累积性研究：1994—2015——基于增量供给与存量调整视角 [J]. 经济与管理研究，2018，39 (10)：93-110.

[45] 李猛．马克思主义反贫困理论在中国的传承与创新 [J]. 中共中央党校（国家行政学院）学报，2020，24 (4)：22-28.

[46] 李想．农民合作社扶贫参与行为研究 [J]. 华南农业大学学报（社会科学版），2017，16 (6)：50-58.

[47] 李想．农民合作社技术扶贫的福利效应研究——基于江西省调研数据的实证 [J]. 农业技术经济，2020，4 (5)：119-129.

[48] 李小云，许汉泽．2020 年后扶贫工作的若干思考 [J]. 国家行政学院学报，2018 (1)：62-66，149-150.

[49] 李小云，于乐荣，齐顾波．2000—2008 年中国经济增长对贫困减少的作用：一个全国和分区域的实证分析 [J]. 中国农村经济，2010 (4)：4-11.

[50] 李小云，苑军军，于乐荣．论 2 020 后农村减贫战略与政策：从“扶贫”向“防贫”的转变 [J]. 农业经济问题，2020 (2)：15-22.

[51] 李卓，左停．资产收益扶贫有助于“减贫”吗？——基于东部扶贫改革试验区 Z 市的实践探索 [J]. 农业经济问题，2018 (10)：69-77.

[52] 刘风．农民合作社的反脆弱性及其贫困治理能力 [J]. 中国农业大学学报（社会科学版），2018，35 (5)：90-98.

[53] 刘建杰．京津冀协同发展中生态补偿与脱贫攻坚的思考 [J]. 河北广播电视大学学报，2021，26 (2)：47-50.

[54] 刘景政，等．合作社社员规范使用农药的增收效应研究——来自四川省的证据 [OL]. 中国农业资源与区划：2021 (6)：1-9.

[55] 刘娟．协同推进环京津贫困县发展问题研究 [J]. 领导之友，2016 (1)：69-71.

[56] 刘俊文．农民专业合作社对贫困农户收入及其稳定性的影响——以山东、贵州两省为例 [J]. 中国农村经济，2017 (2)：44-55.

[57] 刘思敏．京津冀一体化旅游发展的问题与对策 [J]. 旅游学刊，2014，29 (10)：16-18.

[58] 刘同山，苑鹏．农民合作社是有效的益贫组织吗？[J]. 中国农村经济，2020 (5)：39-54.

[59] 刘薇．精准扶贫视域下的京津冀市场化生态补偿 [J]. 产业与科技论坛，2021，20 (5)：25-26.

[60] 刘文斌，武力．乡村振兴进程中脱贫攻坚的成效利用与经验传递 [J]. 河南师范大学学报（哲学社会科学版），2020，47 (5)：30-37.

[61] 刘晓萌，等．京津冀高质量协同发展现状及动力机制研究 [J]. 北方经贸，2021 (6)：106-109.

[62] 马玉芳，沙景华．环京津贫困带问题研究 [J]. 首都经济贸易大学学报，2016，18 (4)：34-40.

[63] 倪玺涵，等．专业合作社扶贫成效研究——以峨山县纪业蔬菜产销专业合作社为例 [J]. 山西农经，2021 (8)：87-88.

[64] 秦德智，何梦丹，邵慧敏．农民合作社反贫困绩效研究 [J]. 当代经济管理，2019，41 (4)：52-56.

[65] 申伟宁，等．京津冀城市群基本公共服务的影响因素与优化对策——基于空间计量模型的实证考察 [J]. 全球城市研究（中英文），220，1 (2)：60-69，192.

[66] 宋慧，贺潮．农民专业合作社利益分配机制研究 [J]. 管理观察，2020 (11)：54-55，60.

[67] 宋瑛，朱美，张驰．贫困村农民专业合作社促农增收减贫的影响因素分析——基于黔、渝 176 份社员的微观调查数据 [J]. 特区经济，2019，4 (8)：59-64.

[68] 汪三贵，胡骏．从生存到发展：新中国七十年反贫困的实践 [J]. 农业经济问题，2020，4 (2)：4-14.

[69] 汪三贵，刘明月．从绝对贫困到相对贫困：理论关系、战略转变与政策重点 [J]. 华南师范大学学报（社会科学版），2020 (6)：18-29，189.

[70] 汪三贵．在发展中战胜贫困——对中国 30 年大规模减贫经验的总结与评价 [J]. 管理世界，2008 (11)：78-88.

[71] 汪三贵．中国 40 年大规模减贫：推动力量与制度基础 [J]. 中国人民大学学报，2018，32 (6)：1-11.

[72] 王辉，李占平．京津冀跨区域轨道交通一体化的实现路径 [J]. 河北学刊，2015，35 (1)：146-149.

[73] 王军，曹斌．政府支持农民合作社参与产业扶贫的机制、困境与出路 [J]. 中国社会科学院研究生院学报，2019 (5)：40-48.

[74] 王淑娟，李国庆．环京津贫困带旅游扶贫困境分析——基于旅游产业链的视角 [J]. 河北经贸大学学报，2015，36 (6)：121-124.

[75] 王小林，Sabina Alkire. 中国多维贫困测量：估计和政策含义 [J]. 中国农村经济，2009 (12)：4-10，23.

[76] 王雅楠，张洋洋．农民合作社在精准扶贫中的作用——以长治地区为例 [J]. 中国集体经济，2020 (18)：3-4.

[77] 王真．合作社治理机制对社员增收效果的影响分析 [J]. 中国农村经济，2016 (6)：39-50.

[78] 王振波，王新明．京津冀农民专业合作社时空演化及影响因素解析 [J]. 生态学报，2019，39 (4)：1226-1239.

[79] 王志刚，于滨铜．农业产业化联合体概念内涵、组织边界与增效机制：安徽案例举证 [J]. 中国农村经济，2019 (2)：60-80.

[80] 魏革军．京津冀金融协同大有可为——读《京津冀金融协同发展研究》[J]. 中国金融，2016 (8)：95.

[81] 温涛，等．新形势下农户参与合作经济组织的行为特征、利益机制及决策效果 [J]. 管理世界，2015 (7)：82-97.

[82] 吴本健，葛宇航，马九杰．精准扶贫时期财政扶贫与金融扶贫的绩效比较——基于扶贫对象贫困程度差异和多维贫困的视角 [J]. 中国农村经济，2019 (7)：21-36.

[83] 吴彬，徐旭初．农民专业合作社的益贫性及其机制 [J]. 农村经济，2009，4 (3)：115-117.

[84] 吴定玉．农业合作社：新世纪反贫困的组织支撑 [J]. 农业经济，2000，4 (8)：21-22.

[85] 吴欢，刘西川，扶玉枝．农民合作社二次返利的增收效应分析——基于浙江 185 家合作社的调查数据 [J]. 湖南农业大学学报（社会科学版），2018，19 (4)：18-26.

[86] 徐磊，等．基于多源数据的环京津贫困带县域产业承接潜力测度及分区优化 [J]. 地理与地理信息科学，2021，37 (2)：135-142.

[87] 徐旭初，吴彬．农民合作社参与扶贫的若干思考 [J]. 中国合作经济，2018 (10)：11-14.

[88] 徐旭初，吴彬．贫困中的合作：贫困地区农村合作组织发展研究 [M]. 杭州：浙江大学出版社，2016.

[89] 颜华，周伊，张梅．黑龙江省农民合作社产业扶贫效果研究 [J]. 北方园艺，2020 (16)：161-167.

[90] 杨力超，Robert Walker. 2020 年后的贫困及反贫困：回顾、展望与建议 [J]. 贵州社会科学，2020 (2)：146-152.

[91] 杨林，李峥．乡村振兴背景下农民专业合作社经营能力评价与提升路径研究——基

于26个省份面板数据的实证研究 [J]. 山东大学学报（哲学社会科学版），2021（1）：152－166.

[92] 杨胜利，姚健．城市群公共服务资源均等化再测度与思考——以京津冀为例 [J]. 公共管理与政策评论，2021，10（3）：123－133.

[93] 叶兴庆，殷浩栋．从消除绝对贫困到缓解相对贫困：中国减贫历程与2020年后的减贫战略 [J]. 改革，2019，4（12）：5－15.

[94] 殷阿娜，邓思远．环京津贫困带生态—贫困耦合关系困境的博弈分析 [J]. 当代经济管理，2017，39（3）：57－62.

[95] 袁俊林，聂凤英，朱海波．农民合作社减贫的作用机理、现实困境与路径选择 [J]. 农业经济，2021（4）：80－82.

[96] 袁伟民，唐丽霞．农民合作社资产收益扶贫：理论阐释与路径创新 [J]. 西北农林科技大学学报（社会科学版），2020，20（5）：48－55.

[97] 苑鹏．发展农民合作社与应对小农户生产的三大挑战 [J]. 中国农民合作社，2020（3）：26－27.

[98] 苑鹏．合作社参与精准扶贫的创新实践 [J]. 中国农民合作社，2019（1）：10.

[99] 张晋华，冯开文，黄英伟．农民专业合作社对农户增收绩效的实证研究 [J]. 中国农村经济，2012（9）：4－12.

[100] 张梅，王晓．精准扶贫中农民合作社扶贫模式研究 [J]. 中国农机化学报，2019，40（6）：209－214.

[101] 张淑辉．合作经济组织的多维减贫效应分析 [J]. 财经问题研究，2019（10）：122－129.

[102] 张天琪，杨月娟，柳东伟．特色产业助力精准帮扶模式实证研究——北京昌平田园盛业农业合作社为例 [J]. 中国市场，2021，4（18）：77－78.

[103] 张天佐，等．公司领办农民合作社典型案例评析——河北省金沙河农作物种植专业合作社的实践与创新 [J]. 农村经营管理，2020（10）：13－19.

[104] 张晓山．探索专业合作社发展的路子 [J]. 中国农民合作社，2020（10）：6－9.

[105] 张笑寒，陈毓雯．内生动力视角下农民资金互助合作社的农户收入效应 [J]. 审计与经济研究，2020，35（6）：88－94.

[106] 张笑寒，金少涵，周蕾．内部治理机制视角下专业合作社对农户增收的影响研究 [J]. 农林经济管理学报，2020，19（4）：431－438.

[107] 张雄，孟凡星．农民专业合作社治理机制研究综述 [J]. 合作经济与科技，2021（11）：130－132.

[108] 张亚明，石笑贤，严玲玉．环京津贫困带空间贫困测度与精准扶贫研究 [J]. 河北经贸大学学报，2018，39（3）：74－80.

[109] 张永丽，徐腊梅．中国农村贫困性质的转变及2020年后反贫困政策方向［J］．西北师大学报（社会科学版），2019，56（5）：129-136.

[110] 张永年，赵敏．合作社助力精准扶贫的实践与思考［J］．江苏农村经济，2020（8）：36-38.

[111] 张远索，邓思宇，王芳．京津冀农地经营权有序流转保障机制研究［J］．现代农业研究，2021，27（6）：1-3.

[112] 赵春雨．贫困地区土地流转与扶贫中集体经济组织发展——山西省余化乡扶贫实践探索［J］．农业经济问题，2017，38（8）：11-16.

[113] 赵弘，何芬，李真．环京津贫困带减贫策略研究——基于"可持续生计框架"的分析［J］．北京社会科学，2015（9）：21-28.

[114] 赵晓峰，邢成举．农民合作社与精准扶贫协同发展机制构建：理论逻辑与实践路径［J］．农业经济问题，2016，37（4）：23-29，110.

[115] 中共中央，国务院．《中国农村扶贫开发纲要（2011—2020年）》

[116] 钟真，黄斌．要素禀赋、入社门槛与社员增收：基于三家农民合作社的案例分析［J］．改革，2018（9）：126-134.

[117] 周海文，周海川，王志刚．政府对农民专业合作社产业扶贫的整合治理机制及效果研究——基于陇、川、黔三省连片特困地区调查［J］．中国行政管理，2020（7）：28-34.

[118] 周绍杰，杨骅骝，张君忆．中国2020年后扶贫新战略——扶贫成就、主要目标、总体思路与政策建议［J］．中国行政管理，2019，4（11）：6-11.

[119] 朱鹏华，刘学侠．乡村振兴背景下的农民合作组织发展：现实价值与策略选择［J］．改革，2019（10）：108-118.

[120] 庄天慧，孙锦杨，杨浩．精准脱贫与乡村振兴的内在逻辑及有机衔接路径研究［J］．西南民族大学学报（人文社科版），2018，39（12）：113-117.

[121] 庄星月．浅谈农业产业化联合体的增收机制［J］．南方农业，2020，14（21）：93-94.

[122] 左停，苏武峥．乡村振兴背景下中国相对贫困治理的战略指向与政策选择［J］．新疆师范大学学报（哲学社会科学版），2020，41（4）：88-96.

[123] 左停，徐卫周．改革开放四十年中国反贫困的经验与启示［J］．新疆师范大学学报（哲学社会科学版），2019，40（3）：92-99，2.

[124] 左停．贫困的多维性质与社会安全网视角下的反贫困创新［J］．社会保障评论，2017，1（2）：71-87.

（冯开文、栗挺）

第一章　合作社要论

一、国内外合作社的发展

农业合作社是提高生产效率、保障粮食安全、实现农业现代化的重要工具。合作思想渊源可追溯到柏拉图《理想国》中对理想社会的描述，亚当·斯密《国富论》中关于分工、交换与合作理论的论证，空想社会主义者托马斯·莫尔的《乌托邦》、圣西门的“实业制度”、傅立叶的“法郎吉”、欧文的“新和谐公社”中对平等、和谐社会的追求，马克思、恩格斯关于小农生产必然灭亡的论述及列宁的合作制思想等。此后，组织理论、产权理论、厂商理论、交易费用理论、博弈论则成为合作社发展的理论基础。

世界各国的合作社实践历史则从 18 世纪第一次工业革命之后一直延续至今。

（一）国外合作社的成长历程

国外合作社发展起始于欧洲的第一次工业革命，一些大型销售公司、加工企业将大量家庭农场置于自己的控制之下，收购它们的农产品，并为它们提供生产资料、技术咨询、贷款等，成为一种非常可行的农业生产组织形式，但这种商业资本主义的纵向一体化模式往往意味着对弱小农民的残酷剥削。在城市中出现了失业工人的销售消费合作社——罗虚代尔之后，分散的农户由于自身实力难以对抗资本市场，也开始联合起来，在生产资料采购、农业生产、产品加工和销售等方面相互支持，通过集体行动实现规模效益，形成风险共担、共享利润的组织机构——农业合作社，用以降低经营风险、抵制中间商的剥削。

1. 国外合作社起步阶段（1844—1917 年）

1844 年，世界上第一个合作社——英国罗虚代尔公平先锋社诞生，提出“入社自愿、一人一票、现金交易、市价售货、诚信经营、重视教育、以交易量分配盈余、政治和宗教中立”等著名的办社原则，目标是建立一种“具有共同利益的自立家庭群体”，将合作运动由理论探讨成功地推向社会实践。

第一次工业革命促进了欧美国家的经济发展和人身自由，新兴城市为农产品开拓了广阔的市场需求。每个农场主都要面临生产、销售、加工和运输等各种活动，有限的精力使他们处于忙乱而无效率的状态。而生产的专业化、市场化、组织化程度越来越高，中小农场主的盈利能力在强大的资本和市场面前越来越弱。单户农民经营农业的艰辛，使他们认识到必须组织起来形成集体力量，才能维护自身利益。

在 19 世纪末期，欧美农业合作社增长较快，但业务单一、规模较小，多为区域性地方组织。由于对合作社缺乏了解，政府多处于观望状态，合作社的成立与破产呈现相互交织格局。1895 年，国际合作社联盟（ICA）成立，遵循罗虚代尔八项原则，在粮食安全、教育培训、可持续农业方面发挥了重要作用，推动了欧美乃至世界合作社运动的发展。欧洲以英国的消费合作社、法国与意大利的生产合作社、德国的信贷合作社、北欧的农产品出口合作联盟最为典型。19 世纪末，德国农业合作社已达 2.65 万个，其中信贷合作社约有 1.9 万个；北欧丹麦的小农更是通过组建合作社，打败了本国雇用型大庄园经营体制和西欧资本主义雇用型大农场，超过美国成为欧洲市场畜产品的最大供应者，实现了家庭农场的复兴。

美国于 1845 年在波士顿建立消费者合作社——劳动者保护联盟；1864 年在费城成立第一联盟合作社协会；1847 年在加利福尼亚州和犹他州建立第一批灌溉互助合作组织；1867 年成立全国农业保护组织——全国格兰其，并与全国农场主联盟、工会组织（劳动骑士团）和美国公平社一起推动农业合作社的发展；1909 年，美国农业合作社达到 3 394 个。总体而言，由于没有认识到合作社的功能和作用，欧美合作社在成立初期并没有得到政府的支持，往往被视为合伙制企业或公司，其主要作用是为社员提供低价化肥、农药、农机具等生产资料及低息贷款，协助社员改良作物品种和土壤，组织社员展开天灾自救、农产品加工等。

2. 国外合作社快速发展阶段（1918—1945 年）

第一次世界大战后，欧美国家垄断资本发展迅速，垄断条件下的企业竞争更为激烈。农民为了生存和发展，加入合作社“抱团取暖”成为共识和理性选择，合作社数量和社员数量不断增加。政府开始意识到合作社对经济和社会发展的重要作用，并通过政策和立法，在资金、保险、科技推广、信息咨询等方面给予大力支持，农业合作社成为经济发展活动的动力中心。

1920 年，法国出台《相互信用和农业信用合作社法》，认可农业合作社的独立性和社会团体性。1929 年，国际农业合作社协会、欧洲共同体农业合作社总委员会成立，统筹协调国际合作社发展问题。1934 年，德国再次对 1899 年制定的《工商业合作社和经济合作社法》进行大规模修订，目的是使合作社社员能够有效控制董事会和监事会，使其更好地管理合作企业和专业经理。同年，荷兰建立国家农业合作理事会（NCR），对国家及欧盟的农业政策施加影响，保护农业合作社企业的利益。大洋彼岸的美国，1919 年成立国家农场局，为农业合作社提供技术服务；1922 年，美国国会通过农业合作社权利法案——《凯普—伏尔斯蒂德法》，规定农场主通过合作社的倾销行为可得到反托拉斯法豁免；1931 年，美国农业合作社达到 1.2 万个，社员总数 300 多万。

20 世纪 30 年代，整个资本主义世界陷入经济大萧条，贸易保护主义开始抬头，多数国家政府采取增加关税、固定价格、控制农产品购买等措施，促进了农业合作社的发展。政府、国际组织在立法和政策等方面的支持，无疑对合作社的发展起到保护和推动作用，合作社数量和社员数量不断增多，但经营规模普遍偏小，缺乏市场竞争力。

3. 国外合作社联合发展阶段（1946—1980 年）

随着生活的逐步稳定，第二次世界大战时期被抑制的需求开始释放出来，农业专业化、机械化、科技化和产业化趋势明显。1946 年，由英国提议组建的国际农业生产者联盟成立，该组织关注农业与粮食政策、生产与贸易、经济与技术援助等问题。为了解决地少人多、农场过小、缺乏规模效益的困局，法国政府于 1960 年、1962 年和 1967 年分别颁布了《农业方针法》《农业共同经营组合法》《合作社调整法》，规定可以收购、合并农场，并给予农业合作社低息贷款、补贴和税收优惠，建立集生产、加工、贸易三位一体的农工合作社。

为了增强竞争力，欧美农业合作社进入全面调整期，通过合并、入股等方式组建合作社集团，由分散经营走向联合发展。合作社通过纵、横向联合或合并，减少了中间环节，提高了规模效益，节约了交易成本。由于城市对乡村人口的吸纳，合作社数量和社员数量均有所减少，但经营规模越来越大，市场占有率不断提升。在组织结构上，构建基层合作组织、地区联合社和全国总联盟三级结构体系，上级合作社通过审计、稽查等方式监督下级合作社运行。合作社经营范围也从传统农业转向现代工业、服务业，经营方式由自我服务为主转向开放经营，开始出现股份制、企业化态势。

其代表性的是西班牙 1956 年成立的蒙德拉贡合作社（Grupo Cooperative Mondragon）。这是以工业为主体，以合作银行为核心，包括消费、住宅、医疗、教育、保险、信息咨询和科技开发等内容的合作社综合体。蒙德拉贡的经验主要是在资本联合和劳动联合的结合方面进行了一些新的尝试，其中截流社员收益的做法后来得到了广泛运用。

蒙德拉贡合作社

蒙德拉贡的主要做法主要有：①建立合作银行——人民劳动银行（Caja Laboral Popular，CLP）。人民劳动银行属于二级合作社，为所有成员社共同拥有，其业务是吸收成员社的所有存款与居民储蓄，并向成员社发放贷款，以解决成员社资金困难问题。同时为组建合作社者提供技术、管理、咨询，帮助建立专业合作社，并对各成员社履行合作原则和财务状况进行监督。②建立内部个人资本账户。该账户主要用于管理社员股金和收益分配。社员缴纳股金和入社费，股金最高不超过全社总股金的 20%，最低不低于当地工人一年的最低工资。20 世纪 90 年代达到每股 1 万美元。股本计入个人资本账户，不分红只计息，股息高于当地银行基准利率2%～3%；社员分配的比例规定为税后利润的70%返还社员，20%为公积金（后备金），10%留作社会基金（社区福利和教育），但是社员所得的利润返还同样不支付到人，而是计入个人资本账户；对个人资本账户按通胀率调整为现值，保证社员的利益不贬值，但这些不贬值的收益也只有在社员退休、死亡之后才能够兑现。社员每年能够得到的收益只有在税前列支以现金支付的股息。所以个人资本账户的做法，已经被认为是截流社员收益。③形成合作文化。该社有四个公认的价值观，即劳动神圣、积极参与、社员平等和社际团结。并形成了五个主要目标，即创造就业岗位、就业保障、人的发展、资助与自治以及经济进步。

4. 国外合作社创新发展阶段（1981年至今）

首先，国外合作社实行股权结构创新。随着经济全球化的快速推进，农业合作社发展的外部环境发生了变化。科学技术提高了农业生产效率。经济全球化为大型跨国公司、企业集团融资、扩张提供了便利，一些生物、基因公司利用技术和资本优势，以“公司+农户”或“公司+农户+基地”的方式整合农业生产环节，导致更高的工业和技术集中度，对农业合作社中最基本的生产功能产生挤出效应。另外，大卖场、超市等销售终端又对农产品供应链中的加工、运输及分销进行整合，削减了农业合作社的加工、销售职能。以美国为例，嘉吉、ADM、邦吉和通用磨坊四家粮食公司，控制全国大约70%的大宗农产品销售和40%的农产品加工。而农业合作社所有者、出资者、使用者三位一体的制度安排，导致搭便车和浪费现象严重，抑制了社员积极性。合作社在融资、销售及为社员提供技术服务方面越来越力不从心，其业务总额、盈利能力不断下降。

组织改革势在必行，合作社唯有整合产品价值链，寻求资本合作，扩大生产、加工和销售规模，才能增加产品附加值、降低交易成本，赢得市场，其服务性质不得不“外向性扭曲”、运营战略不得不“漂移”。欧美国家在坚持农业合作社社员控制的前提下，立足农民从生产者向投资者转变的需求，向社会开放社员资格，通过修订法律法规，形成社员、惠顾者、投资者分离的新型合作社，逐步走向集团化、国际化道路；盈余分配方法不做明确限定，由合作社集体自行决定，但以资本为导向的分配方式不再享有税收优惠政策。为了融资方便，采取引入股份制、包装上市等策略，针对外部群体发行不同类别的股票，如没有投票权，但可交易的公共普通股及有固定回报的优先股，趋向于更加重视效率的公司化或私有化经营，出现了社员按比例投资型、社员投资型、资本外联型、投资者股份型等多种合作社模式。为了资源的优化配置，部分合作社实行雇工经营，成立不受合作社制度约束、独立运营的法人公司。美国、加拿大、欧盟新一代合作社成为一股强劲的市场力量，不断在海外投资建厂、上市融资，主动参与国际竞争。由于合作社的基本宗旨是保护弱势农民利益，为避免公司化的合作社利用优惠政策逃避税收，各国政府加强了对合作社的监管和调控力度。

其次，国外合作社实行社员结构创新。随着城市化水平的提升，农民职业发生分化，成为城市工人、农业工人、家庭农场主等，少数家庭农场演化为公司制的雇用型大农场。在小型农场中一些家庭以农业收入为主，另一些家庭却把农业作为副业，兼业农户比例不断增长。在逆城市化背景下，也有一些城市中产阶级重新回归乡村，通过购买土地成为新的农场主。农户在土地规模、经营模式、收入方式、需求偏好等方面存在巨大差异，相互依存、合作共赢的价值观念受到冲击。

为应对家庭农场社员异质性挑战，欧美国家根据使用者与投资者主体地位的变化趋势，不断创新合作社治理机制，合作社为社员服务的宗旨虽然没有改变，但社员使用者地位却不断削弱，资本投资者地位不断增强。另外，一些家庭小农场发展为雇用型大农场后，实力不断增强，能够直接融资进行农业基础设施建设和独立开拓市场，逐步脱离了加入的农业合作社。当然，也正因为如此，农业合作社才能保持为弱小农户服务的本质属性。

针对以上挑战，世界各国合作社都进行了积极的创新，其中日本农协和北美新一代合作社的改革具有代表性。

日本农协（Japanese Agricultural Cooperative，JA）

自 1947 年《农业协同组合法》颁布实施之后，日本农协（农业协同组合）就替代了原来的产业组合，形成了覆盖全体农民，由基层农协、县（相当于中国的省）农协联合会、全国联合会构成的体系完备、生老病死无所不包的综合性农协。

但在日本经济由统制经济加自由经济向市场经济转变的过程中，这种大而统之的综合性农协网就显得难以适应；加上涉及面广、覆盖范围大、工作人员多、机构复杂臃肿，农协在企业等经济组织竞争的过程中，就显得缺乏灵活性和有效性。在20世纪的80—90年代，农协的改革势在必行。

日本农协的改革主要从以下几个方面展开：

（1）精简机构和人员。精简主要包括农协数量的削减和对工作人员的精简两个方面。到20世纪80年代，农协已经将原来的10 000多个综合农协合并为3 000多个，90年代进一步减少为1 500多个，2003年进一步合并为535个。通过减少农协的工作人员，不仅减轻了运作成本，还增加了竞争力和效率。

（2）市场运作。市场化的做法包括扩展非生产领域的服务、积极主动地充当产加销一体化中的龙头企业、通过吸纳准会员等方式扩张资本等。

据农林渔业省（现在的农林水产省）的《农协统计》，1985年较之1955年，在农协总利润构成中，信用事业、保险事业分别由23%、1%增长到43%、17%，而贩卖事业、仓储事业、加工和设施利用事业等与生产密切相关的环节则由16%、12%、10%剧降为1%、7%、1%。

日本农协积极扮演产加销一体化中龙头企业的角色，不仅提供产前、产中和产后的一系列服务，还直接与批发和零售商签订合同，“直销”农产品；更直接利用自己举办的零售和批发企业，如超市等销售网络，直接将产品一步到位地送到消费者手中。“农协”牌牛奶、大米、蔬菜等，都由农协统一注册商标、统一生产加工，然后利用农协的销售渠道统一进行直面消费者的销售，既实现了农协会员的利益，也使消费者受惠不小。

日本农协还主动吸纳非农会员，称为准会员。与原来的会员都是农民不同，准会员是在日本社会备受优待的会社社员（公司职员）或者会社本身，因为农民的减少，他们在日本又是消费者的主体，所以吸纳准会员就是农协市场扩张的一个举措。目前，准会员占到了会员的1/3。准会员和会员都要出资（股金），只是权力不同。到 1995 年，会员出资的农协已经占到 2/3。而农民会员出资的做法在 20 世纪 80 年代就开始了。

(3) 土地规模经营

由于法律规定土地不能出租，土地规模经营一直是一个难题。但最近，“合理化土地利用”的趋势已经悄然出现。这实际上是在农村城市化背景下，面对经营规模依然较小、生产结构依然滞后（如水稻生产过剩）条件下的一种必然选择。农协的具体做法是：一方面利用自己的进言渠道，推动土地出租；另一方面通过组建农业生产联合体，在法律框架内实施规模经营。1998 年这样的联合体已经有 36 000 多个，涉及水稻及其他粮食、蔬菜、畜牧、园艺（林果）等领域。

北美的新一代合作社（New Generation Cooperatives）

20 世纪 90 年代初在美国北部北达科他州和明尼苏达州以及加拿大的一些地方出现了一种被称为“新一代合作社”的新型合作社。

(1) 北美新一代合作社产生的条件。20 世纪 80 年代，在国际市场上，由于来自欧洲国家（例如法国、丹麦等）和亚太地区一些国家（例如澳大利亚和中国等）农产品的竞争，北美农产品出口下降。加上人民生活水平的提高，食物支出在生活消费中的比重有所下降，农产品的国内需求也有所减少，因而出现相对过剩，价格下跌。位于美国北部的北达科他州是美国 50 个州中人均收入最少的一个，该州经济又以农业为主，农产品价格下跌直接影响了农民收入。从事农产品加工以提高附加值增加收入，就成了一种必然的选择。

1992 年 1 月，北达科他州农民成立了以小麦加工提高其产品附加值的面食食品加工公司；1994 年明尼苏达州建立了北部精菜合作社。新一代合作社产生了，并在美国其他一些州以及加拿大南部的一些地区迅速发展起来。

(2) 北美新一代合作社的经验。新一代合作社同国际合作社联盟 1995 年原则所规定的特征相比，新特征非常明显。这些特征主要有：

同蒙德拉贡一样，社员要支付较高的股本。每一股的金额根据原材料加工数量与总投资之间的定额来计算。在美国，这种支付额一般在 5 000～

15 000 美元，以便促使社员关心自己的合作社和保障可靠的资本基数。

根据社员缴纳股金之后与合作社签订的合同，社员享有同投资额相当的交货权。社员必须按自己缴纳的股金数额交纳足够的初级农产品。不管市场价格高低，这些初级农产品都必须足额保质缴纳，不能转卖给其他营销商。如果交货不足质量不够，社员必须根据给合作社带来的损失大小予以补偿。这就将社员和合作社紧紧联系在一起，损益共享，风险共担。

合同还规定，交货权权益（包括增值收益和贬值损失）可以转让，不仅可以转让给社内社员，还可以转让给社外社员。由于交货权权益与股金相对应，所以股金、交货合同都可以交易，但要在得到理事会批准以后。实质上就是谁持有合同谁履行合同。这就引入了股票和期货市场的有关功能，提高了资源配置的效率。

成员资格具有封闭性。新一代合作社由于成立时社员投入的资金相当多，承担的风险很大，为避免社员自身利益受损，它不可能像传统合作社那样采取开放的形式。不仅如此，有些新一代合作社在成立之初还要对申请入社者进行挑选，符合经济条件、生产能力以及个人信誉度等条件的才准入社。入社后，成员也相当稳定，社员不能随意退出，合作社也不轻易接纳新社员。

整个股本金具有稳定性。新一代合作社具有封闭性，社员数量相当稳定，合作社的全部股本金具有永久性。股份的可交易性，更能通过资本的社会化运作，增加合作社的资本总量。合作社中未分配的基金占全社资产净值的比重大小已经不再重要，何况新一代合作社中留作公积金的份额本来就不多。正基于稳定的资金存量，合作社可以获得银行的优惠贷款。

利润及时以现金形式返还给社员，社内不做或少做留成。合作社若要发展新项目，需要注入新资金，则再向社员发行股份或向外借贷。主要发展加工业，以提高产品的附加值，增加社员收入。这也是新一代合作社的中心特征。由于加工领域的高难度和技术含量，合作社的经营范围相对单一。

此外，新一代合作社的发起和成立都要经过专家的充分分析和论证，具有较强的科学性，因而合作社的成功几率较大，发展潜力也较强。

综合以上三个合作社的经验，可以看出一种带有轨迹性的工作重点：成长期注重产加销的一体化经营，成熟期注重合作社的稳定（通过截留社员收益等来实现），高度发达的市场经济背景下注重精深加工和市场化运作。也许，中国的合作社会沿着这种路径前进，或者借鉴这些经验，创出属于自己的道路来。

此外，日本农协和孟德拉贡都有自己的专属金融机构，新一代合作社也有自己的获取贷款的办法，中国农村中最难解决的资金问题在这些合作社中已经不成问题。中国农民的合作社如何解决资金问题？学习新一代合作社难度明显存在，学习其他两个合作社又存在不许农民进行信用合作的制度政策障碍，何去何从？我在这里大力呼吁，希望政府能够尽早放开农村信用合作的禁区，这是有助于合作社发展、有助于农民增收、有助于解决三农问题的应时举措。

还有，日本农协和孟德拉贡都是综合性农协，而中国遍地都是专业性合作社。专业性合作社业务单一，在很多方面都受限制，而综合性合作社设施齐全、服务多元化、竞争力和生存力都强，可以办很多专业性合作社胜任不了的事。所以，经验和现实都告诉我们，中国的合作社应该鼓励组建综合性合作社，走专业性合作社和综合性合作社齐头并进的道路。

（二）中国农民合作社发展历程

创建富有中国特色的农民合作经济组织是中国共产党自建立之初就一直在探索的重要问题。中国农民合作社渊源于土地革命时期的农村劳动互助组织，经过初级社和高级社的过渡，最终在改革开放后形成真正意义上的农民合作经济模式。根据农民合作经济组织所处的时代背景、组织制度创新与转型以及相关政策法规的出台等为依据，可以将农民合作经济组织的发展分为起步、发展和创新三个历史阶段。农民以独立的经济主体身份进入市场，面临着各种生产与销售上的问题，在此基础之上相互联合，形成合作经济组织，并不断进行发展创新，最终形成制度完善的创新型经济组织，有力地促进我国三农问题的有效解决。

1. 中国农民合作社从尝试到成型（1921—1978 年）

中国共产党自 1921 年建立后，就一直未停下探索农村合作经济发展的步伐。早在土地革命时期，中国共产党根据当时国内生产力的水平，在广大农村大力开展与推广多种形式规模的劳动互助组织，这也是我国农民合作经济组织的雏形。与国民党统治区相比，革命根据地所在区域一般都是土地贫瘠的山区，农业生产力相对落后；加之战争频繁、劳动力短缺和生产工具尤其是耕牛数量的严重缺乏成为限制革命根据地农业发展的重要因素。在落后的生产力条件下，解决劳动力不足的方式就是组织农民，成立劳动互助社（最初称“耕田队”）；针对耕牛数量不足的困难则是组织农民成立犁牛合作社。

在整个第二次国内革命战争时期，1933 年和 1934 年是中央根据地互助合作组织发展较快的时期。虽然互助合作的主要形式仍然是劳动互助社和犁牛合作社，但此时数量逐渐增多，效果也相应更加明显。促成这一时期农村互助合作取得较大发展的原因有二。一是中华苏维埃有关《劳动互助社组织纲要》（1933 年）、《关于组织犁牛站的办法》（1933 年 3 月）以及《关于组织犁牛合作社的训令》（1933 年 4 月 15 日）的相继出台。二是 1934 年 1 月中华工农兵苏维埃第二次全国代表大会的召开。在毛泽东对大会所作的报告中强调“劳动互助社和耕田队的组织，在春耕夏耕等重要季节我们对于整个农村民众的动员和督促，则是解决劳动力问题的必要的方法。……组织犁牛合作社，动员一切无牛人家自动地合股买牛共同使用，是我们应当注意的事”。[①] 正是在这一精神的指导下，互助合作组织在苏区得到迅速发展。

该时期国民党政府在国统区也在积极推动农村合作化运动，主要目的在于缓解农业危机和化解政治危机。由于长期战乱，以及 20 世纪 30 年代世界经济危机的影响，国统区的农村经济陷于崩溃边缘，农业人口的非自然死亡、农田的荒芜以及农村必要生产资料的短缺成为该时期国统区农村的普遍现象。而在买办资本主义环境下，农村金融的枯竭和高利贷的猖獗，对国统区农村经济造成了毁灭性打击。在 30 年代初的湖北省，应城县“农村经济凋敝如故，银钱奇紧，借贷困难，颇少繁荣之家”；英山县

---

① 毛泽东选集（卷 1）[M]. 北京：人民出版社，1991.

"农村财源枯竭，市面周转不灵，金融恐慌，将见不可收拾"。[①] 农村金融的枯竭，农民贫困化的加剧，又为高利贷剥削提供了土壤，导致农民债台高筑，进而导致社会矛盾的日益激化。在此背景下，国民党政府开始在国统区农村实行合作化运动。至 1936 年，国统区农村合作社数量达到 37 318个，合作社种类也有所扩大，除了农村信用合作社外，还广泛成立了生产、消费等合作组织形式。[②]

抗日战争时期各解放区的互助合作运动是在 1943 年后开始的，而促成抗日解放区互助合作组织取得迅速发展的一个重要因素是毛泽东有关互助合作的一系列重要指示。由于日寇的加紧进攻和国民党反动派的包围封锁，解放区的经济出现严重困难。为了广辟财源支援战争，1942 年 12 月，毛泽东在陕甘宁边区高级干部会议上作了《经济问题与财政问题》和《论合作社》的报告，提出"发展经济、保障供给"的方针。1943 年 1 月《解放日报》发表《把劳动力组织起来》的重要社论指出"经验证明，互助的集体的生产组织形式，可以节省劳动力，集体劳动强过单独劳动"。[③] 由于中央政府的提倡，解放区的互助合作组织进入了一个新的、普遍发展的阶段。为了进一步指导解放区的农业生产，发展互助合作事业，11 月，毛泽东在陕甘宁边区召开的第一届劳动英雄代表大会上作了著名的《组织起来》的报告，指出"目前我们在经济上组织群众的最重要形式就是合作社"。不仅如此，毛泽东还在报告中对农民互助合作组织的发展前景作了良好的预期，要改变农民个体经济的落后状况的"唯一办法就是逐渐地集体化；而达到集体化的唯一道路，依据列宁所说，就是经过合作社"。这种初级形式的合作社还要"经过若干发展阶段，才会在将来发展为苏联式的被称为集体农庄的那种合作社。"[④] 正是在毛泽东一系列有关指示的引导下，根据地的互助合作组织普遍建立和发展起来。1943 年陕甘宁边区春耕期间有 10%～15%、在夏耘期间有 40%左右、在秋收期间有 30%左右的劳动力参加了各种劳动互助组织，互助组织的数量至少比过去增加了

① 陈钧，等．湖北农业开发史［M］．北京：中国文史出版社，1992.

② 朱英，石柏林．代中国经济政策演变史稿［M］．湖北：湖北人民出版社，1998.

③ 把劳动力组织起来［N］．解放日报，1943－01－25.

④ 毛泽东选集（卷 3）［M］．北京：人民出版社，1991.

4～5倍。[①] 在其他抗日根据地，互助合作组织也得到一定的发展。

该时期国民党政府面临严重的政治危机和经济危机，农村合作经济成为国统区政权摆脱战时经济危机的重要方式。为了强化农村合作社在战时经济中的地位和作用，农村合作社被该时期国民党政府纳入战时体制。为此，国民党政府于1940年8月颁布《县各级合作社组织大纲》，将国统区的农村合作社建设与推行保甲制度为基础的“新县制”的设立强制结合，借助农村合作组织的力量，强化国民党政府对农村基层的控制。

解放战争时期，为恢复遭到战争破坏的农业生产，互助合作组织在各地有了长足发展。为此《解放日报》以及各解放区的机关报相继发表“社论”或“指示”，对农业生产和互助合作运动提供指导。在这种背景下，解放战争时期的互助合作组织不仅数量上有很大增长，而且在有些地区还出现了较为高级、类似于新中国成立后的农业合作社组织，其具体做法是把土地、劳力（耕牛按劳力折合计算）作股，按股分红，或土地、劳力均不作股，而是在劳力评定标准以后，实行按时计工，按工分红。这些做法显然对新中国成立后的农业互助合作组织的建立与经营有直接的影响。

该时期国民党政府仍然把建立农村合作经济组织作为其强化统治的重要工具。国民党政府将国统区划分为若干绥靖区，区中心设立绥靖公署，以控制区内政治、军事、经济和社会活动。1946年11月，国民党政府颁布《绥靖区合作事业实施办法》，在绥靖区发展合作社，以配合军事上对解放区的进攻。然而，该时期国统区内的农村合作经济组织完全是服务于政治和军事目的，对区内的农业经济发展甚微。

综上所述，解放区的农村合作经济起源于以耕田队、互助社等形式的劳动互助组织。这种具有目标统一、意识坚定以及军民团结特点的互助组织，有效地解决了土地革命时期广大农村劳动力、生产资料严重缺乏的问题，提高了粮食产量，为土地革命斗争的胜利提供了坚实的保障。抗日战争与解放战争时期，根据地内部的农业生产面临更为严峻的形势，在频繁的灾荒与恶劣的战争环境下，根据地发展出更加彻底的劳动互助模式，在原有基础上进行制度创新，开展诸如组内民主建设、对

① 史敬棠，等．中国农业合作化运动史料（上册）[M]．北京：三联书店，1959.

农民减租减息、绩效评分记工等一系列措施，强有力地推进农村劳动互助组织的发展。

而国统区的农民合作经济则是一种以政府为主导的强制性制度安排，国统区的各类合作经济组织的建立更多地考虑国民党政府的意愿和制度偏好，农民的利益被放到次要位置。这种单方面从政府意愿考虑而忽视农民利益的制度安排，存在很大的缺陷和弊端。首先，国统区农村合作经济业务种类单一，信用合作经济模式占绝对优势，导致其对农业生产作用有限。其次，国统区农村合作经济组织地区分布不均，且组织规模普遍较小，入社农户少，导致农民所得实惠不多。第三，国统区大部分农村合作经济组织的创立和经营权掌握在地主、豪绅和资本家手中，农村合作经济的利益被上述强权势力所控制，导致农村合作经济组织无益于农民，最终反而成为剥削农民的工具。这种强权势力把持的经济组织不可能平等对社员分享收益，这也是国统区农民合作经济失败的最主要原因。

1949 年新中国成立后，国内农村百废待兴，中国共产党制定了该时期农村经济发展的总路线，加快农业社会主义改造，在全国范围内进行土地改革。土改消灭了几千年来的封建土地所有制，实现了农民土地所有制，使小农经济成为农村占据主导地位的经济形式。但是小农经济是一种不稳定的经济模式，必须要通过农业的社会主义改造，通过农业合作社进而走向社会主义。农业社会主义改造的主要形式有三种，毛泽东在党的七届二中全会报告中就指出，必须组织生产的、消费的和信用的合作社。在中共中央《关于发展农业生产合作社的决议》中，明确地指出，农业生产互助合作、农村供销合作和农村信用合作的三种形式。这三种合作互相分工而又互相联系和互相促进，从而逐步把农村的经济活动与国家的经济建设计划联结起来，逐步在生产合作的基础上，改造小农经济。因此，新中国成立前广泛开展的农村互助合作组织只是进行社会主义改造的一个基本步骤，要真正实现繁荣富强，则必须要在简单的互助组基础上，发展形成社会主义集体农民公有制，组织农民发展农业合作社。农业合作化也是新中国过渡时期总路线的主要任务之一，在中国共产党的领导下，广大的农民通过各种互助合作的形式，把以生产资料私有制为基础的个体农业经济，改造成以公有制为基础的农业合作经济。这是新中国成立以来广大农村规模最大的社会变革，表现形式分为初级社和高级社。

相较于新中国成立前国内广泛施行的劳动互助组，初级社和高级社在运行方式上具有非常明显的区别，主要体现在对个体经营方式的改变和生产资料所有制的改变。相较于劳动互助组仅限于劳动力、生产工具之间的简单调换，初级社实现了农民按照土地面积入股，并根据劳动力转换为工分分配收获。高级社则是在初级社的基础之上进行了更加彻底的集体化，要求入社农民将私有土地全部转为集体公有，农户失去土地的所有权和使用权，进而导致生产资料所有制和分配关系都发生根本性的变化，超出了当时农村生产力发展的实际水平，造成了不必要的损失。至改革开放前，我国农村经历了“大跃进运动”“农业学大寨运动”“人民公社化运动”，始终没有脱离高级社模式，农民均未获得独立经济主体的身份，农业生产效率低下，农民合作经济发展始终停滞不前。

2. 中国农民专业合作社初步发展阶段（1978—2000 年）

以 1978 年党的十一届三中全会为起点，我国开始进入改革开放与社会主义现代化建设的新时期，新中国成立以来的计划经济体制也开始向市场经济体制转变，家庭联产承包责任制和双层经营逐渐在广大农村范围内建立并巩固，农民开始成为真正意义上独立的经济主体，进而给农业生产与农村发展都带来了深远的影响。在改革开放初期，即 20 世纪 70 年代末至 80 年代初，农村各地开始推进农业经营体制改革，逐步确立家庭联产承包责任制的主体地位，伴随着农产品市场需求的不断扩张，农民专业化生产积极性高涨，广大农村重新建立起了新型农户经济。

该历史时期广大农民从生产的实际需要出发，在实践中自发形成了一些小规模的合作经济组织。这些农民合作经济组织不改变生产资料的产权关系，也不改变土地的承包关系，而是建立在家庭承包经营的基础上，促进了生产与市场的有效对接，通过合作为家庭承包经营提供了更加有效且全面的服务。据统计，截至 1984 年，我国共有各类农村经济联合组织数量 46.7 万个，从业人员达 355.7 万人；1986 年这一组织数量增加至 47.8 万个，从业人员增长为 422.5 万人，增加了 66.8 万人；到了 1988 年，从业人员增至 433.9 万人，农民的组织化程度得到了很大程度的提高。[1]

除家庭联产承包责任制之外，该阶段农村改革侧重的另一个方面是推进农村农副产品的市场化改革。改革初期农村个体经营的生产规模较小，随着市场化的不断推进，逐渐出现了市场信息不对称、技术知识利用率低、交易秩序混乱等问题，从而增加了农民的交易费用。市场交易费用这一成本支出越来越昂贵，零散的生产方式开始制约农业生产成本的持续下降，加之面临越来越多的自然灾害风险与同业竞争压力，普通小农户的抵抗力远远不够，在进入竞争日益激烈的农产品市场后，给农民带来了巨大的经济损失，从而挫伤其继续进行农业专业化生产的积极性，最终导致农民只能理性地从事非专业化的生产经营方式，回到兼业化经营的格局，形成一种低水平均衡陷阱或是路径依赖。可以看出，随着农村改革的不断深入，家庭联产承包责任制与推进农副产品市场化改革两项措施，虽然提高了农民的主体地位，激发了种植养殖积极性，给予农民实际的优惠和好处，但是，也把农民卷入到了竞争日益激烈的市场化竞争环境中，给刚刚独立但却分散、弱小、信息闭塞的农民带来了前所未有的挑战，使之在改革初期缺乏竞争优势和经验的情况下，处于明显劣势地位。因此，在家庭联产承包责任制的基础上，如何才能让小农户顺利适应市场经济，是当时非常重要的现实问题。

1983 年的中央 1 号文件颁布后，“政社合一”的人民公社体制被废除，信用合作和供销合作社几经改制也逐步背离了合作原则，逐渐成为服务三农的组织。人民公社退出历史舞台以后，农民的组织化程度被极大削弱，农村开始遍布分散独立的小农户，虽然政府试图在农村建立“双层经营、统分结合”的经营制度，但在实践中，由于集体经营组织的经济职能已经弱化，大多数区域的集体经济比较脆弱，不能独当一面，更不能妥善为分散的农民提供产前、产中及产后的服务。在这种情况下，农村地区急需一种效益更高的组织制度替代原有的协调机制，变分散为聚集，来提高农民进入市场的组织化程度，实现小生产与大市场的对接，来应对交易费

① 陶冶，王任，冯开文．制度变迁视角下中国农民合作经济的发展［J］．西北农林科技大学学报（社会科学版），2021（3）．

用与生产总成本的不断上升，抵御自然和市场风险，使农业专业化生产与农村经济社会改革能够继续实行，成立大规模的合作经济组织在该历史阶段成为广大农民的强烈诉求。

进入 20 世纪 90 年代后，我国经济体制发生重大变化，农村原有的经营方式已经不再适应新的制度环境。随着农村商品经济逐渐恢复，“政社合一”的合作体制不复存在，代之以家庭联产承包责任制为基础的土地集体所有、农民分散经营的农业经营体制，但农村市场化改革带来的竞争日益激烈，农民增收效果迟缓，农业生产积极性得不到持续提升。在这种背景下，《中共中央关于 1984 年农村工作的通知》强调：“为了完善统一经营和分散经营相结合的体制。农民还可以不受地区限制，自愿参加或组成不同形式、不同规模的各种专业合作经济组织。”由此，以血缘、亲缘、地缘等传统纽带联结的新型农民专业合作社开始出现，农民通过专业合作社进入市场，以促进农业生产专业化发展。

该时期的农民合作经济组织在我国广大农村地区已经具有了一定的基础，根据农业农村部的统计，截至 90 年代后期，全国的农民专业合作经济组织数量就已达 148 万余个，其中从事技术服务的合作组织占 79.6%，从事购买服务的合作组织占 15.1%，从事销售服务的合作组织占 23%，从事资金服务的合作组织占 7.9%，从事信息服务的合作组织占 38.3%，甚至出现了一些跨县跨省的规模较大的专业合作经济组织。然而该时期农民专业合作社的组织程度松散、服务供给单一，加之内部存在较为严重的机会主义行为等问题，难以维持农民利益的持续提升，难以应对日渐扩大的市场需求，在经历了制度创新的短暂热潮之后便步入了低谷。但是农产品市场经济改革的步伐仍在继续，在这一改革阶段，农村开始发展和推进以专业市场为代表的商品市场，主要涉及农业生产资料、农村消费品和农产品三大市场。随着农村农副产品市场规模进一步扩大、农业生产力水平逐步提高、农民的盈利和竞争意识增强，基于家庭经营的“规模有效性”和有限理性、效用最大化的前提下，农民对更高层次的合作需求变得迫切，开始寻求市场力量的均衡，同时，政府也开始把农村经济的发展寄托在农民专业合作社的制度变革上。

在农村市场化改革的背景与相关政策的强烈导向作用下，逐渐涌现出一批以加工、购销为一体的实体型合作社，同时也产生了契约型、出资型等不同的联结方式，农民专业合作社由于政府力量的介入而得到了蓬勃发展。然而在专业合作社数量不断增长、规模不断扩充的过程中，逐渐面临一个不容忽视的阻碍：成员的异质性问题，而且这一问题随着合作社的发展对其限制性也越来越严重。由于传统经典农民专业合作社的一系列制度安排都以相对均质的成员为前提，因此成员的异质性不仅影响到合作社内部的组织和协调成本，也影响到传统合作制度安排的有效性，虽然骨干集团提高了组织采取集体行动的可能性，但由此产生的制度变迁引起了各种对合作社本质的质疑。由此可以看出，诱致性变迁满足了农民专业合作社的发展需求，带来了改头换面的成效，但是成员异质性问题的不断凸显，使得合作社开始脱离原有的制度目标，难以令组织成员普遍获利，反而成为只为少数骨干成员服务和受益的主体，偏离了良性变迁的路径，继续按照原路径发展将造成整体农村经济的下滑和广大普通农民群体的损失。

3. 中国农民合作社快速发展阶段（2003 年至今）

进入新世纪后，三农问题已经成为制约我国社会经济发展的重要阻碍。如何有效提高农业生产力、提高农民收入、建设新型农村以适应飞速发展的市场经济，已经成为当前我国面临的最为重要的问题。而建立创新型的农民合作经济组织是解决三农问题的有效途径。

在该历史阶段，关于农民合作社的政策法规要显著多于前两个时期，其中的各项条目也更加具体化，这些都表明了我国在这个时期开始大力推进农民合作社的建设和发展。从 2003 年开始，几乎每年的中央 1 号文件中都提出支持农民合作社的发展，其中最具代表性的是第十届全国人大常委会第二十四次会议于 2006 年 10 月 31 日通过了《中华人民共和国农民专业合作社法》（以下简称《合作社法》）。2017 年 12 月 27 日第十二届全国人民代表大会常务委员会第三十一次会议又对该法律进行了修订，象征着我国农民合作经济的发展有了正式的标准，《合作社法》对合作社成立的标准、合作社内部管理以及合作社的社会责任等方面均做出了相应的规定。

该历史时期的政策和法律支持，对农民专业合作社的发展起到了至关重要的作用。在新农村建设政策导向及法律法规的规范下，之前的农村各类农民专业合作社开始走向合法化，而合作社的标准化与规范化也要求合作组织能够承担农业生产的产前、产中和产后阶段在技术、信息、市场和资金等各方面的专业培训与支撑。经历了多重磨难与变迁的农民专业合作社不再盲目扩张，而是多结合地方特色与产业发展的特征，呈现出专业合作社、股份合作社、农业协会等多种不同类型的合作社及其他产业化组织发展模式。同时，社会各界对农民专业合作社的重视程度也在逐渐提高，呈现出三种特别的引导状态：以公司为主导的“公司＋合作社＋农户”形式；以政府为主导的“村委会＋合作社＋农户”形式，以及以能人为主导的种养殖大户发起，基于当地产业特色建立的合作社。在组织规模的不断扩大、服务种类的日渐丰富、生产经营更加专业、组织机构逐渐规范紧密、市场地位及竞争力不断提高的情形下，农民专业合作社开始进一步发展为跨区域、跨行业以及集生产、加工、销售为一体的综合性合作社，带动力得到强化。

党的十八大以来，农民专业合作社绝对数量不断增加，质量不断提升，农民专业合作社发展已从单纯的数量扩张转向量质并重阶段。截至2019年10月，全国依法登记的农民合作社数量达到220.3万家，近十年来农民合作社总体数量较2009年增长接近9倍；从相对数量上看，同期农民合作社注册登记数增长率稳中有降，2019年农民合作社数量增长率收窄到1.4％。与此同时，农民合作社从事的产业类型不断拓展，带动能力显著提升，服务功能持续增强。截至2019年，实现产加销一体化服务的农民合作社占总体的53％，有3.5万家农民合作社创办了加工企业，4.6万家合作社通过了农产品认证，社员出资额持续增加，经营收入、可分配盈余呈不断上升趋势。近年来农民合作社服务层次不断深入、服务范围不断拓宽，农村产业融合发展呈向好态势，农民合作社与农户的合作层次由最初的产销层次逐步向集生产、加工、运输、销售于一体的纵向一体化模式发展，服务范围也由最初的种养业向休闲观光、休闲农业、生态农业等多领域辐射，有效促进了农村一二三产业的有机融合。

二、合作社的原则和基本属性

1844年，世界上第一个合作社——英国罗虚代尔公平先锋社诞生。

在随后欧、美、亚、非洲等地先后兴起的合作社运动中，罗虚代尔“入社自愿、一人一票、现金交易、市价售货、诚信经营、重视教育、以交易量分配盈余、政治和宗教中立”等办社原则，日益被各国合作社组织认同和接受，成为指导各国合作社运动的基本原则。

1895 年，在罗虚代尔公平先锋社诞生半个世纪以后，国际合作社联盟（ICA）在伦敦成立。该组织是联合国经社理事会享有第一咨询地位的非政府机构，会员组织是各领域的全国性和国际性合作社组织，现有来自 92 个国家的 212 个组织，全世界社员总数为 7.5 亿。1921 年，在瑞士巴塞尔召开的国际合作社联盟第 10 次代表大会上，参照罗虚代尔原则，重新整理了合作社原则方案。这些原则的内容包括：以社员自有资金发展合作社，合作社销售的产品要保证质量，按市场平均价格销售商品，按社员与合作社实现的交易额分配利润，一人一票，发展教育事业。

1937 年，在法国巴黎召开的国际合作社联盟第 15 次代表大会通过了修订后的合作社原则。主要内容为：入社自愿，退社自由；民主管理，一人一票；按照交易额分配利润；限制股金利息；对政治和宗教保持中立；现金交易；教育和培训社员。

1966 年，在奥地利维也纳召开的国际合作社联盟第 23 次代表大会对合作社原则又进行了修订。主要内容为：自愿入社，一人一票，严格限制股金利息，赢利由社员分配，教育和培训社员，开展合作社之间的合作。

在 1995 年国际合作社联盟 100 周年代表大会上，通过了《关于合作社特征的宣言》。宣言重新确定了合作社的定义和基本价值，修改了合作社原则。“人们自愿联合，通过共同所有和民主管理的企业，以满足共同的经济和社会需要的自治组织”被定义为合作社；“自助、民主、平等、公平和协作；社员信奉诚实、公开、社会责任和关心他人的价值观”被规定为合作社价值。为适应新世纪、新形势的需要，合作社原则又经修改，形成如下七项：①自愿和社员资格开放原则；②社员民主管理原则，社员有平等的投票权（一人一票）；③社员经济参与原则，合作社资本中一部分作为共同财产，合作社盈余中的一部分作为公共积累而不可分割，其余按交易额比例返还社员；④自治和独立原则；⑤教育、培训和信息服务原则；⑥合作社间的合作原则；⑦关心社区发展原则。

可以说，合作社的原则虽然发生了变化和调整，但其为农民谋福利、属于农民自己的经济组织这一属性没有发生根本变化。

如今，在实施乡村振兴战略的背景下，能更清晰地看到农民专业合作社的基本属性：①合作社理应成为实现小农户和现代农业发展有机衔接的主要载体。在这方面，合作社具有独特的、不可或缺的价值和作用。合作社把自愿联合的农民组织起来，合作应对市场经济，合作发展现代农业。这也意味着合作社要注重适度规模经营，注重生产技术服务，注重农产品品质提升，注重农产品市场营销（特别是品牌建设），注重开展农产品加工，注重农产品品种优化，注重合作社之间的联合与合作等。②合作社理应成为发展适度规模经营的重要主体。许多合作社提供农业产前、产中、产后服务，以克服农业生产内部效率损失，获得规模经济效益。它们既为社员提供农资采购、生产服务、市场销售、技术培训等规模化服务，也通过土地流转开展规模经营，成为土地流转服务的重要平台。土地股份合作社即是例证。③合作社理应成为农业社会化服务体系的重要主体。现实中，合作社不仅是农民社员自我服务的组织平台，也为其他农民提供各种诸如代耕代种、联耕联种、土地托管等专业化、规模化、社会化服务，还开展农业技术推广，促进新技术、新品种开发。④合作社理应成为农村一二三产业融合发展的重要载体。无论是延长农业产业链，提高农业附加值，还是积极开发农业多种功能，开展乡村生态旅游、旅游观光、文化教育等，其中最重要的是大力发展劳动与资本等多要素相结合的农村股份合作社，大力构建与一二三产业融合发展相适应的经营机制和利益机制。近年来大量涌现的旅游合作社、物业合作社、劳务合作社等形式就是例证。⑤合作社理应成为深化农村集体产权制度改革的重要方式。农村集体产权制度改革事关农民利益保护和利益发展，而农村社区股份合作社尽管并非合作制，也为农村集体产权制度改革提供了基本的组织形态。⑥合作社也是农民通过自身努力彰显主体性、提升自我管理水平和发展能力，进而有效参与乡村治理的有效组织形态。

总之，当前我国大多数农民专业合作社都是富有中国本土特色的创新组织形态，而且必将在于农业农村现代化、农业供应链管理、乡村治理和社会发展、扶贫开发等广阔视野中进一步展现其独特的制度魅力和组织功能。

三、中国农民合作社发展中出现的新问题

中国合作社发展至今，受到经济环境的影响逐渐加深，受到现实情况的约束，发展必会受到组织外部环境和政策法规的影响。回顾近年来的有关研究不难发现，关注制度环境及约束的较多，考虑技术环境及约束的较少；关注当前的较多，考虑既往历史因素动态演化后续影响的较少；关注合作社环境适应性的较多，关注其能动性的较少。然而，这些研究的偏重是可以理解的，由于所研究的对象是一种“环境适应性”组织，对农民专业合作社现实活动的阐释必然侧重于其所处环境的现实约束。可以确认，当前中国农民合作社的发展既源起于农业产业特性之必然，也迫于近 40 年来中国势不可当的工业化、市场化、城市化、全球化的复合型现代化进程，更深深地嵌入在中国社会经济结构的多重现实约束中，中国农民合作社发展的多重嵌入性是独特的、显著的，更是深刻的。

（一）异质性问题

在当今中国，农民分化日益加剧，农业生产经营主体异质性的问题极为突出。农民分化的情势在很大程度上决定着农村产权主体的异质性，而正是这种产权主体的异质性深刻地影响着合作社产生和发展中的成员动机、产权结构、治理结构乃至文化取向等。换言之，与西方发达国家相比，中国农民合作社在发展中呈现出显著的成员异质性。① 社员不仅生产规模可能大小不一，而且经济实力、技术水平、经营能力乃至风险偏好都大不一样。合作社的本意是通过社员内部的横向一体化去应对外部的纵向一体化，② 而中国合作社则不然：社员们并非利益同质的共同体，很可能在共同应对外部市场竞争的同时，其内部也形成某种购销关系，即一部分社员赚另一部分社员的钱。显然，这并不符合传统的、理想的或标准的合作社范式。

① 邵科，徐旭初．成员异质性对农民专业合作社治理结构的影响——基于浙江省 88 家合作社的分析［J］．西北农林科技大学学报（社会科学版），2008（2）．

② 张晓山．农民专业合作社的发展趋势探析［J］．管理世界，2009（5）．

传统的合作社被假定为成员是相对同质的。但随着农业产业变革，这一假定也随之发生变化，合作社成员异质性的趋势逐渐凸显。成员异质性主要体现在不同成员之间的资源禀赋、参与合作社的动机和目的以及在合作社创建和发展过程中的角色等方面。从我国的实际来看，由分散的小农户牵头创办的合作社很少，大部分的合作社都是由具有一定自然资源和技术禀赋的种养大户和具有一定社会资本的、长期从事运销的运销大户，以及与农业有紧密联系的农产品加工企业、政府等少数的群体创办；处于弱势地位的普通小农仍然需要依赖强势的非小农群体。参与主体在资源禀赋、要素投入、参与目的、角色定位、风险承担方面有着显著的差异，这必然会影响到合作社的内部治理机制的制度安排。而合作社的内部治理机制的制度安排则会直接影响到合作社各利益主体的利益协调和平衡，同时也影响合作社的战略规划、决策制定、服务方式以及持续发展。

农民专业合作组织如同奥尔森提到的小集团一样，也是为了共享集体物品，实现集体利益而结成的组织。奥尔森的研究发现，在存在着相当程度的不平等现象的小集体中，即在成员间存在着规模不等或对集体物品的兴趣相差悬殊的小集团中，成员间合作的可能性更大，集体物品提供的可能性更高，集体物品的数量低于最优水平或者低效率的程度也会较轻①。在农村社区中，只有少数的一些具有一定生产规模、商品化程度较高，有一定农产品运销能力的农户才拥有这些要素。由于这些要素存在着规模收益，虽然他们拥有这类要素，但个人的生产规模并不能使要素发挥应有的作用。对要素利润的追求使他们具有与其他农户合作的动力，因为只有与其他农户共享这一类要素，扩大生产规模，他们才可以获取稀缺要素所带来的规模收益。为了获取要素的规模收益，稀缺要素的所有者在合作社中承担了主要的投入，包括他们资金、生产性要素，以及通过他们的人力资本、社会资本等获得的市场渠道、社会关系等，这些投入类似于专用性资产的投入，使他们与合作社“捆绑”在了一起。

由于关键性的稀缺要素在合作社中具有正外部性，这意味着要素的收

① Olson，M. The logic of collective act ion [M]. Cambridge，M A：Harvard University Press，1965.

益并不是完全由提供者享有。因此，要持续地激励稀缺要素所有者为合作社提供这些“集体物品”，必须要对他们的利益有所保障，对他们的投入有所补偿。作为要素的所有者，在参与合作社的过程中，他们也倾向于充分发挥他们掌握的资源的作用，以稳固他们在合作社的地位，促进合作社的业务开展，将要素转化为经济收益。而由于掌握了合作社创建和发展过程中所需要的资金、市场渠道、社会关系、经营管理能力等资源，他们自然而然地也具备了控制合作社发展的能力，在关于合作社的管理和发展的重大问题上享有更大的决策权和话语权。为了弥补要素所有者承担的成本和风险，要素所有者会强化合作社的控制权，合作社财产权的制度安排也将体现出要素所有者的利益，财产权的安排倾向于以出资额来衡量取代按惠顾额来衡量社员对合作社的所有权。财产权是控制权的基础，包括财产的所有权、使用权和收益权。要素所有者向合作社投入了资金、生产性要素，以及其他关键性要素带来的无形资产，其投资额一般占总额的较大比例，因此他们掌握了合作社的财产所有权，并以所有权为基础获取要素的收益权。但作为与普通农户合作的交换，他们也会让渡要素的使用权，以及要素的部分收益权以保持对农户参与合作的激励。

对绝大多数的普通农户而言，他们拥有充足的劳动力的要素，农业生产是他们的比较优势。但由于生产规模、自身素质等因素的限制，不具备资金、人力资本、社会资本等要素，农业产前产后环节都是他们的劣势。由于合作社异质性的成员结构，无论是否负担成本，他们都可以享用到稀缺要素带来的收益，即参加合作社可以使他们在不付出或者付出较小的成本的前提下，共享由稀缺要素获得的良好的市场环境、合理的价格、技术指导、信息、金融服务等，以及作为惠顾者的分红，这样弥补了他们的劣势，使他们可以发挥农业生产上的比较优势。通过参加农民专业合作组织，由于没有负担任何成本，他们可以几乎没有任何风险地实现农业生产销售过程的“帕累托改进”的目标。由于没有对关键性稀缺要素的提供投入较大的成本，与要素所有者不同，他们关注的并不是要素带来的收益，而是稀缺要素所带来的价格改进，特殊服务价值（包括生产资料的优惠、农业生产技术培训和推广、社区服务等），市场环境改善等等无形的收益。出于能力和要素的限制，他们对非生产环节的不了解使得他们只能按照合作社的要求安排生产，而较少参与合作社的发展等问题的决策；出于对要素作用发挥带来的利益的追求，只要能保证他们产品的收益，他们倾向于用让渡剩余控制权和剩余报酬索取权来换取上述利益，以实现利益均衡。因此，只要治理机制能够确保稀缺要素最大化地发挥作用，在合作社的治理过程中他们会倾向于作为“跟随者”维护获取可以最大化发挥稀缺要素作用的治理机制，并让渡合作社的产权、控制权和利益分配权，以获取目标收益。这种治理机制的制度安排是稀缺要素所有者和普通农民集团博弈的结果，他们以关键性稀缺要素的所有权为基础，将要素使用权和部分收益权让渡给了农户，换取了农户的合作，并通过对合作社的控制最大化发挥关键性稀缺要素的作用，获取关键性要素的规模收益。这既保证了对稀缺要素所有者的补偿和激励，也满足了普通农民维护要素带来的非生产性利益的需求和生产性利益需求，实现了全体社员的帕累托改进。

就现阶段我国农民专业合作组织的发展状况来看，大部分的合作社都是由于共享关键性稀缺资源要素而结成的，要素所有者期望通过合作获取要素的规模收益，而普通农户则希望合作共享稀缺要素。合作社是建立在共同利益基础之上由具有异质性的资源禀赋、利益诉求的群体的合作。而这种围绕稀缺要素而结成的合作社中，其治理机制的安排将偏向于稀缺要素作用的发挥。这种制度安排的结果从“帕累托改进”和“激励相容”角度来看，是一种合理并且有效率的制度安排。

（二）合作社变异问题

从国际视角看，农业组织正在从多样化向统一、规范和综合的方向发展。农业科技和市场的变化创造了对组织创新和进一步纵向一体化的农业企业体系的需求。然而，与西方发达国家相比，我国的合作社具有一些鲜明的特征，从而引起了对我国合作社合法性的争论。合作社内部运行亟待规范、合作社领导人亟待培育、农民合作意识亟待提高、政府扶持政策亟待落实、各种所谓“假合作社”或“翻牌合作社”亟待引导等问题诸多。不仅如此，当兴办合作社成为一种任务（特别是地方政府考核的任务）、一种时髦（特别是彰显所谓益贫偏好的时髦）、一种手段（特别是可以比较轻松地套取政府财政扶持的手段，以及相关主体参与寻租的手段）时，人们面对的必然是一片莽莽的"合作社丛林"，数量众多，类型繁杂，良莠难辨。而对于具有共同体属性（甚至可以说是意识形态色彩）的农民专业合作社，社会各界无疑格外关注其现实形态的合意性。诚然，"处于社会主义初级阶段的合作社在实践中必然呈现异质性和多样性的特点，它们只有在发展中才有可能逐步规范。关键是合作社朝什么方向发展?"[①] 中国农民合作社又走到了一个新的十字路口。

首先，自我国合作社兴起以来，国内外学者一直在讨论我国合作社的真、假问题。合作社的控制权和收益权掌握在一些核心成员手中，大部分的普通成员只关注农业生产，几乎不参与财务出资或决策。我国合作社的这一特点与传统合作社社员控制和社员受益的原则相互矛盾，因此引起了国内外的热议。在经济学意义上，合作社是社员共有资产的剩余决策权和所有权的治理结构。黄祖辉指出，合作社与社员的关系既不是完全外包的市场交易关系，又不是完全内化的科层治理关系，而是介于两者之间的科层与市场相结合的产业组织关系。[②] 不过，通常人们更关注的是合作社在意识形态层面的质的规定性。在这方面，国际合作经济界的基本共识是：合作社是一种兼有企业和共同体双重属性的社会经济组织。该共识一方面强调了合作社的商业组织性质，另一方面强调了合作社民主控制、经济参与的原则。事实上，许多学者从合作社的价值理念以及国际合作社联盟确定的七项原则出发来讨论合作社的本质和内核。一些学者认为，合作社的制度特征有自己特定的适用范围，因而主张严格遵守"合作制的本质就是要限制外部资金进入企业并分割企业利润，如果允许大量外部资金进入企业并分享其收益，它就不是合作制而是股份制企业了。"[③] 但是，更多的学者则主张灵活把握。例如，应瑞瑶、何军认为，在合作社的诸原则中，社员民主管理原则、社员经济参与原则两项是根本性的，但社员民主管理也不必拘泥于一人一票。[④] 牛若峰认为，在一人多票的情况下，为防止大股东控制合作社，要规定社员持股额度和股金投票权的比例；合作社可以

① 张晓山．农民专业合作社的发展趋势探析［J］．管理世界，2009（5）．

② 黄祖辉．中国农民合作组织发展的若干理论与实践问题［J］．中国农村经济，2008（10）．

③ 廖运凤．对合作制若干理论问题的思考［J］．中国农村经济，2004（5）．

④ 应瑞瑶，何军．中国农业合作社立法若干理论问题研究［J］．农业经济问题，2002（7）．

吸纳社会资金参股，投资持股者可以参与按股分红，但不干预合作社的经营业务。[①]

林坚、王宁指出，合作社天然地具有追求社会公平与经济效率的双重目标，相应地，二者之间的矛盾也成为合作社与生俱来的矛盾。[②] 苑鹏认为，尽管合作社千差万别，但其制度安排的本质是一样的，即社员的所有权、控制权和收益权是建立在其对合作社使用的基础上的。[③] 徐旭初也认为，合作社与其他经济组织的根本区别在于社员身份的同一性，即社员既是合作社的所有者（投资者），又是合作社的惠顾者（使用者）。他还指出，合作社可能出现若干种偏离“理想型”合作社制度的制度形态，特别是在合作社进入追求附加值阶段，这种偏离几乎是必然的。[④] 黄祖辉、邵科认为，随着时代的变革，合作社的本质规定性正在发生漂移，这种情况对中国农民专业合作社发展也有重大影响。为此，既要充分认识合作社有别于其他组织的本质规定性及其漂移的不可避免性，也不必强制干预这种漂移的发生，而应鼓励社员按照章程自主选择是否允许以及在多大程度上允许这种漂移的发生。同时，政府部门则可以通过相关法规合理引导这种漂移。[⑤]

其次，我国合作社的特点是规模小但地域性强，2017 年我国合作社的平均社员规模为 58 户，与西方国家或全球合作社相差甚远。合作社的社员大多来自当地或相邻村庄。这一现状引起了众多学者对我国农民专业合作社市场竞争力的疑虑。

围绕纷繁的农民专业合作社发展现状，张晓山提出：“在今后合作社的发展进程中，作为社员的农民（从事农产品专业生产或营销的农户）能

---

① 牛若峰．论合作制的演进与发展——纪念罗奇代尔先锋公平社诞生 160 周年［J］．牛若峰工作室通讯，2004（12）（总第 48 号）．

② 林坚，王宁．公平与效率：合作社组织的思想宗旨及其制度安排［J］．农业经济问题，2002（9）．

③ 苑鹏．试论合作社的本质属性及中国农民专业合作经济组织发展的基本条件［J］．农村经营管理，2006（8）．

④ 徐旭初．中国农民专业合作经济组织的制度分析［M］．北京：经济科学出版社，2005．

⑤ 黄祖辉，邵科．合作社的本质规定性及其漂移［J］．浙江大学学报（人文社会科学版），2009（4）．

否成为专业合作社的主体？他们在合作社中的经济利益是否能得到维护，民主权利能否得到保障？他们获取的剩余能否增加？合作社的资产所有权、控制决策权和受益权是否能主要由他们拥有？这应是农民专业合作社未来走向健康与否的试金石，而这必须由实践来检验。"[①] 任大鹏、郭海霞则具体讨论了"合作社的真伪之辨"，认为自《农民专业合作社法》实施以来，评定一个合作社的真伪，首先，需要在法律框架下根据《合作社法》确立的合作社原则进行对照与辨析；其次，工商部门的登记注册环节也是程序上一个重要的认定指标；同时，还要在现实中认真分析合作社的运作方式和功能，尤其要看它在治理机制、盈余分配两个环节是否真正体现了合作社的特征。[②] 潘劲则提出了鲜明的质性疑问："百分之八九十的股权掌控在单个成员手中，在这样的合作社中，还能有真正的民主吗？如果说合作社是低成本运作，没有多少盈余，从而不能按交易额比例返还盈余，人们对此还可以理解；那么，没有按交易额比例返还的盈余，却有按股分配的利润，这利润又是从何而来？如果合作社盈余全部按股分红，与交易额没有任何关联，这又与投资者所有的企业有何区别？"[③]

最后，我国合作社除了经济目标外，通常还承担着其他功能，除了通过统购统销获得较高的市场盈余外，我国许多合作社还提供各类服务，如开展技术培训和提供市场信息、代表农户与政府协商、减少农业生产女性化和农业劳动力老龄化等问题。合作社的多样性引起了关于合作社市场效应的争论。由于我国农业合作社有着这些鲜明的特点，它们在农业组织体系中的地位有待进一步商讨。

一方面，温铁军、仝志辉、杨团等态度鲜明，他们不仅主张在中国发展类似日本农协的综合性合作社组织，而且一直难能可贵地坚持着相关实验性社会实践；但另一方面，坚持专业化合作思路的学者却并未与前者有什么交锋，这或许是由于《农民专业合作社法》的实施意味着专业化合作社组织的发展思路已然成为主流，很多学者视其为既定的研究前提，而非

① 张晓山．农民专业合作社的发展趋势探析［J］．管理世界，2009（5）．
② 任大鹏，郭海霞．多主体干预下的合作社发展态势［J］．农村经营管理，2009（3）．
③ 潘劲．中国农民专业合作社：数据背后的解读［J］．中国农村观察，2011（6）．

需要研判的主题。[①] 此外，近年来许多新兴类型的农民合作组织的出现和发展，例如土地股份合作社、社区股份合作社、资金互助合作社、农机合作社、手工业合作社、劳务合作社、旅游合作社等，令不少人难辨其质性，连叹合作社泛化。

（三）合作社的中国化问题

政府是政治、法律和行政的合法性的强势赋予者。[②] 近年来，各级政府对农民专业合作社发展期望日重，介入颇深，影响甚大，这既有利于促进合作社快速发展、规制合作社内部管理，同时也容易使合作社勉为其难地去承载政府的某些经济或社会功能，甚至破坏合作社应有的独立性。[③] 不少人认为，政府对合作社的干预使得合作社的边界有泛化的倾向。实际上，不少地方政府及其官员在很多时候就是以经济发展为导向，从一开始就把合作社视为一种微型企业甚至中小企业，当做一个可以带动当地农村经济发展的主体，而对其民主管理、文化内涵关注不多。所以，他们更强调的是合作社对社员和非社员的带动，而不注意对合作社运作规范性的监管。这就不难理解为什么很多龙头企业参与合作社经营中，因为它们都是追随着政策而来的。在一定程度上，政府部门并不是迎合龙头企业，而是诱导龙头企业。由此可见，未来中国农民合作社发展的核心问题在很大程度上就转化为如何寻求合作社自治与政府规制之间的合理平衡的问题。

中国农民合作社从一开始就根植于农村基层，其理念、制度及具体实践与农村乡土社会的村社结构、文化土壤、社会记忆及非正式制度是否契合是至关重要的。然而，中国农村传统的价值观念和文化规范中，似乎比

① 温铁军．部门和资本“下乡”与农民专业合作经济组织的发展［J］．经济理论与经济管理，2009（7）；仝志辉，温铁军．资本和部门下乡与小农户经济的组织化道路——兼对专业合作社道路提出质疑［J］．开放时代，2009（4）；杨团．借鉴台湾农会经验建设大陆综合农协［J］．社会科学，2009（10）．

② 苑鹏．部分西方发达国家政府与合作社关系的历史演变及其对中国的启示［J］．中国农村经济，2009（8）；夏英．我国农民专业合作经济组织发展中的政府行为与相关政策法规［J］．农村经营管理，2008（10）．

③ 郭红东．当前我国政府扶持农村专业合作经济组织发展的行为选择［J］．农村合作经济经营管理，2002（5）；任大鹏，郭海霞．多主体干预下的合作社发展态势［J］．农村经营管理，2009（3）．

较缺乏市场机制下那种经常要求人们以平等关系、一般信任为最大“道德保障”的文化资源。[①] 而且，20 世纪 50—60 年代的合作化运动似乎更多地构成了一些偏于负面的社会记忆。更何况在当前农村社区、基层组织以及集体土地资源发生深刻变化的情形下，合作社与社区组织如何建构合理的互动关系，合作社社区化究竟是强化还是弱化了其质性程度，更是农民专业合作社发展中值得关注的基本背景之一。实际上，有无相宜的合作社文化土壤的问题核心还是平衡问题，即合作社如何平衡适应内外部组织环境变化与坚持合作社文化内核的问题。如果合作社益贫性的逐渐扬弃势在必行，则对合作社民主性的一定坚持无疑是合作社变革的底线所在。

所有这些无疑意味着，中国农民合作社的发展面临的约束更加复杂，合作社企业家更加稀缺，成员禀赋差距更大，政府介入更加频繁，更导致中国农民合作社相较于国外合作社的差异性更加显著。如果把中国农民专业合作社放在这个多重嵌入性的框架里来看，合作社嵌入程度越深，就越不像传统的、理想的或标准的合作社。在此意义上，中国农民专业合作社的发展将是超越经典的、反映中国特色的、体现时代特征的。

具体到合作社减贫这个问题上，其内在机理、机制、绩效的特殊性以及协同支持政策的针对性就值得认真研究。

（陶冶）

① 孙亚范．合作社组织文化探析［J］．农业经济，2003（1）．

第二章 合作社减贫问题讨论

从合作社的天然益贫性和减贫中的劣势这正反两方面揭示合作社减贫的特殊性，是研究合作社减贫问题的必由之路、必就之章。中国的合作社减贫的成效、机理、影响因素以及由此对京津冀地区的聚焦，就是本研究在进入实证分析之前不得不做好的奠基工作。

一、为什么合作社具有天然的益贫性

（一）合作社原则的视角

从合作社的原则可以看到，合作组织的内部制度安排大都强调维护弱者或贫困社员的组织主体地位、自我服务旨趣和民主管理权利（吴彬、徐旭初，2009）。

回顾百余年间国际合作社联盟合作社原则的变化就可以观察到合作社本质规定性（表 2-1）。国际联盟每十几年就会对合作社原则进行一些调整和修改。1937 年合作社原则中的现金交易、政治宗教独立等要求，在 1966 年和 1995 年代的修订中才进行了删除。经过历年不断完善，1995 年修订的原则是目前最广泛流传和使用的合作社原则，保留了合作社本质性规定，同时又加入了一些现代社会经济对于合作社功能的需求。随后，很多国家都以 1995 年国际联盟合作社原则为借鉴，进行改进和创新。

从最初的罗虚代尔原则到现在各国百花齐放，由于各国的文化、经济、社会、政治等环境不同，各国在实践中不断修正和改进合作社的原则，各国的合作社原则发生了不同的变化（表 2-2）。像美国已经从入社退社自由变为了社员资格不开放，日常的经营管理由社员转向职业经理人，股本利息严格受限转向按股分红；而中国也从一人一票转向了差别票；西班牙蒙德拉贡更是将合作社之间的联合发挥到极致。

表 2-1　国际联盟合作社原则的演变

年份	国际合作社联盟的合作社原则
1921	（1）自有资金发展合作社；（2）保质保量；（3）按市场平均价格销售；（4）按交易额分配利润；（5）一人一票；（6）发展教育
1937	（1）门户开放；（2）民主管理，一人一票；（3）按交易额分配盈余；（4）限制股金股息；（5）对政治和宗教保持中立；（6）实行现金交易；（7）促进社员教育；（8）只对社员交易；（9）社员入社自愿；（10）按时价或市价交易；（11）创建不可分割的社有财产
1966	（1）自愿入社，退社自由；（2）民主管理，一人一票，可实行加权；（3）资本报酬适度，股息加以限制；（4）盈余返还；（5）教育、培训；（6）合作社之间的合作
1995	（1）自愿和开放；（2）社员民主控制；（3）社员经济参与；（4）自主和自立；（5）教育、培训和信息；（6）合作社间的合作；（7）关心社区

数据来源：根据慕永太（2001）和张晓山、宛鹏（2009）文献整理。

虽然合作社的原则为了迎合时代变革发生了很大的改变，但是不难发现，它始终恪守着一些最为根本的原则，主要体现为成员民主控制、资本报酬有限和按惠顾额返还盈余三大核心原则，它们依次对应着合作社的控制权（或治理权）、所有权和收益权，以此确保合作社的组织底线（徐旭初、吴彬，2017），而正是这三大原则保证了合作社天然地具有益贫性。

表 2-2　不同国家合作社原则的特征

合作社原则	国家	具体要求
罗虚代尔原则	英国	进退自愿；集股筹集；一人一票；公平交易；利润返还；发展教育；保持中立
蒙德拉贡	西班牙	自由加入，遵守社章；民主管理；坚持劳动者主权；资本处于辅助从属地位；社员参与企业管理；报酬的一致性；合作社之间合作；推动社会变革；普遍合作；发展教育
新一代合作社	美国	重视创造产品附加值；认购大额股金，并与交售农产品数量相联系，部分持股比例有限定；提供规定要求产品；社员资格不开放；股份可交易，已有社员拥有优先选择权；按股分红与按惠顾额返还的实质合一；民主控制，一人一票，日常经营管理专家管理特征日益强化

（续）

合作社原则	国家	具体要求
农民专业合作社（2017年修订）	中国	成员以农民为主体，农民至少应当占成员总数的百分之八十；以服务成员为宗旨，谋求全体成员的共同利益；入社自愿、退社自由；成员地位平等，实行民主管理，一人一票的基本表决权加附加表决权；盈余主要按照成员与农民专业合作社的交易量（额）比例返还

数据来源：根据冯开文（2009）、仇章建（1999）和黄祖辉（2009）整理。

（1）成员的民主控制原则，即入社自愿、退社自由，民主管理，一人一票制度。这也是合作社与企业的最大区别，企业是资合（或称资本联合）的组织，而合作社是人合（或称劳动联合）的组织，而劳动的联合体现在自愿和自主，自始至终都坚持着农民的主体地位。农民自愿自主选择加入或不加入合作社；加入一个合作社或几个合作社。所有社员平等享有一人一票的表决权以参与合作社管理与决策，并在民主的过程中广泛思考、充分认知到自我价值，从而激发潜能。

（2）资本报酬有限机制维护了弱者在合作社中的位置，保障了弱者对于合作社的所有权和收益权。在市场上，资本是强势的，而农民是弱势的。合作制的本质就是要限制外部资金进入合作社并分割合作社利润，通过劳动联合以制约资本对劳动的剥削（廖运凤，2004）。在国际联盟的原则中规定，合作社利润用于资本报酬的部分不能超过8%以限制股金分红。如果合作社成员只有二三十人，那么合作社的规模优势就难以展现。这时资本介入合作社，合作社就容易受到资本的控制，从弱弱合作变成强弱合作。资本报酬有限机制则实现了一定规模的弱弱合作，抑制了强资本和弱农户的合作形式发展。

（3）盈余返还机制是保障社员收益的重要机制，是合作社具有天然益贫性的重要机理。盈余返还，即社员对合作社在市场交易中赚取的净收益的获取，通常包括惠顾返还和股息获得。对于贫困社员而言，由于较少拥有股份，惠顾返还就显得比较重要。惠顾返还，就是将合作社的盈利根据社员与合作社的交易额（或量）的比例在社员之间分配（吴彬、徐旭初，2009）。惠顾返还原则是罗虚代尔合作社的重要发明之一，也是合作社凝聚成员最重要、最基本的一种制度安排。

（4）发展教育原则培养了贫困群体的内生发展动力。合作社是一种以教育活动为手段的经济行为，没有完善的合作教育，就没有健全的合作事业（赵泉民、井世洁，2016）。合作社本着以人为本的原则培养社员的内在能力，俗话说授之以鱼不如授之以渔。根据阿玛蒂亚森的可行能力理论，贫困产生的原因不仅仅是经济层面导致的贫困状态，更是包括个人环境和社会限制所造成的机会缺失，从而失去自由选择的权利。合作社正是创造了这样一个条件，给予贫困群体选择的权利，从根本上缓解了贫困。

（二）合作社成长史的视角

毫无疑问，合作组织运动最初源于一些思想家、社会活动家的倡导和推动，其初衷和宗旨从根本上说是益贫的（吴彬、徐旭初，2009）。合作化思想源自于空想社会主义学家欧文。欧文是最早的合作社实践者和具有合作精神的企业家。他把合作社作为改造资本主义制度的手段，通过长期观察工业革命期间工厂工人的劳动，发现工人工资微薄、工作时间长、工作环境差，并且由于通胀严重，导致工人大量失业、工资水平严重下降，他决心改善工人的生存状况。欧文率先在自己的工厂进行试验，领导工人进行工厂立法和限制工作日斗争，并迫使英国政府通过该法案。同时欧文坚持向英国议会提出各种提案，1817 年提出建立农业合作社，1819 年要求建立公社制度，均遭到议会反对。但庆幸的是欧文从思想上给了贫困工人阶级的希望和方向，也为后来世界上第一个合作社在英国的诞生奠定了思想基础。随后 1824 年欧文远渡到美国创办新和谐公社，公社实行生产资料公共占有、权利平等、民主管理等原则。他一生为合作事业奔波，耗尽了他所有积蓄也未能将合作社真正发扬光大。欧文对现代合作运动的影响体现在其根本原则和最终目标，而非具体的实践活动上。在这个时期欧文已经提出了有利于弱势群体的合作化思想，包括消除追求私人利润的制度；自愿累积合作企业利润的生产资料公有制；将社区财富用于提升人类品质与幸福感（郭家宏、徐铱景，2012）。这种利于弱势群体或者说贫困群体的合作社制度和原则安排从合作社思想诞生起便存在了。

合作社发展史是与减贫史相伴随的，合作社的发展过程与减贫密切相关。合作社真正发扬光大的地方是在英国。1844 年，在英国老牌工业城市曼彻斯特的北部有一个叫罗虚代尔的小镇，其中有一个大型法兰绒纺织厂拥有很多廉价工人。随着英国经济开始下滑，工人们生活越来越困难，工人要求增加工资的罢工斗争失败后，为了避免从当地商店买到价高劣质的生活必需品，其中28个失业的纺织工人便商议以一人一英镑的资金建立一个自给自足的合作商店。合作商店每天营业两小时，主要经营奶酪、面粉、蜡烛等生活日用品，也是后来消费合作社的雏形。在这个合作商店内实行一人一票、社员按交易量返还盈余的制度，避免了中间商的残酷剥削。这28位失业工人中，大部分是欧文的信徒。他们与欧文的实践不同，他们从人们的现实困境入手建立消费合作社，希望在此基础上实现欧文的最终目标。由此，这28名工人掀起的消费合作运动揭开了合作社发展的序幕。

真正意义上的合作社诞生在英国的原因，与当时英国的工业革命的发展所引起的社会变革密切相关。18世纪中叶，英国首先爆发了工业革命，纺织业迅速发展。机器的发明和使用以及工厂制度的实施取代了许多家庭传统手工业者和作坊手工业者，使他们沦为靠工资生活的工人阶级。简言之，英国的工业革命使一小部分人（主要是资产阶级）富裕起来，更多的人陷入贫困的深渊（郭家宏、徐铱景，2012）。失业加剧了工人阶级的贫困，工人们无法维持生计。在此背景下，由28个失业工人发展的罗虚代尔合作社，给了这些贫困的工人阶级以希望，工人阶级也可以通过合作社在经济上进行自助和互助，因此罗虚代尔合作社从成立起就带着益贫的色彩。

合作社的主体是当时的弱势群体——工人阶级或者失业工人，合作社成立的目的是增加收入，增加市场竞争力，合作社的原则体现民主和公平，不同于企业。在此过程中，罗虚代尔公平先锋合作社创造性地拟定了一套较为完整可行的合作社原则，极大地促进了英国乃至世界合作社的发展，是第一个真正意义上的、成功的现代合作社，其中的7项基本原则被后来许多合作社所公认。1895年国际合作社联盟在伦敦成立，将罗虚代尔公平先锋社的原则完善整理作为国际合作社联盟的合作指南，称之为罗虚代尔原则。一是进退自愿原则。社员进入和退出合作社完全正处于自愿，也没有任何附加条件，给予了个人很大的选择空间。二是一人一票原则。这是合作社成立之初就严格遵守的一条原则，一人一票保障了社员之间具有平等的权利，有利于发扬民主，避免合作社被少数人控制。三是用集股筹资原则。股数不限，股金不参与分红，股息不高于银行利息。罗虚代尔合作社一开始采用一人一股一英镑的方式收集资金。对于资本的介入，早期的合作社是十分排斥的，合作社允许社员每人以相同的金额出资入股，但是拒绝大量资本入股操控合作社。四是公平交易原则。即按市场平均价格出售商品，现金交易，保证货真价实，准斤足尺。五是利润返还原则。即按交易额返还盈余，不同于公司的按资分配，保障了劳动者的利益。六是发展教育原则。合作社会预留一些教育基金（2.5%的利润）。罗虚代尔合作社的创始成员继承了欧文培养全面发展的人的学说，从合作社成立起就极其重视教育。七是保持中立。即对社员的政治倾向和宗教信用不求一致，合作社本身也不参加任何与政治和宗教相关的活动。

随着合作化运动的推行，合作社如雨后春笋般在欧洲、美洲乃至亚洲不断涌现、发展和完善。从最先出现的英国的消费合作社、工人生产合作社逐渐转向农业合作社。德国的信贷合作社、法国的生产合作社、美国的新一代合作社、日本的农协等，大多将视角转向了农业，以农业、农村、农民为主导发展合作社。这个时期的合作组织大多还是以互助性合作组织为主，以益贫为导向。此时合作社的目标还是通过集体行动和利润的公平分配，提高社会弱势群体的收入，缩小贫富差距，缓解社会经济矛盾。但是由于经济全球化、国际市场的冲击，单独的合作社在国际市场上也很难有话语权。因此各国的合作社开始进行组织创新，主要有三大发展的趋势。一种是横向合并；二是内部治理结构公司化；三是纵向一体化（慕永太，2001）。其中最具代表性的模式就是北美新一代合作社、日本农业协同组织和西班牙蒙德拉贡合作社。

（1）美国新一代合作社是随着美国农业发展不断改革后形成的。一战、二战期间，美国向国际市场出口大量农产品，美国商品经济快速发展，农业合作社也不断壮大。但是二战之后，国际上对于农产品的需求大幅度下降，美国农产品生产过剩，农产品价格大幅度下降，农民利益严重受损。为了应对来自国际市场的冲击，美国的合作社也开始逐渐合并，并进行组织创新，转型为新一代合作社。新一代合作社的质性规定中最大的变化是社员资格不开放和资本报酬不再受限。传统的合作社是一个相对开放组织，社员可以随意进入和退出合作社，但人员的频繁流动不利于合作社的稳定经营。新一代合作社仅将社员成员资格赋予有能力的农民，同时规定社员交货的权利与义务，将交货权与产权绑定，规定交货权仅在合作社内部成员内转让，社员牺牲了部分自由换取了新一代合作社能够具有稳定的生产经营能力（赵玻、陈阿兴，2007）。这种牺牲换来了农民收入的大幅度增加、社区经济的快速发展以及农村人力资源的有效改善。这种组织创新本质上还是为了增强农民在国际市场上的竞争力，保障农民收入稳定，防止农民因市场风险而陷入贫困。

（2）日本农业协同组织是亚洲合作社发展的典型。不同于欧洲农业合作社的以小农户联合为主的生产合作社，日本农协更像是一个综合化、一体化的农业合作社体系。在日本初期的合作社运动中，主要靠政府大力扶持。日本明治维新之后，商品经济发展迅速，现代经济增长速度远超传统农业部门，部门之间的二元结构明显。传统农业部门的劳动力向现代工业部门流动，农业经济衰退，农民生活困苦。日本小农户单打独斗的生产方式导致其竞争力低下，为了挽救在商品经济发展中没落的小农户，日本政府大力推行农业产业合作社，也是后续农业协同组织的前身，在这期间农业产业飞速发展。随后二战导致日本合作社发展停滞，沦为了国家机构。直到二战结束，日本以国际合作社联盟的原则重建了农业合作社，称为农业协同组织。日本农协在很大程度上履行了社区的职能，这一点对于合作社天然益贫性的发挥起着至关重要的作用。全日本每一个市、镇和村基本上都成立了农协，据 1984 年末统计，农协总数达 4 303 个（张晓山等，2009）。全日本所有生产经营型农户基本上都以社员身份加入农协，兼业农户或者其他适于利用农协设施的农户均以准社员身份加入农协，广泛吸纳社区农户，扩大合作社规模。日本农业具有规模小、产品多样、地域生产为主、专业化程度不高的小农生产特点，为了满足农户从事农业生产的种种需求，日本的农协综合从事销售、采购、信贷、保险甚至娱乐等业务，凡是该地区生产的农产品都是农协服务的范围。社区内社员和非社员同样享受农协带来的优质服务、就业机会、民主管理等利益，从生活和生产的各个方面形成较强的利益联结机制。日本农协的金字塔结构——基层社、县联社和中央联社，以及农协内部还设有各种小组，能够实现有效的上传下达，成为农民与政府之间的沟通桥梁。当日本步入经济高度成长期以后，农民的生活水准提高到与城市工薪阶层大体持平的程度（徐翔临、刘卫国，1995）。

（3）西班牙蒙德拉贡是一个集团性合作社，较好地实现了资本联合与劳动联合的统一（冯开文，2009）。蒙德拉贡的创始人是一位天主教神父，当时蒙德拉贡受西班牙内战影响，经济十分衰败，神父为了解决当地就业问题，为没有接受教育机会的年轻人建立了一所初级技术学校，宣传合作经济思想，培养合作经济人才。恰逢西班牙资本主义发展期，具有一定的市场空间，第一届毕业生在神父的指导下陆续建立了工业合作社、劳动人民合作银行、教育合作社等。蒙德拉贡合作社的大部分成员起初来自底层，他们的初衷是解决这个小镇的生存问题，想要免除剥削关系，建立一种互助的生产方式。20 世纪 80 年代末，为了适应欧洲统一市场竞争的需要，进一步赢得市场，于 1991 年蒙德拉贡合作社组建了以工业合作社为基础，以合作银行为核心的，包括消费、住宅、医疗、教育、保险和科技开发等业务内容的合作社综合体——蒙德拉贡联合公司，合作社走上了集团化的发展道路。蒙德拉贡联合合作社保障劳动者主权的“三大法宝”就是为社员设立个人资本账户、合作精神的技术教育培训和合理的弹性薪酬，缓解了收入贫困和能力贫困，避免了一定程度的贫富差距。蒙德拉贡通过设立个人资本账户将个人劳动价值与合作社集体资产分开，同时又截留社员收益。除非退出，否则个人账户上的盈余不能从银行取出。虽然与罗虚代尔原则中的现金返还利润不同，但是强化了社员与合作社之间的利益联结，解决了合作社内部产权不清晰的问题和合作社内部资本积累的需要。这种截留收益的做法在经济不景气时期，能够起到缓冲合作社破产和社员失业的作用；经济繁荣时期可以积累大量资本，社员收入也随着合作社盈利而增长。由于截留社员收益，蒙德拉贡合作社人均实缴股本从 20 世纪 50 年代的 1 000 美元增长到 90 年代的 10 万美元，有力地促进了合作社的发展（唐宗焜，1996）。教育是培养社员内生能力的重要方式，有助于合作社益贫性的发挥。蒙德拉贡合作社的教育机构是由神父创立的技术学院发展而来的，其中培养了大量具有合作精神的技术人员，将教育与生产实践相结合，在精神层面上使合作社发展理念、合作社互助文化与个人认知产生共鸣（解安、朱慧勇，2016）。合理的弹性薪酬主张资本积累只与个人贡献挂钩，保障了劳动者主权的原则，实现了和平公正的发展目标，缩小了贫富差距。蒙德拉贡合作社曾有个著名的1∶3规定，即合作社成员最高收入不得超过最低收入的3倍，后期调到了1∶8，这个规定使得蒙德拉贡成为西班牙贫富差距最小、失业率最低的地区之一。

（三）合作社发展的视角

从合作社发展的角度分析，合作社的产生、农民加入合作社有其内在的必然性，在于合作社在发展的过程中对于社员收入的有效增加所产生的减贫效应。其中合作社发展过程中可以通过分红或惠顾返还直接增加社员收入，同时合作社还可以通过降低交易费用、规模经济、范围经济等方式降低成本以及合作社的外部效应，从而间接增加社员收入。

（1）合作社是弱者的联合，是联结社员和市场之间的桥梁；合作社给予了个体生产者进入市场的机会，让个体生产者在市场上有了更好的讨价还价的能力。不难想象，单个经营主体分散进入市场，而其面对的是竞争激烈的竞争性市场或是几家大企业的寡头市场，单个经营主体是价格的被动接受者，他们没有能力与大企业谈判，也很难解决与大市场的衔接问题。尤其是对于农业这种资产专用性很强的产业，农产品在市场上的销路只能卖给个别加工商或者批发商、零售商，这样一来普通农户就容易受到来自加工商和批发商的价格压制，通常以较低价格出售。Wollni和Zeller（2007）发现在北美洲，加入咖啡合作社后的农户进入专业市场的概率增加了24%，并且通过合作社的营销渠道显著提高了咖啡生产农户所获得的价格，增加了0.05美元/磅。这种为满足在市场竞争中处于弱势地位的生产者谋求利益、增强竞争能力需求的合作社功能，正是其益贫性所在。

（2）合作社相对于其他经济组织，可以有效降低交易成本，规避市场风险，从而使得社员增收。合作社的本意是通过社员内部的横向一体化去应对外部的纵向一体化。根据Williamson（1979）关于交易费用的理论，市场交易成本的高低取决于资产的专用性、相关交易的不确定性与交易的频率。通过组建、参与合作社，小农户能够节约由于信息不对称、资产专用性的存在而产生的交易费用，将原本属于市场的交易转化为组织的内部交易，合作社与社员之间形成一个“内部市场”（林坚、马彦丽，2006）。内部化交易不仅能够将外部收益内部化，还能够降低外部化成本，如规避市场风险和不确定性等。因此，对于弱势的农户而言合作社相当于天然的保护伞，对于加入其中的社员具有天然的益贫性。Hellin（2009）通过对中美洲的玉米和蔬菜进行案例研究发现，以高交易成本为特点的蔬菜的生产者更倾向于成立农民合作组织，有效规避风险，获得较为显著的收益，而由于市场进入的交易成本较低，运营成本过高，生产玉米等农产品的农民成立合作组织的积极性很低。

（3）合作社通过横向和纵向的联合，有利于实现规模经济和范围经济，使得社内成员生产、交易成本降低，从而实现收入的增加。规模经济是合作社产生和发展的基本动因之一。由于个人生产很难有资金和实力去进行扩大再生产，个体社员的生产总是处于规模经济之下。所有社员联合起来的合作社在资金、市场等各个方面相对于个体具有集中优势，个体通过产品的集体销售或投入品的集体购买等交易环节上的联合，降低单位产品的销售成本或单位投入品及服务的购买成本，从而实现产前、产中和产后的规模经济。对于合作社而言，其发展到一定程度之后会形成合作社联合社。随着规模的扩大，其固定成本由更多的产品进行分担，平均成本是下降的。规模经济使得合作社能在更大程度上占据市场份额，还有可能形成垄断收益。综上，在市场价格不变的条件下，社员的收益是增加的。可以说合作社所形成的规模效益惠顾每一位社员，使其增收。世界合作社运动中，合作社横向合并的趋势是无可否认的。美国在第二次世界大战之后，机械化和现代化使得农业的劳动生产率大幅度提高，世界市场竞争加剧，美国的农场数进一步减少、规模扩大，美国合作社为了保持规模优势合并现有合作社，发展地区联社。1957—1970 年，合并了 965 个合作社，营业额从 1946 年的社均 59.8 万美元增长到 1986 年的社均 1 087.6 万美元（王树桐等，1996）。

合作社的范围经济是指合作社的长期平均成本随着产品和服务多样化而下降的现象，或者通过产品的分工协作，形成产业链，组成地方区域性的生产系统，从而引起整个生产经营过程中的成本节约。如果产业链条上的每一个主体上都实现成本节约，对于整个产业链而言利润是提高的。因此，范围经济的存在能显著改善社员收入。例如，丹麦的猪肉产业组织体系，通过合作社将分散的农场聚集起来，建立了以合作社为导向的产供销一体化经营模式，并延长产业增值链条，将中间成本环节留在产业链条内，使社员能够分享农产品价格和流通环节的增值收益（张滢，2016）。美国新一代合作社同样通过延长产业链条实现了范围经济。据 2005 年美国农业部年度合作社统计，受调查的 2 896 个新一代合作社实现了 20 亿美元的价值增值。

（4）合作社存在对非社员的外部溢出，也是合作社产生的一种涓滴效应。第一，由于农村居民间的频繁互动，合作社提供的技术、市场信息等可能在社员与非社员间传递，从而间接影响非社员的收入水平（朋文欢、黄祖辉，2017）。Verhofstadt 和 Maertens（2014）通过埃塞俄比亚合作社调查数据发现，居住在合作社周围的 90%非成员从合作社中获益。当然获益的形式各有不同，但通常与合作社的日常获得有关，例如技术培训、信息共享等。第二，合作社通常以产业为依托，带动当地产业发展。因此，合作社在贫困地区的运作增加了贫困人口的就业机会，从而间接增加贫困户收入（邓立，2019）。美国新一代合作社为当地社区创造了大量就业机会，如北达科他州通心粉种植合作社成立时为当地创造 300 个工作岗位；2005 年受调查的 2 896 个新一代合作社提供约为 125 000 个就业岗位（赵玻、陈阿兴，2007）。同时带动当地零售业、建筑业、生活服务业发展，提高当地整体福利水平。第三，合作社提供特殊服务和公共产品，提高当地贫困户的福利水平。例如合作社对当地的乡村道路、水利设施进行改善，不仅为社员生产运输提供方便，而且当地农户都可以使用改善后的公共设施。

（四）合作社的社区“嵌入”视角

合作社既是一种企业主体，又是一种社会组织。因此，其兼有发展经济和服务社会的双重属性（高强、孔祥智，2015）。从社会学的视角来看，合作社因为兼具经济社会双重属性，是一种嵌入性组织。就其社会功能而论，合作社形成动机是居于弱势地位劳动者希望凭借互助合作力量，实现共同的社会、经济与文化需求及抱负，最终造就一个美好的合作社会（赵泉民、井世洁，2016）。

（1）合作社能够通过所嵌入的社会网络获得信息与资源优势。合作社脱胎于社区，享用了部分社区资源。因此，合作社作为社区的一部分需要承担一部分社会责任，进而反哺社区，具体的体现就是为贫困群体提供脱贫的机会。农村社区是合作社的母体和摇篮（胡平波，2013）。合作社的成立与运行根植于所在农村社区和地域农业环境之中，既有赖于与环境之间的资源交换与支撑，又同时被区域环境制约与建构。合作社自成立之日起就与所处农村社区进行各种资源交换。离开农村社区，合作社就成为无源之水、无本之木（赵泉民，2013）。日本农协除了农业生产方面的服务，还有许多增加社区福利的服务，如医疗卫生服务部门、文化部门和生活部门，还将农村高龄者福利事业和志愿服务作为其事业的一部分进行开展。韩国综合农协同样为其社员举办文化、卫生、休养等各种农村社会福利事业。合作社既享受了社区带来的各种资源，那么它就有义务让渡一部分“权利”去发展社区，因此合作社存在社会道义上的益贫倾向。

（2）社区文化和价值认同，有利于实现合作益贫。合作社所在的农村是一个“熟人社会”，具有相同的风俗习惯和价值观念。建立在相同文化和价值观基础上的合作社，比其他经济组织更加具有主观益贫性。例如，以色列的合作社和集体农业社区的社会联系主要来源于意识形态和传统的民族认同，尤其是犹太移民群体。日本农协同样是根植于坚实稳固的地域文化之上，建立在农村社区内部社员间根深蒂固的价值认同和群体意识之上（张晓山等，2009）。这种以亲缘和地缘认同为基础的特殊信任促生了农村合作社的发展（朱启臻、王念，2008），使得合作社成为各种经济组织中易为相对贫困人口接受的一种。正如日本的综合农协是按村落组织起来的，农协的名称也都直接用社区的名称来命名。所以农协组织与农村的家族关系、亲属关系、传统习俗等密切融合在一起，与农民有很强的亲和力（徐翔临、刘卫国，1995），从而从内部激发贫困户的参与意识和内生脱贫能力。

（3）合作社的原则中就规定把关注社区发展作为合作社的社会功能。国际合作社联盟于1995年发布的《关于合作社界定的声明》提及了关注社区是合作社的一个原则，是合作社社会责任的一种重要体现。因此，合作社与社区二者之间有机结合、相互影响，是在动态中协同演进的关系（张琛、孔祥智，2019）。

二、合作社减贫的劣势及对策

合作社减贫的另一面也不得不承认，那就是合作社有着一些不容忽视的劣势。

（一）劣势

1. 合作社难以实现弱者的联合，具有排斥弱者的倾向

贫困户在最大程度上享受到合作社益贫性的前提是其为合作社的内部成员。这就说明了一个问题，即合作社产生的收入效应并不意味着减贫效应，这两者是不能画等号的。因为如果合作社把最贫困的人群排除在合作社外部，贫困户的收入没有变化而合作社内部成员收入增加，那么不仅不会达到减贫的效果，反而会加剧贫富差距。

首先，现实中合作社难以实现弱者的联合，原因在于弱势农户合作的潜在利润较小而实现成本较高（周应恒、胡凌啸，2016）。组织的创建需要突破技术、融资、交易成本、政策等一系列约束（郭红东、蒋文华，2004；邓宏图、崔宝敏，2008），而弱势群体在资金融通、人力资源、组织网络、物质资产等禀赋上的种种缺陷，使农民合作社很难内生于小农户。

其次，合作社虽然具有天然的益贫性，但是并不代表合作社必须帮助贫困人口（吴彬、徐旭初，2009）。部分学者研究发现现实中多数合作社表现出对贫困农户的排斥，贫困户参与合作社的概率较低。合作社不是天然具有吸纳贫困户的意愿和能力，小农户可能由于相对较小的入社概率而存在参与障碍，导致合作社产生一定“排他性”。而贫困户由于资源禀赋先天不足，风险抵御能力差等，往往会成为合作社排斥的首选目标（Bernard &Spielman，2009）。尽管小农户确实可以从某种合作活动的溢出中获益，但与成员的收益相比，这些收益往往是有限的。在现实中，也确实

发现一些合作社通过设置门槛，使得一些贫困户因达不到入社条件而无法加入（王军、曹斌，2019）。因此，在不借助外部力量的情况下，合作社缺乏主观带动贫困户增收的动力和能力。合作社的减贫效果不宜过于乐观，合作社对贫困农户的吸纳意愿较弱抑制了合作社减贫作用的发挥。

2. 合作社提供俱乐部产品，存在集体行动困境

根据 Olson（1995）的集体行动理论，组织发展过程中存在着潜在成员搭便车问题，弱势群体自发形成农民合作社将遭遇“集体行动困境”。合作社是一个典型的俱乐部，为其社员提供“俱乐部产品”（唐勇，2003）。内部提供的俱乐部产品对于内部成员而言是公共物品，公共物品最重要的性质就是受益上的非排他性，即组织提供的是不可分的、普遍的共同利益。虽然合作社的组建和壮大可以实现集体的共同目标，但作为理性的个体，农户认识到无论他是否为集体出力，结果都可以坐享其成。因此在不能保障其他人无私的情况下，农户很难舍弃个人利益而为集体利益添砖加瓦。由此导致的博弈结果就是每个人都不作为，“搭便车”行为便产生了（马彦丽、林坚，2006）。合作社的益贫性作为合作社集体行动形成的公共服务，其成员都只想拥有合作社益贫性带来的好处，却不想为之做出贡献，最终陷入集体行动的困境，益贫作用不能有效发挥（任笔墨等，2020）。

3. 合作社实际发展过程中不可避免地会发生异化，影响减贫效应

合作社是具有自我更新、再生和重组能力的动态经济组织，不存在静止的合作社，也没有政策能够阻止其变革。比如，在公平先锋社起源地的欧洲，合作社“一人一票”向差额投票转变、从内部人管理向外部职业经理人才管理转变、从经济互助向合作共赢转变，而北美的新一代合作社更是将权益与股份密切联系、不限制资本报酬等。中国合作社同样出现了异化现象，并不排除有益于合作社生存与发展的成分，但是可以看到中国农民专业合作社成员异质性不再同质，盈余返还制度始终贯彻不彻底，空壳社和虚假社层出不穷，合作社的发展逐渐从“公平”走向“效率”。合作社异化的形成源自于激励相容的制度安排，而合作社异化既可能对这种制度安排带来积极影响，也可能毫无作用，甚至是负面影响，最终将影响合作社的减贫效果（王图展，2017）。

（二）对策

1. 提升人力资本

“人”是合作社发展的关键，如何用人和如何培养人就显得尤为重要。

（1）合作社要用好“能人”（其中“能人”包括种粮大户、村干部、企业家、龙头企业等），让能人带动当地贫困户发展。从博弈论的角度讲，在农民合作社创建过程中，小农户和合作社企业家间的博弈是典型的“智猪博弈”，后者对组建合作社的期望较高，更可能出面创建合作社，并且合作社企业家的禀赋优势也使其具备率先进行组织制度创新可能（韩国明、高建海，2008）。但是许多学者在文献中提到，由于能人的加入导致成员异质性从而使得合作社本质性发生漂移，合作社异化。因此要在保障合作社的本质性原则不发生大变动的前提下，吸纳一些能人发展壮大合作社。

（2）提高社员的人力资本。物质的贫困远不如能力与权利的贫困更重要。大量实证研究结果也表明，合作社负责人的企业家才能和成员人力资本水平的提高对合作社效率具有重要影响（黄祖辉等，2011；Wossen 等，2017）。从先锋社开始到现在国际合作社联盟公认的合作社原则中都始终强调教育和培训的重要性。首先，合作社应该重视教育和培训，主动为社员提供教育和培训服务；其次，当地政府和相关管理部门也应该提供教育和培训服务，对于大部分合作社而言其发展还需要政府补贴，他们没有长远发展的眼光，不愿意去发展社员，此时就需要政府来提供教育产品，可以政府自己组织培训，也可以给予合作社补贴，让合作社给贫困户提供技术、教育等服务。

2. 营造良好环境

良好的法律、制度环境是合作社益贫性形成的重要“催化剂”。要在国家层面规范合作社的制度、法规，并且法律法规应该与时俱进，及时修正合作社发展过程中的问题，从整体上指导合作社高质量发展。①及时修订《合作社法》使用范围，对于运行良好但异化的合作社，政府应颁布相应的规范条例或专门的法案，以确定其法律主体地位。②改进政府对于合作社的考核标准以及扶持标准，出台相应的合作社管理办法，对违反法律法规的行为做出处罚规定。③出台政策支持合作社联合发展，避免同行过度竞争。合作社法案在几百年的发展中不断地修正，以保障合作社的权益。目前，全世界已有150多个国家制订了合作社法或合作社示范章程（任强，2014）。但是需要注意的是，合作社发展良好的国家普遍具有稳定的合作社法律，只是针对社会经济情况进行轻微调整。1890年，美国颁布的谢尔曼反托拉斯法限制了合作社的横向合并，但很快便发现合作社法律已经滞后于合作社的实践。因此，1922年美国通过了卡帕沃尔斯泰德法，使合作社不受反垄断法的约束。随后，合作社营销法和农业公平交易法等相继出台，美国用法律有力地推动了美国农业合作社的发展。法律和制度理应顺势而为，才能更好地为合作社的发展、益贫性的发挥提供天然的土壤。

合作思想和社区支持是合作社益贫性发挥的软条件。民主与社会信任是自发性共同体得以维系的关键。对于农民合作社这种基于民主要求设计和运行的"人人为我、我为人人"的乡村共同体，宣传合作思想和精神，培养成员的民主意识、社会信任、团结互助等公共精神，肯定将有助于益贫性的发挥（赵昶、董翀，2019）。日本的农协、以色列的基布兹与莫沙夫的成立、运行及发展均根植于其所处社区环境和社会文化，其发展离不开社区的支持。借助社区的社会支持网络（包括社区关系网络、社区资源、社区产业、社区文化支持），合作社可以有效规避市场风险，建立更广泛的利益共享机制，更好地发挥益贫性（高强、孔祥智，2015）。

3. 提供资金扶持

益贫性是合作社提供的一种公共产品，只要少数几个实力雄厚的成员联合提供减贫服务的收益大于成本，由于其协调成本很低，那么合作社就倾向于提供减贫服务。但同时，合作的益贫性具有很强的正外部性，需要政府给予补偿。合作社则会权衡带动贫困户脱贫任务与获得财政扶持资金之间的成本收益。如果带动脱贫任务的成本低于获得政府的贴息、贷款、补贴或者被评为示范社等收益时，合作社会积极争取扶贫资金支持，完成扶贫任务（王军、曹斌，2019）。

政府提供的资金支持一般有如下几种：一是财政扶持，包括：①政府直接补贴，如财政专项资金和农业补贴；②政府间接补贴，如承担涉农建设项目，美国农村电力合作社就是依靠政府直接补助和贷款快速崛起的，农村电力合作社提供了大约一半的美国电气化农场的电力，且覆盖了46个州（苑鹏，2009）。二是税收优惠和信贷支持。税收、信贷和合作金融的发展对合作社的减贫工作有着直接和深远的影响。19世纪末，美国豁免了农民合作社的全部税赋。时至今日，农民合作社虽然需要缴纳部分税赋，但对于返还给社员的利润以及其他收入仍享有免税待遇。并且世界各国几乎都通过立法，允许合作社兴办合作银行、信用社等金融业务。如蒙德拉贡的劳动合作银行，美国的农业信贷合作社体系，以及日本的农业协同组合也是以金融为主的（任强，2014）。从世界各国政府对于合作社的扶持经验来看，从直接资金扶持向间接扶持、提供服务转变是趋势所在。

4. 产业支持

政府支持合作经济组织选择适宜发展的特色产业。产业是合作社发展的基础，纵观国际合作社事业发展，合作社的产生和发展大多以某个农产品生产的特定产业为依托。例如丹麦以猪肉为产业支撑，建立了以合作社为核心的农业产业体系，极大地提高了农民的收入。2016年丹麦猪肉出口占全球猪肉贸易总额的23%，已经成为第三大猪肉出口国（张滢，2016）。随着全球化和现代化的进程加快，生产领域的价值增值远低于加工领域，大部分合作社从传统的销售转向加工以延长产业链获得更多的附加值，美国新一代合作社的出现就是典型。

因此，合作社发展需要利用当地资源优势，将合作社与特色产业发展有机结合，提升产业链的利润，提高产业增值能力，从而以合作社服务贫困群体、以产业带动贫困群体。印度的“白色革命”就是一个成功将产业与合作社发展完美融合的典范。印度大多以素食为主，牛奶是他们补偿蛋白质的重要途径，并且印度拥有世界上最好的奶水牛品种之一，因此印度对于牛奶的需求十分稳定和旺盛。印度早在20世纪70年代就开始推动奶业的发展，印度政府根据印度农业实际情况，选择大力发展水牛奶业，扶持建立了以奶牛合作社为主体的产加销一体化服务体系，成功将印度的小农户与大市场对接，解决了长久以来小规模养殖户收入低下的问题。

三、中国农民合作社减贫问题

（一）中国农民合作社减贫取得的成绩和存在的问题

1. 中国农民合作社减贫成绩

本节结合《中国农村合作经济统计年报（2019年）》公布的数据，从合作社数量与成员规模、产业类型、经营服务能力、经营绩效和政府扶持五个方面概括介绍农民合作社对于减贫事业的部分成就。

（1）合作社发展迅速，农民覆盖率高，为农民提供发展平台和更多的发展机会

中国农民合作社发展迅速，农民覆盖率高，吸纳和带动大量贫困户，已经成为中国农村地区减贫的重要组织之一。截至2019年年底，全国农民合作社总数193.5万家（图2-1），其中贫困地区68.2万家。[①] 农民合作社成员类型多样，辐射带动全国近一半的普通农户。全国农民合作社成

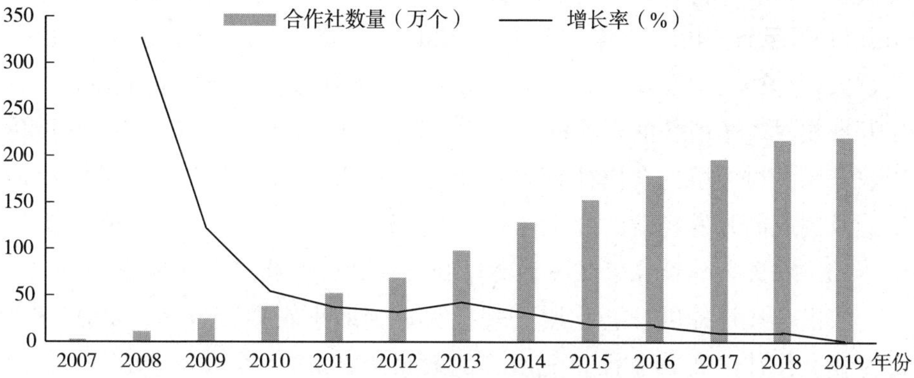

图2-1　2007—2019年中国农民专业合作社数量和年增长率

数据来源：历年《中国农村经营管理统计年报》以及国家市场监督管理总局统计数据。该数据与文中数据有差异

① 数据来源于农业农村部合作经济指导司。根据市场监管总局统计，截止到2019年底，全国依法登记注册的农民合作社220.1万个。书中数据略低于市场监管总局统计数据的主要原因是，部分新注册合作社、农民成员实际参与合作社、无实质性生产经营活动的合作社、已消亡未注销的合作社以及西藏自治区合作社等未纳入统计范围。

员数 6 682.8 万人，社均农户成员 34 个。农民专业合作社成员中，普通农户占比 95.35%，显然，农民合作社已成为中国最重要的新型农业经营主体之一，中国农民合作社减贫具有广泛成员基础和坚实组织基础。

农民合作社是盘活农户土地资源的重要途径之一。2016 年中央 1 号文件提出，要“鼓励发展股份合作，引导农户自愿以土地经营权等入股龙头企业和农民合作社。”2019 年合作社中以土地经营权作价出资成员有 818.2 万个，占比 1.22%，解决了部分农户缺少资金入股合作社的问题。农民合作社牵头领办人身份多元，农民牵头领办的超过八成。2019 年农民牵头领办合作社 164.44 万个，其中村组干部牵头领办合作社 23.01 万个；企业牵头领办合作社 4.10 万个。

（2）农民合作社产业分布广泛，从传统产业向新产业新业态发展延伸，为农村减贫提供产业支持

中国农民合作社类型多样，且分布广泛，合作社带动贫困户覆盖全国、全行业以及生产全过程。中国农民合作社的类型多样，2019 年从事种植业、林业、畜牧业、渔业、服务业的农民合作社数量依次为 105.6 万个、11.7 万个、40.9 万个、5.9 万个和 15.4 万个，占比分别为 54.6%、6.1%、21.1%、3%和 7.9%。从事新产业新业态合作社发展迅速，2019 年开展农村电子商务的合作社有 3.92 万个，比上年增长 97.1%；开展休闲农业和乡村旅游的合作社有 1.29 万个，比 2018 年增长 76%；从事民间工艺及制成品开发经营的合作社有 2 071 个。

（3）农民合作社经营服务能力增强，助力脱贫攻坚成效显著

农民合作社提供社会化服务规模大，带动小农户数量多。2019 年农民专业合作社开展农业社会化服务的数量为 27.7 万个，从业人员 404.1 万人，服务营业收入 706.96 亿元，占比最高为社会化服务营业收入总额的 41.9%；服务对象数量 6 222.7 万户，其中服务小农户数量 5 034.1 万户，在各类服务组织中覆盖农户数量最多。合作社农业生产托管有力促进了农业节本增收，助力脱贫攻坚成效显著。2019 年从事农业生产托管的农民合作社 13.9 万个，服务粮食作物面积 4.77 亿亩①次。例如小麦全程

① 亩为非法定计量单位，1 亩≈667 平方米，下同。

托管可为农户每年每亩节本增收 356.05 元。

通过加工、品牌、质量安全等方式提高产品的附加值使成员受益。拥有注册商标的合作社 10.57 万个，比 2018 年增长 21.7%；通过农产品质量认证的合作社 5.01 万个，比 2018 年增长 8.6%；创办实体的合作社有 6.77 万个，比 2018 年增长 95.2%。通过内部信用互助、保险等业务，合作社能缓解农户资本匮乏问题，以各种方式为农户提供资金支持。2019 年以土地经营权出资的合作社 8.9 万个，作价出资土地面积 3 696.7 万亩，社均 414.7 亩。

合作社通过统一销售农产品、购买农业生产投入品，可提高分散农户的市场谈判能力，缓解小农户与大市场对接错位问题。2019 年提供产加销一体化服务的合作社有 104.24 万个，占比 87.85%；提供运销服务为主的合作社有 8.41 万个，占比 7.09%；提供加工服务为主的合作社有 6.01 万个，比 2018 年增长 57.1%。2019 年统一组织销售农产品总值 6 945.05亿元，平均每个成员销售农产品 1 万元；统一组织购买农业生产投入品总值 2 656.68 亿元，平均为每个成员购买生产投入品 0.4 万元。

（4）农民合作社经营绩效良好，农民增收显著

经营收入和盈余不仅是反映农民合作社经营绩效的重要指标，也是合作社盈利和脱贫的重要前提。2019 年农民合作社经营收入 5 864.3 亿元，社均 30.3 万元；其中可分配盈余收入 840.2 亿元，社均 4.3 万元，人均二次盈余返还 1 257 元。其中 37 万家合作社可按交易量返还原则分配盈余，占比 19.1%，按交易量返还成员的盈余总额 465.75 亿元，人均 696.9 元；按股分红总额 198.5 亿元，人均 297.1 元。

农民合作社联合社发展迅速，规模收益显著，农户增收效益明显。2019 年全国农民合作社联合社共 10 273 个，成员 12.6 万个，平均每个联合社拥有 12 个成员合作社。2019 年联合社营业收入 116 亿元，社均 113 万元，是单个合作社的 3.7 倍。其中联合社的可分配盈余收入 16.1 亿元，社均 15.7 万元，是单个合作社的 3.65 倍；平均为每个成员二次盈余返还 1.3 万元，是单个合作社的 10.3 倍。

（5）政策大力扶持农民合作社，准确瞄准农村贫困对象，缓解公共物品供给困境

在脱贫攻坚的政策下，合作社因具有天然的益贫性被政府给予了脱贫

的重任。2019年农民合作社上缴的税金总额29.23亿元，比上年下降25.1%。2019年获得财政扶持资金的合作社38 370个，共获得68.2亿元财政扶贫资金，国家贷款84.52亿元；承担国家财政项目的合作社12 730个，其中承担国家涉农项目的合作社9 783个。

2. 中国农民合作社减贫存在的问题

(1) 中国农民合作社普遍功能弱，规模小资金少，减贫带动能力较弱

中国农民合作社功能普遍偏弱，地区发展不平衡。农民专业合作社之所以在世界上出现，其重要原因就是农民需要它提供的服务（唐宗焜，2007)。从全国来看，中国农民合作社的基本功能仍然集中于统一销售农产品、购买农业生产投入品、提供技术与信息培训服务等。拥有注册商标、农产品质量认证和创办实体的合作社仅占比5.46%、2.59%、3.50%。[①] 相比发达国家的合作社，中国农民合作社更注重生产，对于加工和品牌不重视，而在农产品这个生产者与消费众多、进入门槛又很低的市场，差异化竞争和价值链增值是十分重要的。廖小静等人（2016）利用3省18个果蔬合作社数据发现，只有少数功能好的合作社对农户的收入带动效应明显。因此中国合作社功能的相对不足构成了合作社发挥减贫功能的重要障碍。

中国贫困地区农户合作的规模小资金少，农民合作社贫困治理的意愿和能力均较弱。发展状况良好、规模大、资金充足的合作社更有意向包容贫困人群发展。中国合作社的规模远小于美国，实力分散，且受地区和产品因素限制，辐射带动作用没有充分发挥。大量合作社存在资金困境。一方面，政府扶持不到位。政府的政策和资金引导实现了合作社“量”的巨变，但合作社发展良莠不齐，合作社高质量发展还有待实现。另一方面，存在贷款与融资困难的现象。由于合作社收益缓慢、股权不稳定等因素，一些金融机构不愿意给农民专业合作社发放贷款，导致大量合作社因为缺乏资金自身发展陷入囹圄（黄博，2020)，严重阻碍合作社益贫性的发挥。

(2) 中国农民合作社成员间异质性较大，贫困户利益无法保证

具有共同利益的成员的联合是农民专业合作社有效运转的基础，但合

① 数据来源：《中国农村合作经济统计年报（2019年)》。

作社实际只是具有局部共同利益的不同亚群体之间的联盟组织（王浩军，2011）。由于资源禀赋不同，利益诉求不同，合作社内部分为核心成员和普通成员，合作社会倾向于吸纳拥有稀缺资源的核心成员。同时由于合作社治理不规范、监督不到位等原因，使得成员异质性不断扩大，普通成员的参与权、决策权、剩余索取权得不到保障，合作社利益被少数精英捕获、被资本控制，导致大农户“吃”小农户现象。应瑞瑶等人（2016）通过分析江苏、吉林、四川三省 500 家合作社发现，合作社成员异质性越强，资方股份比例越高于交易量比例，合作社盈余分配按股分红的比例越大，按交易量返还的比例越小。温涛等（2015）利用全国 17 省 68 个县（市）的农户调查数据研究发现，农户资源禀赋越高，其参与合作经济组织的增收减贫效益越显著。

（3）中国农民合作社异化严重，缺乏可持续发展和带动能力

大部分学者都认为合作社具有减贫优势和增收效应。但是目前来看，中国合作社由于异化等问题，导致合作社发展不规范，合作社真实的经济优势受到了抑制，增收效应在合作社内部差异较大。一是内部管理机制异化，没有实现民主决策与管理或流于形式。苑鹏等（2019）通过 614 份合作社问卷、98 份市场监管部门问卷以及部分访谈推断，空壳社存在的比例在 1/3 以上，严重的地区甚至可以达到 60%。其二是利益分配机制异化，责权利关系不明确，惠顾返还原则执行不彻底。其三是合作社政策导向所致。当农民不善合作而又必须合作时，通过引入外生变量即利益诱致或政府强制等手段形成合作社，结果促成了农民专业合作社“量”的突破，“质”的异变（王浩军，2011）。政府在支持合作社发展的过程中又长期存在法律制度不完善、政府职能错位和缺失等问题（罗攀柱，2015），政府官员可能迫于政治压力、或者与合作社串谋获得国家扶持资金（肖琴等，2015）。因此，农民专业合作社帮助农户增收的作用受到较大程度的抑制。

（二）中国农民合作社减贫的特殊原因和机理

1. 中国农民合作社减贫的特殊原因

一直以来中国农民合作社被各国视为治理贫困问题的重要抓手。但是中国农民合作社作为减贫工具与中国国情相关，具有特殊原因。

一方面中国农民合作社是由农民组成的经济和社会共同体，能够反映广大农民的需求，也方便政府倾听民意以及政策落实。目前，中国已有近一半成的农民加入了合作社，很难再找出具有如此基数农户参与的新型农业经营组织。虽然规模经营的家庭农场、大户和企业越来越多，但是小农户将长期在中国存在的现实是不可否认的，中国农民合作社是联结小农户与大市场、小农户与政府、小农户与社群的有力武器。

另一方面，中国农民合作社在贫困地区引入和培育相对较容易。中国农村目前还存在着“386199”问题，出现大量空心村，资本下乡问题难以解决。地方政府引入和培育龙头企业难度较大，而农民合作社作为实体平台，可以有效地将农村优质资源整合起来，通过产业化、专业化发展，带动乡村振兴。

最重要的是，中国农民合作社更能体现国家的政策导向。与农民合作社相比，政府对龙头企业的干预相对困难，但是农民合作社并不排斥政府扶持，这在一定程度上给予了政府更多干预农民合作社的空间（朋文欢，2018）。在精准扶贫中中国农民合作社作为理想载体，通过产业扶贫、金融扶贫、技术扶贫等方式“内源驱动”贫困户发展。与政府“外部推动”不同，“内源推动”具有建立长效脱贫机制的可能。现实中的减贫不仅仅是简单个体贫困农户收入增加，也是区域性问题，是区域农民群体发展的问题。在解决了绝对贫困问题后的中国，相对贫困问题亟待解决。中国大部分农村正实施乡村振兴、摆脱贫困，但存在多方面的问题如农村劳动力素质低下、产业链短、产品附加值低、乡村治理问题突出等。纵观世界合作社发展趋势，从产品销售向产加销一体化、增加产品附加值方向发展，在联结企业、引进先进技术、打造品牌、控制产品质量等方面合作社具有天然的优势。拥有注册商标、通过农产品质量认证、创办实体的合作社数量在逐年增长，中国农民合作社在减贫问题上依旧具有潜力。

最后，中国农民合作社的创新发展给予了减贫的新方向。中国农民合作社与其他国家农民合作社发展有着很大不同。由于土地制度的原因，中国农民合作社的发展离不开制度的变迁，中国农民合作社的减贫也离不开制度的变迁。从家庭联产承包责任制的制度改革开始，中国合作经济制度不断演变创新，以适应变化的社会经济环境。中国农民合作社除了农民专业合作社外，村集体股份合作社、农业协会、土地股份合作社等农民合作组织也蓬勃发展。村集体股份合作社也是近年来农村集体产权制度改革的重点，但与农民专业合作社不同，其虽然属于农民合作经济组织，但是并非以盈利性为首要目标，承载着更多公有制经济的功能。虽然目前来看股份合作社因为各种原因难以发挥效率，但是其成员公平分享集体经济的利益，以当地区域农村集体经济发展为目标，是化解区域性相对贫困的有力抓手。

2. 中国农民合作社减贫机理

通过梳理大量文献发现，中国农民合作社减贫的机理虽不尽相同，但整体上分为如下几类：

（1）从合作社的参与主体的角色出发，分为合作社内部减贫机制和外部减贫机制

根据参与主体的角色、动机和资源禀赋，将其分为外村农户、非社员和社员，其中社员又分为普通社员和核心社员。普通成员一般指一般农户、贫困户；核心成员一般指种粮大户、村干部、龙头企业等。

合作社外部减贫机制是指合作社的外部参与主体如外村农户、本村非社员农户，通过参与合作社达到减贫增收的机制。外村农户受到合作社功能强弱的影响对其收入产生作用；非社员农户受到合作社边界大小、溢出效应的影响对其收入产生作用（陶冶等，2021）。

合作社内部减贫机制是指合作社的内部参与主体如普通社员和核心社员通过参与合作社达到减贫增收的机制。合作社内部社员的角色、参与动机和资源禀赋将决定其益贫倾向和话语权，而其话语权和益贫倾向通过合作社制度安排形成核心主体的益贫倾向，核心主体的益贫倾向决定了合作社的益贫性（赵昶、董翀，2019）。对于中国农民专业合作社来说，合作社内部减贫机制是由核心社员决定的。

（2）从合作社减贫的结果出发，基于多维贫困和阿玛蒂亚·森的贫困理论，分为收入、能力、权力、社会、信息的多维减贫机制

首先，合作社带动贫困农户增收，缓解收入贫困（袁俊林等，2021）。①合作社通过提供服务，减少农户在各个生产环节的成本。分散农户以集体行动的方式进入市场，降低交易费用，提高市场竞争力，获得更好的生

产投入品和产出品价格。通过合作社实现规模经济和范围经济，以及标准化、品牌化的生产经营，提高产品溢价。最后通过合作社的利益返还机制，帮助贫困农户增加经营性收入。②通过经济活动为贫困农户提供就业机会，帮助贫困农户增加工资性收入。③通过吸纳贫困农户土地等资产入股，帮助其增加财产性收入。除了传统的农民专业合作社外，土地股份合作社等以要素合作形式为主的合作社通过股份分红增加了贫困农户的财产性收入（袁伟民、唐丽霞，2020）。⑤通过拓宽农民增收渠道，改善贫困农户收入结构（周应恒、胡凌啸，2016）。⑥通过支撑农业产业发展，改善地区贫困。农民合作社在扶贫中作为产业、金融、资产收益、农业科技扶贫的有效载体，有效地改善了地区整体贫困。

其次，合作社提升贫困农户的自我发展能力，缓解能力贫困（王任等，2020）。农民专业合作社减贫的机理不仅在于直接增加收入，还在于间接提升能力。通过业务、资本和管理参与，贫困社员以社员信息获取能力、技术应用能力和需求表达能力的提升为手段，间接地实现贫困农户收入增加。

再次，合作社有助于扩大贫困农户的赋权机会，缓解权力贫困（袁俊林等，2021）。合作社强调维护社员的组织主体地位和民主管理权利，贫困社员在参与合作社的日常管理事务中，平等享受公共事务讨论、决策、监督的权力，从中体会到个人的尊严和人与人之间的平等，获得归属感，为实现权利扶贫和赋权式发展夯实基础。

同时，合作社有助于改善贫困农户的社会交往，缓解社会性贫困（刘同山、苑鹏，2020）。合作社的社会益贫性在于贫困户加入合作社能够改善其社会交往，优化农户的社会资本。一方面，通过频繁的交往活动，让个体化的农民实现了“再组织化”，满足了成员情感交流需求，使得合作社内部成员之间更加信任；另一方面，贫困农户通过合作社扩大了社交范围，增加了其潜在社会资本。

最后，合作社拓宽贫困农户获取信息的广度和深度，缓解信息贫困（张淑辉，2019）。合作社是连接市场、政府和农户的重要沟通桥梁，能够及时获取市场信息，表达农户需求，实施政府扶贫项目，有效降低了沟通成本。依托合作社收集、整合和过滤各种市场和政府信息，使有用的信息流向贫困家庭，方便贫困家庭获取信息，缓解信息贫困带来的各种风险。

（3）从合作社减贫的动机出发，分为客观减贫机制和主观减贫机制

客观减贫机制是指合作社“核心成员”尽管在主观上无明显的减贫动机，但其行为在客观上却起到了减贫的效果（徐旭初，2016；朋文欢，2018）。从结果上看，客观减贫机制是合作社在追求组织绩效的过程中自然产生的一种正向溢出效应。合作社内部贫困社员和其他社员通过非对称合作共同提升组织绩效，贫困社员同时通过民主管理、盈余返还等机制获得了收入、能力提升和发展机会。与此同时，合作社对于非社员贫困户也具有明显的正向溢出效应，在没有外部因素作用下，合作社也能发挥其客观减贫效果。

主观减贫机制是指合作社在主观上具有减贫动机，并采用针对性措施有意帮扶贫困农户，以实现贫困户减贫增收（徐旭初，2016；朋文欢，2018）。合作社根据其自身的能力和绩效水平提供一种类似公共产品，即益贫性（抑或者说减贫行为）。出于“搭便车”等集体行为困境，当前农民合作社并不天然具备主观减贫机制，在不考虑其他因素的情况下，农民合作社发挥主观减贫机制是一种非理性行为。因此合作社的主观减贫机制需要外部力量的刺激，不仅包括经济性因素，还包括非经济性因素。经济性的外部刺激主要来自政府，非经济性的外部刺激主要来自社群。

（4）从合作社给予贫困农户的利益出发，分为服务联结机制、合约联结机制和产权联结机制

合作社的益贫机制是合作社能够给予贫困社员的利益以及实现这些利益的利益联结方式（吴彬、徐旭初，2009）。合作社能够给予贫困社员的利益包括市场进入、价格改进、特殊服务、收益返还和民主管理等；实现这些利益的联结机制包括服务联结机制、合约联结机制和产权联结机制，其中产权联结机制是益贫机制发挥的最关键的一环。

综上，中国农民合作社的减贫机理虽侧重点不同，但其中也包含共同之处。本节认为中国农民合作的减贫机制不能否认政府和社群的作用以及除收入外其他能力的提升所带来的减贫作用，还要综合考虑合作社内部异质性和非社员农户所得到的减贫效应。政府和社群的外部刺激作用于农民

专业合作社，合作社通过内部的服务联结机制、合约联结机制和产权联结机制将给予贫困户市场进入、价格改进、特殊服务、利益返还、民主管理、技术推广、教育培训、信用合作、包容性就业、资产入股等利益，使得贫困户通过能力、权力、社会、健康、信息等方面的提升作为中介，最终达到增收减贫的目的。

（三）中国农民合作社减贫的制约因素

1. 内部因素

（1）合作社组织成员

合作社成员规模是农民合作社发挥减贫功能的重要前提。目前已有近半数农户加入农民合作社，具有一定的减贫基础。但是相对于其他合作社发展良好的地区，农民合作社的成员基础远远不足。小规模农民合作社具有一定的设立和发展优势，投资较少，组织运营成本低；大规模农民合作社在实现规模经济、范围经济和集中效应上具有天然优势。纵观历史，合作社大型化是客观存在的。美国合作社平均成员数在 2017 年就已经达到 1 010.2 人。[①] 西班牙蒙德拉贡合作社就是通过分立新合作社以维持合作社适度规模经营。中国农民合作社在规模上还有发展的空间，可以进一步提高农户的入社比例，实现农户的广泛参与。

合作社组织成员结构对于合作社益贫性发挥起着至关重要的作用。历史表明，传统合作社的优势正来自于成员的共同利益，成员利益的同质性越高，采取统一行动和章程的可能性就越大，协商和决策成本就越小。中国农民合作社成员大概有这几种，包括普通农户、贫困户、生产大户、企业、村集体、项目方。合作社的人员结构呈现橄榄型，大户、干部、公司等资源丰富者占少数，贫困户也占少数，大部分中间群体为普通农户。由于各主体资源禀赋不同，能为合作社作出的贡献不同，在合作社中的话语权差异显著。无论何种组织类型的合作社，普通农户和贫困户通常都只拥有少量自然资源和较低的话语权。因此，合作社分为以精英社员为主体的“核心成员”和包括贫困户等弱势群体在内的“普通成员”两类。话语权

① https://www.rd.usda.gov/files/publications/SR81_CooperativeStatistics2018.pdf.

又与盈余分配机制密切相关，利益分配将由话语权高的核心成员决定，这就导致了精英捕获行为。成员异质性越强，同质性越弱，合作社减贫效果越差。当然其中有些例外，如村级党组织、政府单位、扶贫干部等具有强烈的益贫倾向的主体参与合作社会体现更多的吸纳弱者的意愿，可能会使合作社的益贫性加强。

合作社组织成员的人力资本和社会资本对于合作社组织益贫性影响深远。合作社作为一个介于市场与科层之间的制度安排，合作社的发起和组织是需要一批具有企业家精神的人。成员素质高的合作社经营收入越高、对非社员的外溢性越强。

合作社的领导人，包括合作社的社长、理事长或者经理，对合作社的发展至关重要。实证表明具有社会职务的领导人所在的合作社发展显著优于普通农户所领导的合作社（黄祖辉等，2011）。从2018年全国农民专业合作社发展典型案例中可以发现，合作社的理事长多为合作社的发起人，而发起人又多数为种植能手或基层干部。与小农户的风险厌恶偏好不同，这些具有企业家才能和政治身份的人更倾向于成立合作社。一是农村能人、龙头企业负责人具有强经济动因成立合作社，客观益贫动机很强，在实现合作社增收的同时也使其他社员共同收益；二是政府部门负责人、村干部具有强政治动因成立合作社，主观益贫动机很强，有利于获得政府补贴，有意愿主动吸纳贫困社员，带动当地贫困户发展。

（2）合作社生产经营状况

合作社经营状况的好坏对于带动农民增收的稳定性和长效性具有显著的差别。合作社经营服务能力与经营绩效是衡量其经营状况的重要指标。

合作社经营绩效的高低显著影响社员农户的收入。营业收入越多，通过盈余返还机制返给农户的盈余或股金分红就越多，农户的收入结构中经营性收入和资产性收入的比例就会加大，有利于丰富农户的收入结构。但是如果农户作为风险规避型人群，政府通过政策手段促使农户加入合作社，一旦合作社生产经营状况变差，或者说合作社生产经营亏损，农户对于加入合作社的兴致就会下降，甚至退出合作社，农户便缺少了一项收入来源；同时农户第二次加入合作社就难上加难，农户会再三考虑风险问题，这将严重影响合作社的益贫性。

合作社的经营服务是农户与合作社之间重要的利益联结机制。农民成立和加入合作社的主要目的就是享受其提供的服务。目前农民合作社在生产和销售环节提供诸多服务，在加工环节、品牌化经营方面较弱，经营能力不足将阻碍合作社减贫功能发挥。

（3）合作社产业类型

农民合作社的产业类型会显著影响对弱势群体的吸纳能力。不同的产业之间的资产专用性、不确定性和交易频率不同，导致交易成本不同。资产专用性是指资产可以被改变为其他用途的程度。在农产品领域，水果、蔬菜、奶制品等的资产专用性水平相对较高，其市场调节能力较弱。自然灾害、市场价格、政府政策等不确定因素在农业领域也十分显著，往往造成高的交易成本。交易频率与交易规模相关联，越高的交易频率越希望交易数量多，交易费用分摊到单位产品上的费用就少（徐旭初等，2016）。这些产业往往倾向于成立合作社，容易实现弱者的联合。但是，受限于自身能力，大量贫困农户所在的产业属于资金、技术准入门槛较低的产业，合作化收益相对不明显。总而言之，农民合作社的产业类型及对穷人的包容程度会对农民合作社的益贫性产生显著的影响。

（4）合作社治理结构

合作社治理结构与产权结构是紧密相连的，同时影响利润返还和民主管理机制的执行，是合作社益贫性发挥的关键。如果合作社内部农户不参与合作社的决策与治理，合作社的利益分配将偏向合作社内部精英，那么合作社的益贫性就形同虚设。

首先，农民合作社产权结构不合理使合作社与普通农户之间难以建立起紧密的利益联结机制（赵晓峰、邢成举，2016）。普通农户包括贫困户具有较强的合作意愿，但缺乏入股所需的必要资金，导致其无股权或股份占比太低。而为了提高合作社的效率，合作社的所有权集中在拥有较多资源的核心社员手中，普通社员出于自身能力和风险考虑也认可所有权的这种安排。这是合作社背离制度益贫性的内在原因。

其次，由于产权结构的不平等，导致贫困户的经营决策权受到抑制，盈余返还制度难以执行。合作社为享受国家扶贫资源、政策而吸收贫困户，但是却又限制其参与经营、管理，减少对贫困户的分配。李冰

(2017) 将贫困户参与程度和收益情况进行分类对比，发现贫困户“无参与”和“名义参与”的比例各达 10%；而全面参与合作社经营管理的贫困户只有 5%。与参与程度相联系的是收益分配的比例，二者呈明显正相关关系。可见贫困户在合作社中的表决权、知情权以及收益分配权等难以保障，这不利于实现扶贫目标。

最后，农民合作社的内外部监督机制缺失，普通农户的基本权利难以保障。普通成员监督意识薄弱，个人能力较低，对于合作社日常管理、决策参与度不够，使得合作社利益掌握在核心成员手中，小农户利益受损。

2. 外部因素

(1) 政府

政府的干预被认为是合作组织发展不可或缺的“第一推动力”，政府主导着扶贫资源的分配和传递。合作社与政府关系是一柄双刃剑，处理得当，会大大助益于合作社益贫性发挥，否则，会导致合作社减贫事业的衰落。政府的目标在于公平，而市场的目标在于效率。在这里将政府对于合作社益贫性的影响分为扶持与监督。

从世界各国合作社发展历史来看，政府扶持通常为资金扶持、政策法律扶持、人才扶持和技术扶持等方式。首先是政策扶持和法律保护。目前来看中国更倡导典型示范社、扶强不扶弱的政策，导致弱者联合的互助型合作社生存艰难。从软环境来看，合作社制度供给不足，很大程度上抑制了互助性合作社的发展。其次是资金扶持。许多发达国家和发展中国家，在税收上对合作社进行减免，为合作社提供特别贷款，对合作社进行补贴(任强，2014)。由于存在信息不对称，政府不能保证合作社对于财政补贴资金的使用，出现机会主义和寻租行为，不利于减贫。并且合作社越强大越具有吸纳贫困户和带动贫困户的能力，越能够获得政府的补贴和扶持，而小合作社由于自身维持困难，很难吸纳贫困户，获得政府补贴少，政府对于合作社的补贴大多数流入了实力强大的合作社，合作社补贴存在累退效应。政府的补贴被强大合作社拿走，由于边际效用递减，同样的补贴对于弱者联合的合作社起到的边际效用是高于强大合作社的。政府补贴错位，大部分合作社益贫性未能发挥。最后是人才和技术扶持。部分西方发达国家政府与合作社的关系演变呈现出从直接的资金扶持向提供服务转变

（徐旭初，2015），大量实证也显示了政府的信息技术或培训等支持对合作社发展有正向影响（廖小静等，2021）。

政府监督对于合作社减贫效果是尤为关键的，关于政府监督是否会抑制合作社的精英捕获行为还尚未定论。但是可以确定的是，政府监督会对合作社的益贫行为产生影响。目前来看，政府的外部监督流于形式。合作社扶贫政策执行中存在信息不对称，监督成本较高。合作社政策发布和落实来自中央部委和省级政府，而具体执行政策为各个地方政府，中央和省级政府监督的成本较高，往往采用抽检和突击的事后监督，监督的力度大大下降，不利于扶贫资金的有效利用，可能会导致寻租行为。

（2）社区

基层社区包括行政村或自然村，是合作社存续的社会基础。合作社不仅是一个经济组织，更是一个社会组织。但是由于20世纪50年代的合作运动导致大部分农民"谈合色变"，因此合作社与社区之间的关系十分微妙，并非总是双赢的。一方面，社区可以为合作社提供土地等公共设施，还提供人文资源、社会资本、人力资本等方面的支持，并且熟人社会在思想上更加有归属感，更加具有主观益贫倾向；另一方面，合作社的产生和发展将潜移默化地改变乡村治理秩序，这就意味着建立一个不依赖于村组织的纯粹的合作社或许与村组织有着利益上或者功能上的冲突。而现实中村社混同现象严重，可能会对合作社治理、合作社带动农户范围产生影响，形成"搭便车"和"利益输送"问题（黄祖辉、徐旭初，2005）。

合作社作为接受政府扶持资金的经济和社会性组织，理应受到社会各界的监督，而引入社会第三方组织能够有效地对合作社扶持政策的实施进行监督。目前，农村地区缺乏有效的第三方监督机制。

（3）市场

市场环境天然地决定了合作社形成和发展的空间，市场必然是影响合作社减贫效果发挥的重要一环。如果农产品市场体系完善，流通主体发展好，有其他主体可替代农民合作社，那么农户参与合作社的意愿会下降。如果市场信息不对称现象严重，农户以个体力量难以抗衡大的收购商、企业等，农户就倾向于加入合作社。

（四）后脱贫时代农民合作社减贫的机理和影响因素

1. 中国的减贫历程

按照扶贫目标、手段、标准、对象、主体和效果的不同，将精准脱贫分为两个阶段。具体特征见表 2-3。

表 2-3　精准脱贫扶贫阶段划分及具体特征

扶贫阶段	扶贫目标	扶贫手段	扶贫标准	扶贫对象	扶贫主体	扶贫效果
2013—2020 年	消除绝对贫困，改善民生，建设小康社会，实现共同富裕	精准扶贫	收入标准、两不愁、三保障	农村贫困群体（指收入低于贫困线）	政府为主体，社会各界共同参与扶贫	实现 2020 年全面脱贫
2020 及以后	巩固前期扶贫成果，减少相对贫困，缓解多维贫困现象	脱贫攻坚与乡村振兴的精准衔接、城乡一体化融合发展	多维贫困标准	农村贫困群体为主、城市贫民为辅	内源发展为主，其他外力如政府、社会等为辅	缓解发展贫困

数据来源：根据姜安印、陈卫强（2021）论文整理所得。

第一阶段（2011—2020 年）：在高质量增长中推动精准脱贫，以解决生存贫困

2011—2020 年，中国的减贫是以消除绝对贫困，改善民生，建设小康社会，实现共同富裕为主线，以政府为主体，社会各界共同参与扶贫，以精准脱贫为主要手段。国家统计局数据显示，2010 年中国农村贫困人口为 16 567 万人，贫困发生率为 17.2%。为了改善这一现状，减贫工作也在高质量发展中不断制度化和精准化。2011 年 12 月国务院印发了《中国农村扶贫开发纲要（2011—2020 年）》，其中明确提出，“到 2020 年稳定实现扶贫对象不愁吃、不愁穿，保障其义务教育、基本医疗和住房的总体目标”（简称“两不愁、三保障”）。2013 年 11 月习近平总书记在湖南湘西考察时首次提出精准扶贫的概念，随后陆陆续续出台了很多相关政策不断完善了精准脱贫的概念，提出了“六个精准”的要求，并且实施了“五个一批”项目扶贫措施，解决“四个问题”，建立了精准扶贫长效工作

机制和贫困退出机制，对贫困户进行精准识别、精准帮扶、精准管理和精准考核。到2020年底，中国如期完成新时代脱贫攻坚目标任务，现行标准下9 899万农村贫困人口全部脱贫，832个贫困县全部摘帽，12.8万个贫困村全部出列，区域性整体贫困得到解决，完成消除绝对贫困的艰巨任务。[①]

第二阶段（2020年以后）：在乡村振兴和城乡一体化融合发展中巩固以前的脱贫成果，缓解发展贫困

2020年以后脱贫时代是一个绝对贫困转变为相对贫困、防贫机制与反贫策略并举、农村贫困与城市贫困并存、脱贫速度与脱贫质量并重的新时代（姜安印、陈卫强，2021）。2020年以后的贫困标准也由单一的收入标准转向了多维贫困标准，扶贫主体转变为以内源式扶贫为主、政府等其他外部力量为辅，扶贫战略以脱贫攻坚和乡村振兴有效衔接为推手，城乡一体化融合发展为目标。同时《国家人口发展规划（2016—2030年）》明确提出，“探索建立符合国情的贫困人口治理体系”“由主要解决农村贫困向统筹解决城乡贫困转变”，意味着贫困对象由农村贫困人群向城乡贫困人群转变。

2. 后脱贫时代的中国农民合作社减贫机理

2020年中国已经实现全面脱贫，消除了绝对贫困的存在，由此中国的减贫任务已经从消除绝对贫困转向了缓解相对贫困和防止返贫。可以看到，两个时期中国农民合作社所解决的贫困问题已发生变化，后脱贫时代中国农民合作社减贫主要围绕减少相对贫困和建立长效减贫机制。诺斯认为任何制度供给和创新都是在既定的制度环境中实现的，制度环境既决定了外部利润的空间又决定了外部利润内部化的可能路径。因此，市场、政策、社会等外部环境决定了合作社获得潜在收益的成本和难度，影响合作社减贫机制的发挥。

在2020年以前农民合作社为精准扶贫的重要载体，农民合作社的减贫机理与精准扶贫的机理相结合。在精准脱贫时期，合作社通过发展特色产业、探索资产收益新路径、发展信用合作、推广农业技术的方式实现产

① 数据来源：《人类减贫的中国实践》白皮书。

业扶贫、资产收益扶贫、金融扶贫和科技扶贫（赵晓峰、邢成举，2016），以达到增收减贫的效果。在这期间，对于中国农民合作社的减贫机制大多只重视收入增加机制，相对忽视了农民合作社的在能力、权利、健康和信息等方面的中介作用。

在后脱贫时代，农民合作社因为其组织能力和资源优势成为乡村振兴中保障农民主体地位和保护农民发展权益的理想载体，农民合作社的减贫机理与乡村振兴相结合全面推进农业农村现代化。在后脱贫时代，乡村振兴是解决相对贫困问题的主要抓手，贫困不再仅以收入水平衡量，而是用多维标准进行衡量。因此，后脱贫时代的中国农民合作社减贫机理将会发生变化，形成多维减贫机制，将从输血式减贫向造血式减贫转化，强化内生发展动力。政府、市场、社群在农民合作社减贫中的角色也将发生变化。服务型政府、参与型市场、推动型社会作为外部动因，作用于农民合作社，使其从精英治理向合意治理转变。农户将通过与农民合作社之间的服务、合约和产权联结机制，与农民自治组织、产业体系、其他新型农业经营主体相互发展实现乡村振兴，缓解多维减贫。

3. 后脱贫时代中国农民合作社减贫的影响因素

在后脱贫时代中国农民合作社减贫依然受到内部和外部两方面因素影响。内部影响因素与之前大体相同，外部因素显然发生较大的变化。

对于内部影响因素，一是合作社的组织成员情况有所调整。目前中国农户合作社的农户参与仅过半数，相比于美国、日本等国家，中国的合作社成员规模还是过小，但是从农户入社的趋势看农户参与合作的范围还在扩大，小农户的广泛参与势必将影响合作社内部成员结构。二是合作社的生产经营状况即经营绩效和生产经营服务，随着农民对于合作社的需求发生变化随之调整。一开始加入合作社的农民是想要解决购买生产资料、生产服务和销售的市场进入和价格问题，主要为农户提供社会化服务，但是随着农产品市场竞争加剧、劳动力外流导致农业经营方式变化，合作社仅仅提供社会化服务是不够的，合作社也在变化中自我革新，从开始的服务利益联结逐渐变为土地等要素联结，也因此导致惠顾返还原则向按股分红转变。合作社的服务从专业化向综合化的转变将影响合作社与农户间的利益联结机制。2017—2020 年中央 1 号文件始终强调支持合作社建设仓储等农产品初加工设施、开展品牌建设等生产、供销、信用的综合业务合作。三是合作社治理结构即民主管理制度、盈余分配制度和内部监督制度的变化。后脱贫时代农民合作社内部治理要从精英治理向合意治理转变，让非核心成员拥有更多的参与权和主动权，并且随着土地股份合作社、社区股份合作社等新型合作社形式的发展，部分合作社将从劳动合作转向要素合作。四是合作社专业化、产业化程度。一个地区产业的专业化、产业化、规模化程度将很大程度上决定其产业组织化潜在利润规模。合作社作为产业发展的重要载体，开展加工、品牌等经济活动，将小农户融入农业产业链，获得产品溢价。2020 年中央 1 号文件也提出重点培育农民合作社等新型农业经营主体，培育农业产业化联合体。合作社产业化、专业化、规模化程度将会影响其减贫效应。

对于外部影响因素，一是政府扶持和监督即法律制度扶持、资金信贷扶持、人才技术扶持以及政府监督。首先政策导向发生变化，不再一味否认合作社的不同转型抑或是异化表现，而是顺应合作社成员间合作方式和利益联结方式的变化。2021 年颁布的《乡村振兴促进法》中提到“国家支持农民专业合作社、家庭农场和涉农企业、电子商务企业、农业专业化社会化服务组织等以多种方式与农民建立紧密型利益联结机制，让农民共享全产业链增值收益。”“各级人民政府应当深化供销合作社综合改革，鼓励供销合作社加强与农民利益联结，完善市场运作机制，强化为农服务功能，发挥其为农服务综合性合作经济组织的作用。”目前合作社发展逐步转变为高质量发展，政府的资金信贷扶持重心也有所调整。从合作社初期，目的在于成立合作社，从无到有，资金扶持更多；到现在从有到好，信贷、项目扶持等更多。例如推动合作社税收、用水、用电的优惠制度，旨在鼓励合作社发展新业态，通过农产品加工等方式延长产业链，提高产品附加值。但是与此同时越来越严格的土地利用政策和环境保护政策一定程度上抑制了合作社向新业态发展。合作社进行初加工需要非农用地，并且大多数畜牧业、农业的规模化生产也会产生一定的农业污染问题，可以说这既是挑战又是机遇，严格的土地与环保制度实质上也能促进绿色农业发展、约束合作社行为。同时更加重视合作社人才和技术，并为此提供经费支持与制度保障。通过人才振兴，为合作社发展补充新鲜血液，通过为合作社理事长及成员提供教育培训，增加合作社人力资本的积累。二是社群影响。由于农民合作社的社区嵌入性，农民合作社实际上承担着一定的社会责任。国际经验也表明，合作社参与乡村建设具有优势，如日本的农协，参与农村大量基础设施建设提供诸多公共服务。农民合作社参与乡村建设和治理对实现乡村振兴意义重大，如“党支部＋合作社＋”的模式也得到了一些积极的反馈。未来将赋予农民合作社更多的社会责任，使其更多地参与到乡村建设和社区治理中来，实现农户对美好生活的追求。

四、京津冀农民合作社减贫问题的特殊性和复杂性

（一）特殊性：京津冀地区贫困人群均以低收入群体为主，相互之间差距较大

在 2020 年实现全面脱贫之后，京津冀地区的贫困人群已经解决绝对贫困问题，目前发展的难题在于解决相对贫困问题；京津冀地区存在大量低收入群体，如何缩小贫富差距是京津冀地区减贫的首要任务。

京津冀地区贫困户均是以低收入群体为主，但是京津冀地区之间收入差距较大。2019 年北京市城镇居民人均可支配收入为 73 849 元，农村 28 928元；天津市城镇居民人均可支配收入为 46 119 元，农村 24 804 元；河北省城镇居民人均可支配收入为 35 738 元，农村 15 373 元。[①] 京津冀地区城乡居民人均可支配收入比为 2.253∶1，城镇居民收入是农村居民收入的两倍多。北京的城镇和农村居民的收入水平明显高于天津，天津又明显高于河北（图 2－2）。这主要是历史、经济、政治等多方面因素导致的。

第一，历史的特殊性导致了京津冀地区的低收入人群的形成。张、承、保等地素有京畿重地之称，为保障北京安全，长期被列为军事禁区，社会经济发展受到制约。

第二，环境的特殊性导致了京津冀地区的低收入人群形成。京津冀地

① 数据来源：国家数据．stats. gov. cn.

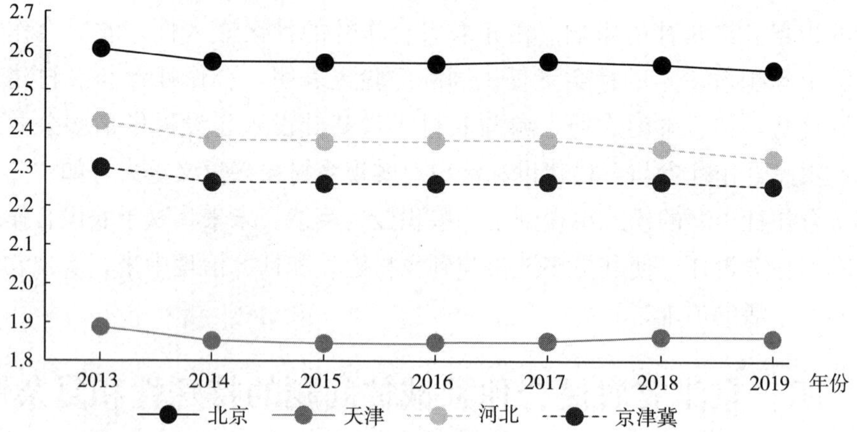

图 2-2 2013—2019 年京津冀地区城乡居民人均可支配收入比（农村居民收入=1）

数据来源：国家数据（stats. gov. cn）。

区的低收入群体大多集中在郊区和农村，如燕山和太行山区，生态和地理环境恶劣，直接影响当地资源开发和产业发展。

第三，政治的特殊性导致了京津冀地区的低收入人群形成。京津冀处于首都经济圈，承担着为大都市提供生态功能，产业发展受到限制。由于缺乏合理的生态补偿机制，生态保护产生的正外部性没有给予补偿，造成“生态抑制型贫困”的恶性循环，居民收入难以提高。

第四，区域发展的特殊性导致了京津冀地区的低收入人群形成。从弗里德曼的中心外围理论和佩鲁的增长极理论都不难发现，增长在区域间是不平等的。北京作为京津冀地区的增长极或者说中心，产生的极化效应和回流效应加剧环北京其他地区的要素贫困，从而加大京津冀地区之间的收入差异。

（二）复杂性：京津和河北分别面临不同合作社减贫难题，“协同”发展很困难

京津冀三个地区分别面临不同程度的合作社减贫问题：北京与天津的贫困问题和合作社发展状况相似，而河北的问题更加突出。

首先，在贫困问题上，北京与天津相似，均存在城市贫困和老年贫困

问题。北京市老年贫困人口规模逐渐扩大。根据《北京市老龄事业发展报告（2018)》，截至2018年底，北京市60岁及以上户籍老年人口登记在册人数为349.1万人，占户籍总人口的25.4%。北京市特困供养人员中60岁及以上有4 420人，占80.3%。北京市低保对象中60岁及以上有2.68万人，占25.54%。通过中国城乡老年人口状况追踪调查数据的纵向分析，发现2000—2015年北京市收入在城市低保线以下的老年绝对贫困人口从8.5万增加至23.3万（黄国桂、陈功，2017)。北京市城市旧贫困问题已经解决，但是城市新贫困问题严峻。城市旧贫困问题是指以“三无”人员为主的扶贫对象，目前这类贫困问题已经解决（朱火云、杨超柏，2019)。截至2018年底，北京市全部低保对象10.5万人，城市低保对象6.74万人，农村低保对象3.76万人。而城市新贫困问题指由于劳动力流动、结构性失业造成的贫困，主要针对农民工等群体。受中国社会保障制度的户籍所限，农民工普遍被排斥在城市社会保障网之外，极易发展成为城市新贫困群体。天津的贫困问题也与之相似。根据天津市统计年鉴，2019年天津市60岁及以上户籍老年人口达到266.74万，占全市户籍人口1 108.18的24.07%。天津市全部低保对象12.96万人，其中城市低保7.06万人，农村低保5.9万人。

河北省农村贫困问题依然存在。2020年底河北省城市低保18.22万人，农村低保161.26万人，分别占比10.15%和89.85%[①]，河北省与北京和天津完全相反，河北省农村低保户人数远高于城市低保户。燕山—太行山地区是农村贫困问题最严重的地区，贫困程度深且集中连片。2018年燕山太行山区贫困发生率4.5%，人均可支配收入9 701元，低于河北省农村人均可支配收入4 330元。

其次，在合作社减贫问题上，京津冀地区合作社发展参差不齐，合作社减贫功能难以发挥。总体上看，京津冀合作社数量呈现逐年增加趋势，其中京津地区增长最快。京津冀地区合作社具有明显的集聚和分布效应，具有明显的双核特征。经济发展水平上的“省会城市独大”现象也反映在农业领域。随着时间的推移，合作社的分布由两个核心向东南扩散，形成

① 数据来源：河北省民政厅网站（hebei.gov.cn)。

东南发展带。因此，北京、天津、河北的农民专业合作社呈现“两核一带”的空间格局，合作社的数量在东南部大于西北部，中部形成塌陷区（王振波、王新明，2019）。

京津冀地区合作社发展条件不同，北京、天津合作社发展受限。2019年北京市、天津市、河北省的第一产业占比仅为0.30%、1.30%、10.00%。田金玉等（2019）调查显示北京市低收入村庄的合作社规模普遍偏小，对于低收入户的带动能力较弱。对于北京市和天津市而言，农业产业并不是当地的支柱产业，这两个地区的大量农产品依靠外地进口。河北省第一产业占比较高，有发挥合作社减贫的巨大潜力，并且靠近北京和天津这两个农产品需求巨大的直辖市。

综上所述不难发现，京津冀协同水平较低，协同发展困难。北京市和天津市合作社发展情况和贫困问题都较为相似，京津的协同发展更具有相同的方向和目标；而河北省在各个方面都较为落后，要追赶北京和天津协同发展是较为困难的。

本章小结

理论上，合作社具有天然的益贫性，这是合作社减贫的基础以及作为政府进行贫困治理的重要工具手段。从合作社原则看，合作社的民主管理、资本报酬有限、盈余返还这三大原则从根本上保障了弱者或贫困社员的组织主体地位、自我服务宗旨和民主管理权利。从合作社成长史来看，合作社组织运动最早起源于空想社会主义等思想家的推动，其初衷从根本上是益贫的。世界上第一个合作社——英国的罗虚代尔合作社，其最初的目的也不过是一群失业工人为了增加收入、减少开支。合作社的发展史与世界减贫的历史是相伴相生的，例如美国的新一代合作社、日本的农协和西班牙的蒙德拉贡。合作社的诞生与英国工业革命造成的大规模失业和贫困有关，而后的数百年里，合作社在农业领域发展壮大，贫困农民通过互助性合作组织，提高市场竞争力，增加收入。从合作社发展的角度来看，合作社是弱者的联合，给予弱者进入市场的机会、讨价还价的能力，降低交易成本，规避风险，实现规模经济和范围经济。从社区嵌入视角来看，合作社既是一种经济组织，又是一种社会组织。合作社通过结构嵌入和关系嵌入社区，享受了社区的资源，受到社区文化、传统等思想上的影响，合作社作为社区的一部分需要承担一部分社会责任，反哺社区，因此合作社提供益贫性这种公共产品。

虽然合作社具有天然的益贫性，但是其益贫性的发挥具有很大的局限性。首先，合作社难以实现弱者的联合，具有排斥弱者的倾向。其次，合作社提供俱乐部产品，存在集体行动困境。最后，合作社实际发展过程中不可避免地会发生异化，影响减贫效应。因此，如何降低合作社的益贫性就显得尤为重要。

在实践中，中国农民合作社减贫取得了很大的成就。合作社发展迅速，农民覆盖率高，为农民提供发展平台和更多的发展机会；农民合作社产业分布广泛，从传统产业向新产业新业态发展延伸，为农村减贫提供产业支持；农民合作社经营服务能力增强，助力脱贫攻坚成效显著；农民合作社经营绩效良好，农民增收显著；政策大力扶持农民合作社，准确瞄准农村贫困对象，缓解公共物品供给困境。但是与此同时，中国农民合作社减贫也存在许多问题。中国农民合作社效率相对偏低，导致减贫效果不理想。中国农民合作社普遍功能弱；规模小资金少；减贫带动能力较弱。中国农民合作社成员间异质性较大，贫困户利益无法保证。中国贫困地区农户合作社发展不规范，缺乏可持续发展和带动能力。

通过梳理文献归纳中国农民合作社减贫机理，认为中国农民合作的减贫机制不能否认政府和社群的作用和除收入外其他能力的提升所带来的中介作用；总结中国农民合作社减贫的制约因素，将其分为内部因素和外部因素，研究发现内部因素中合作社组织成员结构和素质、合作社生产经营状况、合作社产业类型、合作社治理结构对于合作社益贫性的发挥影响甚大；外部因素中政府干预、社区嵌入、市场环境对于合作社减贫效应有着重大的影响。

2020年是脱贫攻坚的决胜之年，2020年以后的后脱贫时代的减贫任务将发生变化，着力解决相对贫困问题。由此合作社减贫的各个主体功能和作用也将发生变化，将更加重视合作社的多维减贫机制，包括除收入以外的能力的提升，并且中国农民合作社减贫的影响因素也将发生一定的变化。

在进入后脱贫时代之后，京津冀地区农民合作社减贫问题具有了特殊性和复杂性。京津冀地区在解决了绝对贫困问题之后，目前要解决的贫困问题实质上是低收入人群的问题。由于历史、政治、环境等多方面因素导致了京津冀地区存在大量低收入人群亟待解决。然而京津冀三个地区又分别面临不同程度的低收入人群贫困问题，北京市和天津市存在大量城市贫困和老年贫困问题；河北省农村贫困问题依然严峻。这就给农民合作社减贫带来了难点。同时京津冀地区合作社发展参差不齐，京津冀整体协同发展不稳定且协同水平尚低，合作社减贫的功能难以发挥。因此，在后脱贫时代，京津冀地区农民合作社减贫任重道远。

参考文献

[1] 吴彬，徐旭初．农民专业合作社的益贫性及其机制［J］．农村经济，2009（3）：115－117.

[2] 慕永太．合作社理论与实践［M］．北京：中国农业出版社，2001：341.

[3] 张晓山，等．合作经济理论与中国农民合作社的实践［M］．北京：首都经济贸易大学出版社，2009.

[4] 冯开文．农村合作社知识读本［M］．北京：中国农业大学出版社，2009.

[5] 仇章建．西班牙蒙特拉贡合作社考察（一）［J］．中国供销合作经济，1999（2）：35－37.

[6] 黄祖辉，邵科．合作社的本质规定性及其漂移［J］．浙江大学学报（人文社会科学版），2009，39（4）：11－16.

[7] 徐旭初，吴彬．异化抑或创新？——对中国农民合作社特殊性的理论思考［J］．中国农村经济，2017（12）：2－17.

[8] 廖运凤．对合作制若干理论问题的思考［J］．中国农村经济，2004（5）：4－9.

[9] 赵泉民，井世洁．合作社组织与乡村公民共同体构建［J］．学术论坛，2016，39（4）：67－72.

[10] 郭家宏，徐铱景．工人阶级的自助和互助——19世纪英国消费合作运动探析［J］．史学月刊，2012（12）：101－107.

[11] 赵玻，陈阿兴．美国新一代合作社：组织特征、优势及绩效［J］．农业经济问题，2007（11）：99－103.

[12] 徐翔临，刘卫国．日本农协对中国建立农业社会化服务体系的启示［J］．管理世界，

1995（6）：175-182.
［13］解安，朱慧勇．股份合作制的治理机制及其创新实践——西班牙蒙德拉贡合作社的借鉴与启示［J］．中共浙江省委党校学报，2016，32（5）：61-67.
［14］唐宗焜．劳动合作与市场经济的统一——蒙德拉贡合作社的经验［J］．中国农村信用合作，1996（1）：44-45.
［15］Meike Wollni，Zeller Manfred. Do farmers benefit from participating in specialty markets and cooperatives? The case of coffee marketing in Costa Rica［J］．Agricultural Economics，2007，37（2-3）：243-248.
［16］Oliver E. Williamson. Transaction-Cost Economics：The Governance of Contractual Relations［J］．Oliver E. Williamson，1979，22（2）.
［17］林坚，马彦丽．农业合作社和投资者所有企业的边界——基于交易费用和组织成本角度的分析［J］．农业经济问题，2006（3）：16-20.
［18］Jon Hellin，Lundy Mark，Meijer Madelon. Farmer organization，collective action and market access in Meso-America［J］．Food Policy，2009，34（1）：16-22.
［19］王树桐，等．世界合作社运动史［M］．济南：山东大学出版社，1996.
［20］张滢．以合作社为核心的丹麦猪肉产业组织体系：组织架构、制度特性与经验借鉴［J］．中国农村经济，2016（1）：83-91.
［21］朋文欢，黄祖辉．农民专业合作社有助于提高农户收入吗？——基于内生转换模型和合作社服务功能的考察［J］．西北农林科技大学学报（社会科学版），2017，17（4）：57-66.
［22］Ellen Verhofstadt，Maertens Miet. Can Agricultural Cooperatives Reduce Poverty? Heterogeneous Impact of Cooperative Membership on Farmers′ Welfare in Rwanda［J］．Applied Economic Perspectives and Policy，2014，37（1）：86-106.
［23］邓立．农民合作社的益贫性及其影响因素研究［D］．武汉：华中师范大学，2019.
［24］高强，孔祥智．农民专业合作社与村庄社区间依附逻辑与互动关系研究［J］．农业经济与管理，2015（5）：7-14.
［25］胡平波．农民专业合作社中农民合作行为激励分析——基于正式制度与声誉制度的协同治理关系［J］．农业经济问题，2013，34（10）：73-82.
［26］赵泉民．移植与嬗变［M］．北京：中国法制出版社，2013.
［27］朱启臻，王念．论农民专业合作社产生的基础和条件［J］．华南农业大学学报（社会科学版），2008（3）：16-19.
［28］张琛，孔祥智．组织嵌入性对农民合作社绩效的影响研究——基于多案例的实证分析［J］．财贸研究，2019，30（2）：64-73.
［29］周应恒，胡凌啸．中国农民专业合作社还能否实现“弱者的联合”？——基于中日实

践的对比分析 [J]. 中国农村经济，2016 (6)：30 - 38.

[30] 郭红东，蒋文华．影响农户参与专业合作经济组织行为的因素分析——基于对浙江省农户的实证研究 [J]. 中国农村经济，2004 (5)：10 - 16.

[31] 邓宏图，崔宝敏．制度变迁中土地产权的性质与合约选择：一个有关合作经济的案例分析 [J]. 管理世界，2008 (6)：61 - 67.

[32] Bernard T，Spielman D J. Reaching the rural poor through rural producer organizations? A study of agricultural marketing cooperatives in Ethiopia [J]. Food Policy，2009，34 (1)：60 - 69.

[33] 王军，曹斌．政府支持农民合作社参与产业扶贫的机制、困境与出路 [J]. 中国社会科学院研究生院学报，2019 (5)：40 - 48.

[34] 曼瑟尔·奥尔森，等．集体行动的逻辑 [M]. 上海：三联书店上海分店，上海人民出版社，1995.

[35] 唐勇．“俱乐部品”不可或缺条件下的农村经济组织制度创新——浙江省临海市上盘镇西兰花产业合作社案例研究 [J]. 农业经济问题，2003 (9)：54 - 58.

[36] 马彦丽，林坚．集体行动的逻辑与农民专业合作社的发展 [J]. 经济学家，2006 (2)：40 - 45.

[37] 任笔墨，任晓冬，熊康宁．集体行动理论视角下农民合作社益贫机理与益贫效果提升路径 [J]. 农村经济，2020 (5)：42 - 49.

[38] 王图展．农民合作社异化对自生能力的影响研究 [J]. 财贸研究，2017，28 (4)：61 - 71.

[39] 韩国明，高建海．乡村能人与欠发达地区农民专业合作社制度供给 [J]. 农村经济，2008 (5)：118 - 121.

[40] 黄祖辉，扶玉枝，徐旭初．农民专业合作社的效率及其影响因素分析 [J]. 中国农村经济，2011 (7)：4 - 13.

[41] Wossen T，Abdoulaye T，Alene A，et al. Impacts of extension access and cooperative membership on technology adoption and household welfare [J]. Journal of Rural Studies，2017 (54)：223 - 233.

[42] 任强．政府角色与合作社发展：历史与比较的视野 [J]. 浙江学刊，2014 (3)：185 - 193.

[43] 赵昶，董翀．民主增进与社会信任提升：对农民合作社“意外性”作用的实证分析 [J]. 中国农村观察，2019 (6)：45 - 58.

[44] 苑鹏．部分西方发达国家政府与合作社关系的历史演变及其对中国的启示 [J]. 中国农村经济，2009 (8)：89 - 96.

[45] 唐宗焜．合作社功能和社会主义市场经济 [J]. 经济研究，2007 (12)：11 - 23.

[46] 廖小静，应瑞瑶，邓衡山，等．收入效应与利益分配：农民合作效果研究——基于农民专业合作社不同角色农户受益差异的实证研究 [J]．中国软科学，2016 (5)：30-42.
[47] 黄博．乡村振兴战略下农民专业合作社的发展路径研究 [J]．经济体制改革，2020 (5)：73-79.
[48] 王浩军．当前我国农民专业合作社绩效优势及异化现象分析 [J]．湖北农业科学，2011，50 (8)：1701-1704.
[49] 应瑞瑶，唐春燕，邓衡山，等．成员异质性、合作博弈与利益分配——一个对农民专业合作社盈余分配机制安排的经济解释 [J]．财贸研究，2016，27 (3)：72-79.
[50] 温涛，王小华，杨丹，等．新形势下农户参与合作经济组织的行为特征、利益机制及决策效果 [J]．管理世界，2015 (7)：82-97.
[51] 苑鹏，曹斌，崔红志．空壳农民专业合作社的形成原因、负面效应与应对策略 [J]．中国合作经济，2019 (5)：7-13.
[52] 罗攀柱．林业专业合作社异化：类型、形成要因及其机制——以 H 省为例 [J]．农业经济问题，2015，36 (2)：40-46.
[53] 肖琴，李建平，李俊杰，等．财政扶持农民专业合作社的瞄准机制研究——基于东部某市农业综合开发产业化经营项目的思考 [J]．农业经济问题，2015，36 (5)：98-103.
[54] 陶冶，王任，冯开文．制度变迁视角下中国农民合作经济的发展 [J]．西北农林科技大学学报（社会科学版），2021，21 (3)：54-63.
[55] 袁俊林，聂凤英，朱海波．农民合作社减贫的作用机理、现实困境与路径选择 [J]．农业经济，2021 (4)：80-82.
[56] 袁伟民，唐丽霞．农民合作社资产收益扶贫：理论阐释与路径创新 [J]．西北农林科技大学学报（社会科学版），2020，20 (5)：48-55.
[57] 王任，陶冶，冯开文．贫困农户参与农民专业合作社减贫增收的机制 [J]．中国农业大学学报，2020，25 (10)：216-224.
[58] 刘同山，苑鹏．农民合作社是有效的益贫组织吗？[J]．中国农村经济，2020 (5)：39-54.
[59] 张淑辉．合作经济组织的多维减贫效应分析 [J]．财经问题研究，2019 (10)：122-129.
[60] 徐旭初．还谈在脱贫攻坚中发挥农民合作社的内源作用 [J]．中国农民合作社，2016 (8)：39.
[61] 朋文欢．农民合作社减贫：理论与实证研究 [D]．杭州：浙江大学，2018.
[62] 赵晓峰，邢成举．农民合作社与精准扶贫协同发展机制构建：理论逻辑与实践路径

[J]. 农业经济问题，2016，37（4）：23-29.

[63] 李冰．非正式权力视角下合作社中贫困户权益保护研究［J]. 农村经济，2017（3）：111-115.

[64] 徐旭初．农民专业合作组织立法的制度导向辨析——以《浙江省农民专业合作社条例》为例［J]. 中国农村经济，2005（6）：19-24.

[65] 廖小静，邓衡山，沈贵银．农民合作社高质量发展机制研究［J]. 南京农业大学学报（社会科学版），2021，21（2）：148-158.

[66] 黄祖辉，徐旭初．中国的农民专业合作社与制度安排［J]. 山东农业大学学报（社会科学版），2005（4）：15-20，125.

[67] 姜安印，陈卫强．贫困时代转换的经验证据、特征研判及路径选择［J]. 经济学家，2021（3）：63-70.

[68] 黄国桂，陈功．北京老年贫困状况的变化趋势及对策研究［J]. 北京社会科学，2017（5）：90-98.

[69] 朱火云，杨超柏．城市新贫困：政府与非政府组织合作扶贫研究［J]. 杭州师范大学学报（社会科学版），2019，41（5）：129-136.

[70] 王振波，王新明．京津冀农民专业合作社时空演化及影响因素解析［J]. 生态学报，2019，39（4）：1226-1239.

[71] 田金玉，李瑞芬，刘驰．北京市农民专业合作社参与脱低机制探析［J]. 农业展望，2020，16（3）：39-43.

（朱雅琼）

第三章　农民专业合作社减贫效应比较研究

——来自张家口与青岛的调查

一、引言

贫困是全世界各个国家都面临的重要问题，而减少和消除贫困更是发展中国家在经济发展进程中的一项长期任务。我国是世界上最大、人口最多的发展中国家，由于特定的历史和国情原因，农村地区经济发展缓慢，条件落后，成为大量贫困人口的聚集地，农村贫困问题也显得尤为突出。在很多地区，农村贫困已经成为制约经济发展和农村建设的重要因素。减贫也一直是中国政府和人民群众矢志勠力的重要目标。历史地看，我国政府在农村减贫工作中的投入一点也没有放松过。从最初的保持经济增长和开展针对性扶贫计划，到以项目为中心的扶贫开发，到目前的区域瞄准和精准扶贫双管齐下，在减贫领域取得了举世瞩目的成就。根据国家统计局统计，农村贫困人口已经从 1978 年的 2.5 亿减少到了 2015 年的 7 000 万，到 2019 年的不到 2 000 万。贫困发生率也大大降低，不仅有效缓解了中国贫困难题，而且为世界贫困事业做出了突出贡献。我国在农村减贫方面的进展之大有目共睹，并且得到了国际社会的肯定，这种成效与高速经济增长和有针对性的减贫计划是密不可分的。

但按照国际标准来看，中国农村贫困的问题实际上并没有得到完全解决。随着社会经济的发展，中国农村的减贫事业也开始面临着新的课题。随着贫困人数的减少，剩余贫困人口开始呈“大分散、小集中”的态势，深度贫困问题尤为突出，仅仅通过区域经济发展来减贫的措施已经难以取得理想的效果。在这种状况下要进一步解决农村贫困问题，单一的改革已经难以行得通，需要鼓励专业性机构、农业产业化组织和新型经营主体大规模地参与减贫，以增强针对性、加强协同力，特别是要营造足够大的“内生动力”。

长期以来我国“行政推动”型农村减贫措施虽然成果辉煌，但实际上尚未真正激发贫困农村的内在发展活力，在改善农业农村生产生活方面仍有较大局限性。从我国的农村实践来看，农民专业合作社的产生和发展对于解决农村贫困问题无疑是一个重大的突破，对帮助贫困农民摆脱贫困也具有十分重要的意义，研究者对其给予了极高的重视。农民专业合作社因其可以从根本上解决地区贫困的根源、提高扶贫资金的使用效率和贫困地区农民收入，被视为反贫困过程中最有效率的经济组织（吴定玉，2000）。农民专业合作社也是中国农村基本经济制度及其经营体制体系的重要构成部分，是这一制度体系在应对农村居民贫困时所做出的既具有必然性又具有时代性的制度变迁及创新（胡鞍钢，2009）。作为弱势群体联合成立的互助型经济组织，合作社的制度安排具有“天然的益贫性”，是市场经济条件下实现精准扶贫与农村贫困人口脱贫的理想载体（吴彬、徐旭初，2009；赵晓峰、邢成举，2016），也是各种经济组织中易为贫困人口接受的一种，而这种益贫性决定了其将成为农村扶贫开发的重要主体（徐旭初，2016）。

研究者也进一步指出了合作社在减贫中的属性和内在作用，强调了其可以焕发“内生动力”的优势。余茂辉（2005）认为合作社的产生是政府和减贫组织引导下的内生型需求诱致性制度创新。陈琦（2015）认为专业合作社参与减贫就是基于经济理性和价值理性的综合考量，也就是说，不仅仅是基于社会责任，也是为了通过减贫实现专业合作社的发展壮大，是一个一举多得的理性选择。在合作社参与减贫的角色定位上，赵晓峰（2016）认为合作社在国家与贫困农户之间扮演中介组织的角色，一方面成为政府精准扶贫的组织载体，解决“谁来减贫”和“怎么减贫”的难题；另一方面也使自身得以充实资本实力、改善产权结构，与贫困农户建立更为密切的利益联结机制，提升他们的合作自治能力，并进一步完善合作社的治理结构和管理机制，为合作社的转型升级与可持续发展创造机会。

我国农村减贫需要解决的重要问题是贫困农户的增收问题，合作社作为减贫领域中的重要主体之一，研究者基于不同的调查数据和研究方法对合作社的增收作用进行了实践探索，证实了加入合作社能提高农户的收入水平。根据现有研究来看，社员主要是依托合作社获得农产品生产和市场开发所需要的信贷、技术、生产要素、信息、组织管理等多样化服务，并且降低农产品销售风险，减少生产成本和交易成本，从而使得收入提高的（王勇，2010；张晋华、冯开文等，2012；胡联，2014）。

这些已有研究肯定了农民专业合作社自身的制度安排具有天然的益贫性，而专业合作社的减贫作用主要体现在降低成本、调整农业结构、提高市场效益和有效利用扶贫资金四个方面，合作社的减贫效应也得到了验证，在保障农民利益、助其脱贫等方面的影响日益显著，更加深了专业合作社在农村扶贫开发工作中的重要地位。理论上，农民专业合作社可以通过市场进入、价格改进、组织服务以及收益返还等方式给贫困社员带来经济利益；但在实践上，合作社的减贫作用仍较为微弱，缺乏针对穷人和小农户的特殊制度安排、发展不完善，农民分化、合作社成员异质性问题极为突出，在强势社员左右下倾向于盈利而非服务，矛盾不断突出，导致收入低、资产少的贫困农户的利益难以得到保证，合作社的益贫性没有得到充分的发挥，要实现其益贫功能还存在诸多的现实约束。

无疑，合作社是减贫的关键因素，而合作社自身又存在着明显的理论与现实之间的矛盾。这种矛盾究竟表现得怎么样？怎样影响了减贫的效应？如何破解？本研究将进行张家口市与青岛市典型农民专业合作社的减贫实践与减贫效应的对比分析，以找出目前农民专业合作社在减贫上的不足与影响其减贫绩效的关键因素，为合作社的正常运转以及与贫困农户的良性互动提供方向，同时为政府对合作社减贫的积极引导提供参考，对当前充分发挥合作社在减贫中的作用具有一定的启示意义和借鉴价值。

二、贫困发生状况

（一）河北省张家口市

张家口地处河北省西北部，是省内贫困人口覆盖最多的区域，同时也是环首都贫困带中贫困程度最为严重的地区，截至 2019 年，其下辖的 13 个县中有 12 个为贫困县。张家口在精准扶贫工作中，以产业扶贫、就业扶贫为主攻方向，促进了有劳动能力贫困人口的产业就业全覆盖。2019 年以来，张家口市重点培育了农业龙头企业 71 家、农民专业合作社和家庭农场等新型经营主体 1 743 个，共同建立起“龙头企业＋专业合作社（家庭农场）＋贫困户”的利益联结机制，带动 9.1 万建档立卡贫困户获益；依托当地自然条件优势，张家口大力发展分布式光伏电站、集中式光伏电站以及农光、林光、牧光互补电站等多种电站建设模式。为进一步探讨农业经济组织尤其是农民专业合作社如何发挥自身减贫增收作用，推动贫困地区脱贫攻坚任务的完成，2019 年 7 月 16 日，调研小组赴河北省张家口市，通过实地访谈、问卷调查等方式，对阳原县、张北县和蔚县三个国家级贫困县的农民专业合作社进行了深入的了解。

1. 阳原县

阳原县位于张家口西南部，全县总人口数为 27.6 万，其中农村人口 20.1 万。阳原县于 2012 年被确定为国家级扶贫开发重点县，并属于燕山—太行山特困片区重点扶持县，2017 年又被确定为河北省十大深度贫困县之一。其贫困状况主要表现在以下几个方面：一是贫困人口数量多。截至 2017 年底，阳原县的贫困村数量为 161 个，建档立卡贫困户 22 328 户、共计 39 308 人，贫困发生率达到 20.18%，高于河北省 18.32%的平均水平，远高于张家口市 7.16%的平均水平。其贫困人口在贫困村与非贫困村都有广泛分布，其中非贫困村贫困人口 19 883 人，占贫困人口总数的 51%，贫困村贫困人口 19 425 人，占贫困人口总数的 49%。除此之外，阳原县还存在深度贫困村 20 个，深度贫困人口 4 479 人，每年因病、因灾、因学致贫返贫现象时有发生。二是农民增收渠道狭窄。阳原县是张家口全市农业生产条件最差的地区之一，气候干旱少雨，土壤贫瘠。受自然条件的限制，全县农业生产仍以传统种植业为主，农业产业化程度极低，技术支撑严重不足，导致农业生产经营效益日益低下。三是农村基础设施条件落后，建档立卡贫困户危房存量为 377 户，且分布分散。四是当地贫困农户的自我发展能力缺乏。大多数村集体没有固定的收入来源，集体年收入在 2 万元以上的仅有 33 个村，且建档立卡贫困人口中患长期慢性病、大病和残疾的占53.7%，60岁以上的占60.2%，小学及以下文化水平的占64%，丧失劳动能力的占68%，重病、高龄、低文化和无劳动能力令贫困人口的自我发展能力受到极大限制，帮扶难度较大。

面对严峻的贫困形势，阳原县也在积极探索产业扶贫的新路径，尤其是在农民专业合作社的带动性方面。阳原县每个村特别是贫困村都成立了专业合作社，全县合作社的数量已达到649个，主要通过土地流转、光伏扶贫（分红）或是农机具合作形成合作社。合作社的建立依靠企业领办或是村集体带动。按照全县“5+3”的产业布局（肉驴养殖、杏扁、杂粮杂豆、葡萄种植、设施蔬菜五个特色富民产业；光伏、全域旅游、毛皮加工三个传统优势产业），农民专业合作社已成为阳原县“龙头企业—特色品牌打造—订单农业发展”这一对接市场的产业支撑体系的重要组成部分，带动减贫效果日益明显，是产业扶贫的主力军。

2. 张北县

张北县位于河北省西北部，总人口数37.2万人，其中农村人口29.5万人。张北县地处坝上地区，背靠内蒙古，南临京津，由于区位优势明显而被列为第一批国家新型城镇化综合试点地区，但同时也是河北省和北京周边贫困人口最为集中的区县之一，是国家扶贫开发工作重点县，同阳原县一样也被确定为河北省十个深度贫困县之一。截至调研时间，该县共有贫困村174个，贫困户45 837户，贫困人口91 170人。

针对贫困村产业带动能力弱、基础设施落后等问题，张北县推出诸多举措来提升产业扶贫帮扶实效，做强产业以促进增收。在传统农业生产方面，持续提升农业规模化、组织化水平，目前全县流转土地共33.3万亩，流转率达到22.1%，农民专业合作社和家庭农场的数量分别增加到474家和95家。通过土地流转、扶贫资金入股合作社等多种形式，最大限度地把贫困农户链接到抗风险能力较强的产业链上。农业产业项目支持也是张北县财政整合涉农资金使用的主要方向，通过扶贫资金注入、贷款融资、企业捐赠等多渠道建立128个村级联合电站，实现建档立卡贫困户光伏扶贫全覆盖。张北县还曾被评为“全国文化先进县”“中国十佳文化旅游明星县”，依此大力发展乡村旅游业也是当地减贫的重要举措，现已组建扶贫造林绿化合作社12个，辐射带动98个贫困村、5 000余贫困农户实现增收。

3. 蔚县

蔚县地处三山（恒山、太行山、燕山）交汇处，总人口数50.9万人，其中农村人口35.59万人。作为国家级贫困县，蔚县在“环京津贫困带”24个连片贫困县中也很具有代表性。截至2018年初，蔚县共有贫困村229个，全县建档立卡系统内享受政策共51 241户，100 254人，其中，贫困人口24 384户，40 928人，脱贫（享受政策）26 857户，59 326人。

根据蔚县的自然地理条件，其着力推进农业结构调整，努力配强杏扁、烟叶、蔬菜、杂粮、中药材、畜牧等六大特色产业，建立产业扶贫带贫机制，扶持对贫困农户带动增收效果较为明显的农业产业化龙头企业、农民专业合作社、种养大户等。目前，蔚县年均销售收入1 000万元以上的农产品加工企业已达36家，农民专业合作社已经发展到1 100多家，其中省市级示范性农民专业合作社有37家（省级7家）。蔚县也在积极争取各级财政对农民专业合作社的资金扶持，并对省级、市级、县级示范社给予适当倾斜。围绕烟叶、杏扁、优质杂粮、蔚州贡米、畜牧养殖、中药材和蔬菜等产业优势，政府鼓励种养大户、农技推广部门、供销合作社、农业龙头企业、村级集体经济组织积极兴办农民专业合作社，大力推广“村社合一”，引导贫困村组建代耕、代种、代管、代收、代销、代转“六代农业服务”组织，通过政府购买服务方式，向贫困户提供便利高效的全方位服务。在合作社内部积极鼓励推进土地流转，促进土地向农民专业合作社、农业企业、种养大户集中，优化资源配置，发展适度规模经营，提高农业产业化经营水平和土地利用与产出率，并积极推进“龙头企业＋合作组织＋基地＋农户”的产业化经营模式，促进龙头企业与农户间建立利益共享、风险共担的利益共同体，增强单体合作社的经济实力、盈利能力和组织带动能力。

此次调研选择张家口市的三个县区都是国家级贫困县，其中阳原县和张北县还属于河北省十大深度贫困县，都存在大量的贫困村和贫困人口，面临着艰巨的减贫压力。作为以农业生产经营为主的地区，产业扶贫在这些县区中都占据重要的地位，是其推进脱贫攻坚工作、完成减贫目标的主要手段。依托各地的优势产业，农民专业合作社因其具有“天然的益贫性”和良好的带动作用，成为帮扶建档立卡贫困农户脱贫的重要组织形式，因此，对这些农民专业合作社进行具体细致分析，对于我们了解合作社与贫困农户之间联动发展的情况、合作社的减贫效应等意义重大。

（二）山东省青岛市

2019年7月24日，调研小组赴山东省青岛市下辖的莱西市、平度市，就当地合作社发展和合作社减贫增收情况进行实地调研。调研小组通过座谈和问卷访谈的方式，对莱西市、平度市部分典型合作社的发展情况特别是合作社减贫增收情况进行了充分了解。

1. 莱西市

莱西市位于胶东半岛的中部、青岛市区的东北部，是国务院确定的沿海地区对外开放县市之一。2018年莱西市入选全国“综合实力百强县”、绿色发展百强县市和科技创新百强县市，县域经济综合竞争力较强。莱西市土地总面积约为15.68万公顷，农用地面积12.30万公顷，其中耕地面积9.03万公顷。莱西市农业资源较为丰富，2017年农村居民人均可支配收入达19 026元，远高于全国农村居民人均可支配收入的平均水平。莱西市有35个省定贫困村、58个经济薄弱村和4个经济薄弱镇，共4 891户建档立卡贫困户、9 425名贫困人口。莱西市农村脱贫攻坚任务已基本完成，目前的工作重点在于深入巩固、完善机制与提升减贫成效等方面。

在具体的减贫方式上，一是采用“产业扶贫+扶志”模式，扶持贫困农户发展种植、养殖等一些规模小、接地气、见效快的产业项目，解决贫困农户参与产业生产有困难的问题。二是对于无能力或难以从事农业生产经营的贫困农户设立扶贫公益岗位，解决贫困户“不能干”的问题。三是实施贫困人口脱贫质效提升工程，市级领导、机关干部、村党员、人大代表、政协委员等“N+1”结对帮扶来提升帮扶质量。2018年年中脱贫攻坚山东省重点工作专项督查群众满意度、稳定脱贫率、村退出准确率、项目见效率、收益分配率、所有权清晰率6项指标居全省85个抽查县市前列。莱西市目前共有农民专业合作社1 000多家，其中青岛市级以上的农民专业合作社示范社多达168家。农民专业合作社在莱西市的农业生产经营主体中占到了极大的比例，已成为与农民联系最为紧密的农业生产经营组织，并且合作社的社员规模普遍较大，合作社实力不断提升，合作社的发展也较为规范，给当地的普通农户和贫困农户都带来了积极影响，对当地农业农村的发展和进步做出了一定的贡献。

2. 平度市

平度市农民专业位于青岛市北部，是山东省唯一的国家中小城市综合改革试点市，也是全国百强县市。全市常住人口 137.89 万人，其中农村人口 81.23 万人，城镇化率为 41.09%。近年来，平度市脱贫攻坚成效显著，2016 年底全市贫困人口基本脱贫摘帽，21 个省定贫困村、青岛市经济薄弱村摘帽退出。2017 年，全市全面建立完善脱贫攻坚长效机制，一方面通过产业可持续、动力可持续、机制可持续“三个可持续”脱贫发展模式，把贫（弱）村庄脱贫摘帽与美丽乡村建设深度融合，全面提升贫（弱）村庄发展水平；另一方面通过打造独具特色的扶贫农创体，把贫困户吸纳到优势产业链上。

平度市农民专业合作社参与减贫增收的突出特征是以合作社为主体的“农创+脱贫”减贫增收模式，这也是平度市寻求农民持续增收新路径的重要尝试。农创体是指“农民创新创业载体”，是平度市国家中小城市综合改革试点确定的重点特色改革事项之一。平度市依托合作社较强的整体实力，通过“经营主体带动型”“土地资源助推型”等扶贫农创体模式，改变以往“输血式”扶贫方式，大力开展产业“造血式”扶贫。一是通过发展对贫困户增收带动作用明显的种植业、养殖业、林业、农产品加工业、特色手工业、休闲农业和乡村旅游等，积极培育和推广有市场、有品牌、有效益的特色产品。二是完善合作社等新型农业经营主体与贫困户联动发展的产业联结机制，通过提供从资金支持、技术指导到销售渠道、入园就业的全程服务，构架扶贫共同体，将贫困户纳入产业化脱贫链，以产业带动脱贫致富。三是通过土地流转、收益分红、就地就业等利益联结方式，鼓励贫困户将土地流转给农创体经营获得“租金”，吸纳贫困户到农创体就业获得“薪金”，贫（弱）村与农创体合作获得集体“收益金”，通过农创体获得的收益建立贫困帮扶“基金”，通过“四金”强化农创体与贫困户、贫（弱）村的利益联结和收益共享，从而充分发挥农创体的经济效应和社会效应。平度市以合作社为基础的扶贫农创体已成为扶贫收益、技能培训、就业创业和科技服务的平台，全市 49 个扶贫农创体和 53 个种养加产业链项目惠及贫困人口 832 户 2 270 人，有效带动了全市贫（弱）村、贫困人口长效脱贫增收。

可见，张家口和青岛两地农村经济发展水平、贫困问题以及合作社的发展程度、作用方式都存在显著差别，可以分别代表贫困地区和非贫困地区，非常有比较的价值。

三、合作社的发展情况

本课题从张家口市和青岛市实际调研到的农民专业合作社中选取具有代表性的合作社作为主要分析对象。选取的依据主要是：①调研期间这些农民专业合作社都在实际运营当中，并提供农业生产经营等相关服务；②合作社的经营规模、经营绩效和影响力都较好，在当地具有一定的代表性，以降低虚假合作社的发生率进而在一定程度上保证调研数据的真实性；③由于本研究旨在考察农民专业合作社的减贫效应，因此，所选典型合作社均直接或间接地参与农村减贫活动。

（一）张家口市

1. 阳原县

（1）阳原县辛大堡村种植合作社

辛大堡村种植合作社由农民自发成立于 2016 年，注册资金 10 万元，主要经营农产品为西红柿和肉驴。合作社整合国家深度贫困户的扶贫补贴资金修建蔬菜大棚，建设费用为 3.2 万元/棚，2019 年盖大棚 18 个，至今共建 100 多个大棚，此外还有一部分资金来源于畜光互补模式项目的光伏发电收益。“合作社＋农户”的方式带动村内贫困社员 83 户、147 人。由政府负责给社员提供农业生产技术培训，而大棚蔬菜则由合作社统一销售。

（2）阳原县兴农果蔬农民专业合作社

兴农果蔬合作社成立于 2013 年，是依据农民意愿、依托农产品经销大户组建的，成立之初即享受政府补贴 60 万元。合作社为省级示范合作社，主要经营西红柿和芹菜，现有社员 150 人，其中贫困社员 38 户、54 人，都分布在本村内。合作社注册资金 825 万元，2018 年总资产达到 1 200万元，年利润达 5.8 万元。合作社通过土地流转（500 元/亩）建设大棚，7 分地的大棚投入 1 万～1.1 万元，1.2～1.3 亩的大棚投入 2 万～2.1 万元，有能力的大户再投资一部分资金。合作社统一购买并向农户提供生产资料，帮助农户销售农产品。

从实地考察来看，阳原县 2 个农民专业合作社的组织、管理与运行制度相对规范，但也存在一定的不足之处。两个合作社的共性、差异性都比较明显，都相对较为规范（虽然规范程度有差异）；政府支持都不够（虽然有不同形式、不同程度的政府支持）；都有所发展，但发展程度不同；都吸纳了贫困社员，但采取的措施、对贫困社员减贫的力度明显有差距，成立较早、实力较强的相对较为积极努力，对贫困社员带来的好处可能更大（表 3-1）。

表 3-1　阳原县 2 个农民专业合作社运行规范性比较

	辛大堡村种植合作社	兴农果蔬农民专业合作社
注册	工商部门注册成立	工商部门注册成立
章程	有合作社章程	有合作社章程
组织机构	有社员代表大会，没有理事会和监事会	有社员代表大会、理事会和监事会
党组织	没有建立党组织	没有建立党组织
管理决策机制	社长＋社员大会表决	社员代表大会＋理事会表决
社务公开	合作社财务随时公开，每个月召开 2 次社员大会	每年财务公开 2 次，召开社会代表大会 2 次，召开理事会 2～3 次
农产品质量	有自己的品牌，实施地方质量标准，有农产品绿色食品质量认证	有自己的品牌，没有实施农产品质量标准，没有农产品质量认证
政府支持	政府投入国家扶贫资金建立大棚，对社员进行相关农业生产技术培训。此外，在市场信息、信息网络、税收优惠、金融服务等方面合作社都未得到政府的支持	合作社贷款由政府贴息一半。在技术培训、市场信息、信息网络、税收优惠、金融服务等方面合作社都未得到政府的支持

（续）

	辛大堡村种植合作社	兴农果蔬农民专业合作社
与社员关系	较为重视贫困社员与合作社农业生产直接相关的能力，但不对贫困社员进行具体培训。对于贫困社员其他方面的综合能力并不太关注。在参与减贫后，由于村里孤寡老人比较多，合作社涉及减贫的业务实际上是增加了	合作社曾对社员进行技术指导和信息支持，但2018年并没有对贫困社员进行培训。合作社对贫困社员获取农业相关知识能力和其他综合能力有所关注

2. 张北县

（1）张北县淖海营村光伏扶贫专业合作社

淖海营村光伏扶贫专业合作社成立于2017年，是依靠村里的光伏扶贫资金联合建立起来的光伏发电合作社，即建档立卡贫困农户以农民专业合作社的形式经营光伏扶贫资金的资产收益。合作社社员覆盖全村的建档立卡贫困农户，2019年第一季度已实现盈利约14万元。合作社的理事长由村支部书记兼任，理事长63岁，高中文化水平，但其在合作社中并不获取薪资或收益，属于无偿为该扶贫合作社提供服务。作为以光伏发电项目为主要经营内容的合作社，政府部门对其也有较大的扶持力度，除了提供项目建设费用，2018年合作社还为全村30%的贫困户开展了光伏发电专业培训，共开展了2次。除了使社员享受到光伏发电项目的收益，合作社还为有劳动能力的建档立卡贫困农户设立专门的就业岗位，这种专供贫困农户的岗位数量占全村全部贫困户数量的80%～90%。

（2）张北县淖海营村农机合作社

2019年，淖海营村由村集体发起成立农机合作社，同样覆盖了全村的建档立卡贫困户，旨在进一步推进当地贫困农户的减贫，增加其收入。该农机合作社注册资金为77万元，主要为本村农户提供农机作业服务，目前入社的162户全都是本村农民，合作社中工作人员有5人，其中技术人员2人。限于自然资源条件，淖海营村的主营农产品是小麦、莜麦和胡麻，由于合作社刚成立不久，因此还没有自己的品牌和各种农产品质量认证，组织结构及运营也是刚刚起步，依然由村干部兼合作社的理事长对合作社进行主要的管理。与该村的光伏扶贫专业合作社相类似，该农机合作社也是为建档立卡贫困农户进行服务的组织，合作社的资金来源主要是当地的扶贫资金，因此合作社的收益仅按照贫困户的不同贫困程度来进行分红，而普通村民无法享受合作社的分红收益。淖海营村农机合作社也为本村的建档立卡贫困户提供了较多的就业岗位，并对其进行专门的培训，2018年合作社的培训工作覆盖了全村70%的建档立卡贫困户，主要对其进行农业生产实用技术的培训。

张北县的两个农民专业合作社运行规范性见表3-2。

表3-2 张北县2个农民专业合作社运行规范性比较

	淖海营村光伏扶贫专业合作社	淖海营村农机合作社
注册	工商部门注册成立	工商部门注册成立
章程	有合作社章程	有合作社章程
组织机构	有社员代表大会、理事会和监事会	有社员代表大会、理事会和监事会
党组织	建立党组织	建立党组织
管理决策机制	理事会+社员代表大会表决	理事会+社员代表大会表决。
社务公开	每年财务公开2次，社员代表大会随时召开	每年财务公开2次，召开社会代表大会2次，理事会召开2～3次
业务范围	利用光伏发电扶贫资金进行电站建设及运营	提供农机作业服务
政府支持	政府光伏发电扶贫项目专门资金	政府扶贫资金
与社员关系	覆盖全村所有建档立卡贫困户，并为社员提供就业岗位，光伏发电项目收益为贫困户所有。没有重视贫困社员与合作社农业生产直接相关的能力。	覆盖全村所有建档立卡贫困户，并为社员提供就业岗位，合作社的收益仅供建档立卡户分红，对社员进行技术指导和信息支持，对贫困社员获取农业相关知识能力和其他部分综合能力也有所关注。

3. 蔚县

（1）蔚县金阳烟叶专业合作社

蔚县金阳烟叶专业合作社成立于2013年，是依托当地农业龙头企业由农民自发组建的。合作社共有社员369人，工作人员10人，社员都是本县的农民。该合作社主要的生产经营项目就是烟叶，由于烟叶生产的特殊性，采用“企业+合作社+农户”运作模式来进行生产经营更为高效，合作社作为龙头企业与农户之间的中介及桥梁，从社员处获取他们的需求，通过合作社反映给企业，由企业进行统一的规划与安排后，交由合作社进行具体的操作与改进，进一步反馈给农民使其获益。

（2）蔚县蔚瑞养殖专业合作社

蔚瑞养殖专业合作社成立于2015年，是一家省级示范合作社。该合作社是在农民合作意愿较为强烈的情况下自发组建起来的。合作社的注册资金达到500万元，2018年底总资产约为2 000万元，主要经营项目为蛋鸡的养殖。合作社有社员共802户，带动当地的建档立卡贫困户797户，共有工作人员33人，技术人员3人，合作社的规模较大，自身实力较为雄厚，拥有自己的鸡蛋品牌，产品主要销往北京，且拥有无公害农产品、绿色食品等产品认证，市场竞争力较强。对于贫困农户，合作社除了提高其农产品的收购价格，还会对其二次分红，2018年该社的建档立卡贫困农户人均分红500元。

蔚县两个农民专业合作社运行规范性见表3-3。

表3-3　蔚县2个农民专业合作社运行规范性比较

	蔚县金阳烟叶专业合作社	蔚县蔚瑞养殖专业合作社
注册	工商部门注册成立	工商部的注册成立
章程	有合作社章程	有合作社章程
组织机构	有社员代表大会，有理事会和监事会	有社员代表大会、理事会和监事会
党组织	建立党组织	建立党组织
管理决策机制	社员代表大会＋理事会表决	社员代表大会＋理事会表决
社务公开	每年财务公开1次，召开社会代表大会1次，理事会召开3～5次。	每年财务公开2次，召开社会代表大会1次，理事会召开4次。
农产品质量	实施产业质量标准	有自己的品牌，实施农产品质量标准，进行农产品质量认证
政府支持	政府投入国家扶贫资金建立大棚，对社员进行相关农业生产技术培训。在市场信息、信息网络、税收优惠、金融服务等方面合作社都未得到政府的支持	合作社贷款由政府贴息一半。在技术培训、市场信息、信息网络、税收优惠、金融服务等方面合作社都未得到政府的支持

（续）

	蔚县金阳烟叶专业合作社	蔚县蔚瑞养殖专业合作社
与社员关系	给社员提供种植烟叶所需的基础设施与技术，统一购买农资、统一销售，较为重视社员与合作社农业生产直接相关的能力	对社员进行技术指导和信息支持，并向社员提供就业岗位

（二）青岛市

1. 莱西市

（1）莱西千家福花生合作社

千家福花生合作社成立于2007年，是由花生种植大户带头、农户自发组建成立的。作为省级示范社，合作社在2018年还成功获得“国家级示范社”的称号。正式社员753户，注册资金1 800万元。合作社理事长48岁，大专学历。2018年底，合作社总资产规模达到了4 000万元，成为当地花生种植合作社中竞争力较强的合作社。合作社向社员提供生产资料购买、生产技术培训、农产品运输、初加工及销售等服务。合作社已成功申请了自己的花生产品商标“千福花”，产品拥有无公害农产品认证和绿色食品认证，销售范围大部分为省内农业企业，也有少量销售至省外。

（2）莱西泰莉花生专业合作社

泰莉花生专业合作社成立于2008年，是在当地政府政策扶持及宣传下，由当地花生加工厂的厂长集合了村干部、花生种植户等成立的。合作社注册资金为100.1万元，有注册社员106户，连年被评为省级示范社。合作社理事长54岁，大专以上文化程度。合作社提供的服务主要有引进新技术、新品种，购买相关农业生产资料，提供花生种植技术培训，组织收购，开展社员所需的产品包装服务，进行农产品初加工、运输和销售等。泰莉花生专业合作社除了花生种植，还从事玉米、果蔬等农产品的生产种植。合作社农产品销售范围主要集中于省内。

莱西市2个农民专业合作社运行规范性见表3-4。

表 3-4　莱西市 2 个农民专业合作社运行规范性比较

	千家福花生合作社	泰莉花生专业合作社
注册	工商部门注册成立	工商部门注册成立
章程	有合作社章程	有合作社章程
组织机构	社员代表大会、理事会和监事会	社员代表大会、理事会和监事会
党组织	建立党组织	建立党组织
管理决策机制	社员代表大会＋理事会表决，一人一票	社员代表大会＋理事会表决，一人一票
社务公开	每年财务公开 2 次，社员代表大会仅在年底分红总结时期进行，理事会会议召开频率为 4～5 次/年	2018 年合作社财务公开 2 次，社员代表大会召开频率为 1～2 次/年，理事会会议召开频率为 2 次/年
农产品质量	无公害农产品认证和绿色食品质量认证	无公害产品认证
政府支持	加工设备基础设施购买补贴；80 万元的贷款贴息；加工厂在成立前后所获得的政府补贴达 200 万元	享受的政府政策优惠较少，主要是加工设备购买方面享受 20 万元的补贴
与社员关系	对社员提供农业生产技术培训。社员对合作社的信赖和依赖性都很高，多数社员会选择将分红继续纳入股金，除了放弃花生种植等特殊情况外，少有退社现象	与社员的联结程度不够紧密

2. 平度市

(1) 平度杨家顶子蔬菜专业合作社

杨家顶子蔬菜专业合作社位于平度市蓼兰镇，合作社同日本独资企业福生食品有限公司合作，2007 年通过村民土地流转、土地入股成立，注册资金 150 万元，2017 年合作社总资产 3 150 万元。合作社理事长 53 岁，大专以上文化程度。合作社采取“合作社＋基地＋农户”模式，通过土地流转建设基地，对蔬菜种植统一管理、统一使用农资，主要业务范围是生产大葱等农产品。合作社农产品严格按照日方合作公司规程生产，种子、肥料、农药都由日方合作公司供应，日方公司长期派人在合作社指导和监管，产品全部出口日本。合作社现有社员 180 人，每年利润 30 万～40 万元，是平度市蓼兰镇扶贫农创体，2017 年被评为省级示范社。

（2）平度C种植专业合作社

C种植专业合作社位于平度市万家镇。合作社成立于2011年，由村民自发通过土地流转组建，注册资金200万元，现有社员2 000人左右，带动农户600户左右。2017年底合作社总资产2 000万元。合作社理事长45岁，大专以上文化程度。合作社以“合作社＋基地＋农户”为运营模式，主要经营黑小麦、黑玉米、黑花生、黑豆等黑色农作物的种植、仓储、加工和销售，拥有自己的农产品品牌“黑养源”和“春香秋实”。合作社种植的黑杂粮销往北京、济南、青岛等城市，合作社还建成5 000多平方米的生态肉牛养殖场，1 200平方米的有机肥加工车间、1 000多立方米的大型沼气池，初步实现种植、养殖及保护生态有机结合，基本实现了生产专业化、产品品牌化、经营规模化、管理规范化，被评为国家级示范社。

平度市2个农民专业合作社运行规范性见表3－5。

表3－5　平度市2个农民专业合作社运行规范性比较

	杨家顶子蔬菜专业合作社	C种植专业合作社
注册	工商部门注册成立	工商部门注册成立
章程	有合作社章程	有合作社章程
组织机构	社员代表大会、理事会和监事会	社员代表大会、理事会和监事会
党组织	建立党组织	建立党组织
管理决策机制	社员代表大会＋理事会表决，一人一票	社员代表大会＋理事会表决，一人一票
社务公开	每年财务公开1次，2018年召开社员代表大会1次，理事会召开次数较多	每年财务公开2次。每年召开社员代表大会5～6次，理事会召开频率为2～3次/年
农产品质量	由日方合作公司把控，不实行国内标准	绿色食品质量认证
政府支持	仅在补贴资金支持方面得到政府的支持	农机补贴60万元。税收优惠、公共服务（构建信息网络、基础设施建设）等方面得到了政府部门的支持和帮助
与社员关系	较为重视社员与合作社农业生产直接相关的能力，但由日方合作公司负责，合作社本身不对贫困社员进行具体培训，对于贫困社员其他方面的综合能力也不关注	较为紧密。合作社对贫困农户能力培训较为重视，合作社为村里残疾人家庭解决就业和投保，出资为村民安装路灯、为贫困学生捐赠学习用品等

总体来看，在莱西市、平度市有一批发展良好、效益较高的合作社成立于2008年左右，它们都是伴随着《农民专业合作社法》的颁布和政府政策支持下而涌现出来的，这些合作社在成立初期享受了较多的政策补贴等扶持，同时合作社理事长等带头人文化水平较高、年富力强，经营管理能力、对村民影响号召力和与政府部门关系维护方面都比较突出，合作社的发展初具规模。这些合作社经历了十多年的发展，在生产管理经验、技术服务供给、市场预测把握、抵御风险能力等方面都积累了较多的经验和优势，相比于成立时间较短的合作社，更具有稳定性，也使合作社的社员以及带动的农户得到了更多的收益。

在全国各地大多数合作社都无力涉足的农产品加工方面，青岛市的合作社表现得尤其显著。千家福花生合作社在从事花生种植的同时，95%的社员会将种植好的花生交由合作社加工销售，加工不仅包括一般的分拣、除杂，还包括花生的脱粒去皮，以进一步提高花生的利用率和附加值。合作社加工厂内还建有冷库可供储藏花生。此外合作社还不断拓展同中粮、金龙鱼、益海嘉里等大型农产品加工企业的稳定有效对接和供销合作关系，保障了合作社不错的盈利能力。泰莉花生专业合作社对花生进行分拣等初加工，同时也为社员提供农产品包装服务。杨家顶子蔬菜专业合作社通过引入大葱种植全程机械化项目，实现从育苗、开沟、移栽、施肥、打药到收获全程机械化，可以节省种苗、水、肥投入80%以上，节省人工费90%以上，亩均节约成本929元。C种植合作社在建设粮食仓储库、面粉和挂面加工车间的同时，通过发展生态肉牛养殖场、有机肥加工车间、大型沼气池等，将牛粪无害化处理，为农业生产提供有机肥料，为周边农户提供生活用气，实现了高效、循环、绿色发展。

这些表明，青岛市的合作社处在一个比张家口市更高的水准上，因而减贫效应可能更好一些。

四、贫困社员的情况

（一）基本情况介绍

对于农民专业合作社内贫困社员的贫困状况及合作社对其减贫产生的

作用，在实地调研中我们也进行了针对性调查了解，共获得有效贫困社员问卷 29 份。表 3-6 展示了调研贫困社员的性别、年龄、受教育程度和收入来源等信息，调研中 72.41%的受访贫困社员为男性，受访贫困社员的年龄都在 40 岁以上，其中 70 岁以上的贫困户人数也占到近三分之一，最高龄贫困社员为 82 岁，所调研到的贫困社员年龄普遍偏高，很多难以继续从事农业生产经营活动。在受教育程度方面，过半数（62.07%）的受访贫困社员是小学及以下文化程度，甚至有部分贫困户没有接受过任何教育，初中文化程度的贫困社员也不少，但是没有调查到高中以上受教育程度的社员。由此可见，贫困地区的建档立卡贫困户普遍受教育程度极低，甚至存在不少文盲，这对于帮助其减贫、脱贫是较为困难的。对于这些贫困社员来说，89.66%的贫困户以农业生产经营收益为其主要收入来源或唯一来源，个别贫困社员存在非农经营收入和在合作社中打工获得的工资性收入，仍有部分贫困社员由于丧失劳动能力，仅能依靠政府补贴维持生计（表 3-6）。

表 3-6 调研地区贫困社员的基本信息

性别	男		女	
	72.41%		27.59%	
年龄	40 岁以下	41～50 岁	51～70 岁	70 岁以上
	0	31.03%	37.93%	31.03%
受教育程度	小学及以下	初中	高中	高中以上
	62.07%	27.59%	10.34%	0
收入来源	农业生产收入	非农经营收入	工资性收入	政府补贴
	89.66%	17.24%	13.79%	13.79

从调研到的贫困社员整体情况来看，其典型特征包括：以男性居多，年龄偏大，受教育程度极低，主要依靠务农获得收入。可以看出，在这些特征下的贫困社员整体素质较低，且依靠自己的力量进行减贫增收的难度极高，要想达到整体减贫脱贫的良好效果，需要借助外部组织的支持和帮扶。

（二）贫困状况

对建档立卡贫困农户在实际生产生活中遇到的困难及成因、如何解决这些难题等方面的了解有助于对其进行针对性减贫。图 3-1 展示的是调研贫困社员家庭面临的主要困境，从图中可以看出，这些贫困社员最突出的困难是家庭劳动力不足和收入来源途径少，家庭劳动力的极度缺乏导致家庭的农业生产和非农经营都难以开展，再加上贫困地区当地的产业基础较弱，可提供给贫困农户的就业机会更少，导致了贫困农户的生产收益、工资收入都处于极低的水平，且获得收入的渠道非常有限。此外，农业耕地面积少、生产经营风险大、种养殖技术缺乏和生产成本过高也在一定程度上限制了贫困农户利用农业生产经营获得的收益。

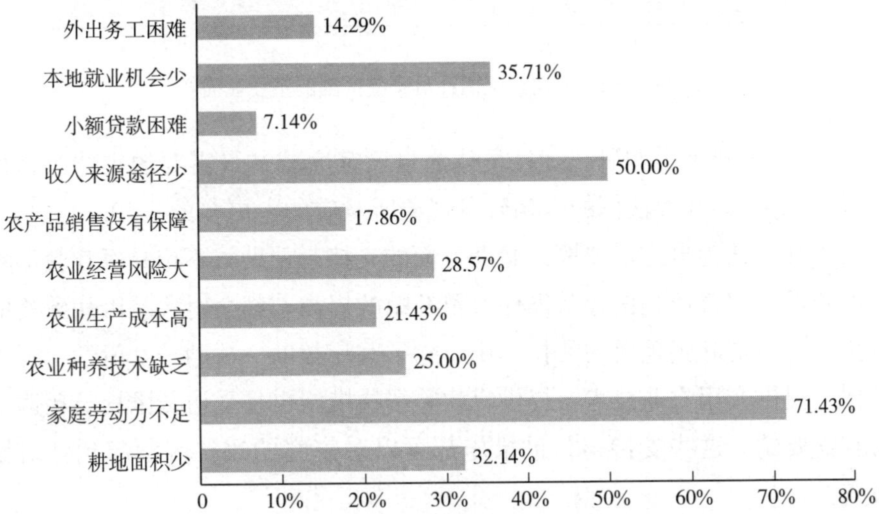

图 3-1　调研地贫困社员家庭面临的主要困境

图 3-2 展示了调研贫困社员家庭产生贫困的主要原因。其中占比最大的是因病致贫，比例达到了 46.43%，也就是说将近一半的受访贫困社员都是因家庭成员出现大病或慢性疾病而导致贫困，疾病不仅令家庭丧失了部分劳动力而使总收入减少，还大幅提高了家庭在治病上的花销，很多受访社员甚至因此产生高额负债。可以看出，因病致贫在贫困地区仍然较为普遍且严重，扶持起来也更为困难。除此之外，缺乏生产发展资金、缺乏适龄健康劳动力也是导致家庭贫困的两个重要影响因素，因子女教育、身体残疾、农业生产要素匮乏也会导致家庭的贫困。但在我们的调研中，没有出现因遭受灾害而致贫的家庭。

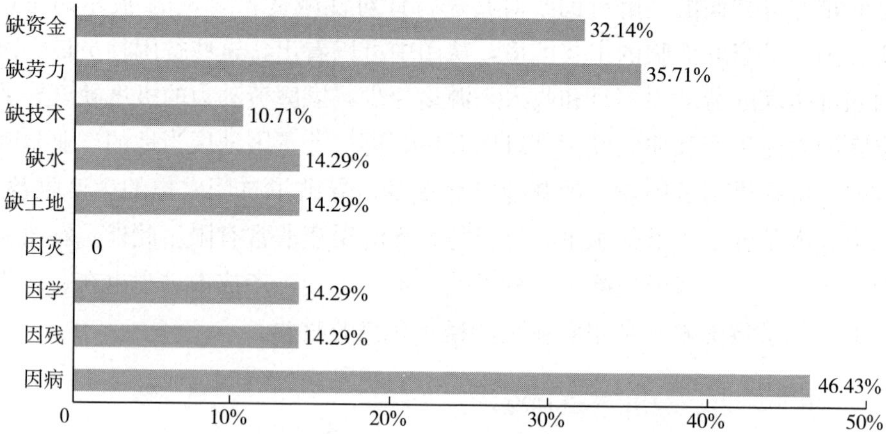

图 3－2　调研地贫困社员家庭贫困的主要原因

图 3－3 展示了调研贫困社员认为自己家庭减贫最需要的支持与帮助方式。与图 3－2 大比例的因病致贫现象所对应的，更多的（40.74%）受访贫困社员认为自己需要医疗救助方面的支持与帮助，不论是医疗救助设施的建设与完善还是医疗救助保险及补贴的提高，都会对大量因病致贫的贫困家庭减贫起到重要的帮扶作用。除了医疗救助，帮助子女就学、提供低保、提供实用农业技术、提供贷款等帮扶措施也是受访贫困社员普遍认可且需要的，这些支持与帮助措施都可以对家庭的致贫因素起到针对性改善。

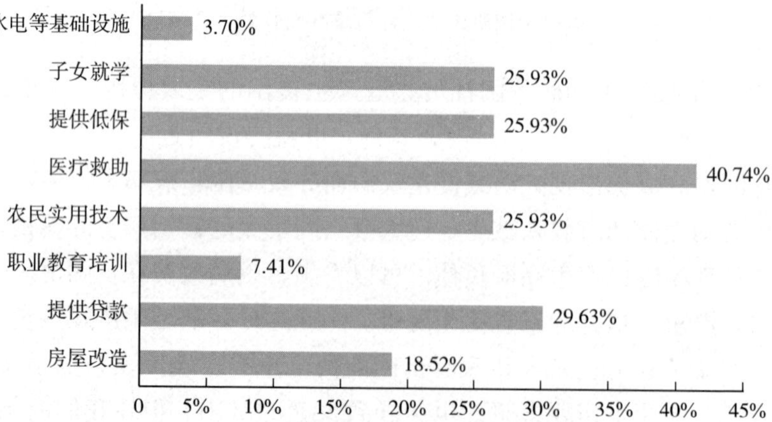

图 3－3　调研地贫困社员最需要的支持与帮助

（三）参与合作社情况

所调研到的建档立卡贫困农户都是当地农民专业合作社的社员，这些贫困户在合作社中的参与情况也会影响到合作社对其减贫效果。图 3-4 显示了调研贫困社员所在农民专业合作社的入社要求，可以看出，大多数（60.87%）的合作社对于贫困农户的入社没有要求，贫困地区的合作社对于贫困农户的加入大都持鼓励态度。另外，还有些合作社为了更好地发展合作社并加强与社员之间的联结程度，会要求购买服务、缴纳社费或股金等基础入社条件，但目前来看，由于要求并不严格，这些条件并没有阻碍贫困农户加入合作社。

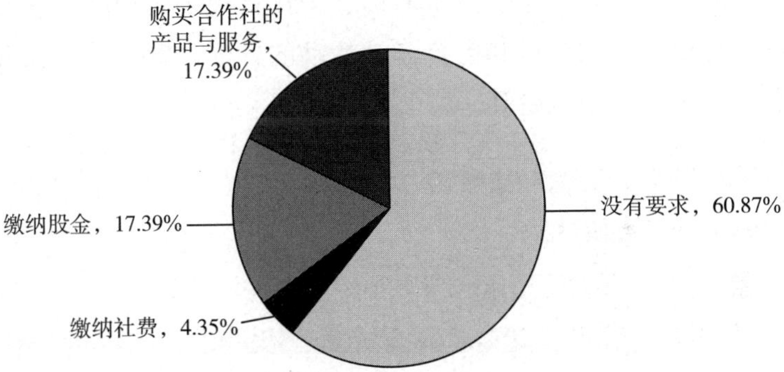

图 3-4　调研地贫困社员所在合作社的入社要求

图 3-5 展示了调研贫困社员加入合作社的途径，从中可以看出，广大建档立卡贫困农户加入当地农民专业合作社的两大主要途径是政府的宣传推广和处于自身需求的主动加入。在贫困地区，政府对于农民专业合作社通过产业带动贫困户减贫这一方式较为重视，因此会在贫困户中广泛宣传合作社的优势和加入合作社的好处；贫困农户自身也希望通过联合生产经营获得更加可观的农业收入，因此会选择加入合作社，但也有个别贫困农户是跟风加入合作社，调研中没有发现大户带动的入社方式。

图 3-6 展示了调研贫困社员在合作社中的参与情况。63.16%的受访贫困社员都在农忙时节被合作社临时雇用，从合作社获取额外的工资性收入，从而提高自己的家庭收入，大部分社员日常就在合作社中进行灌溉、

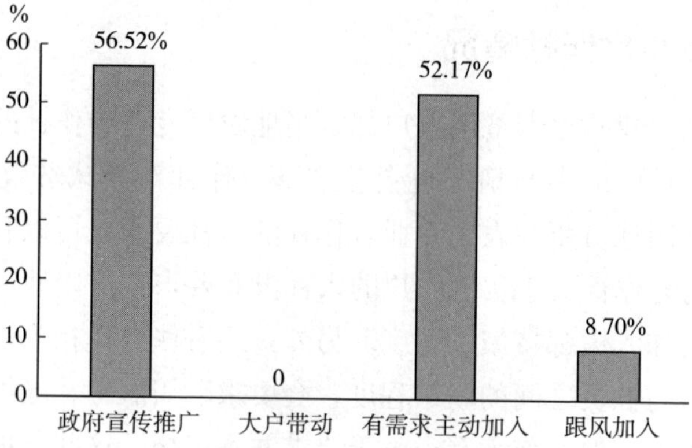

图 3-5　调研地贫困社员加入合作社的途径

施肥等经营活动。另外，接受技术培训、合作社代销农产品、进行日常管理工作等也是很多贫困社员参与合作社活动的方式，贫困社员在合作社中参与的活动越多，获益也越高。

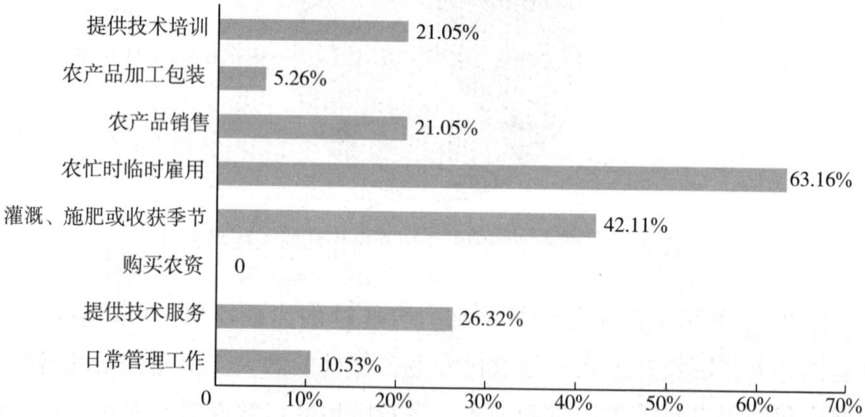

图 3-6　调研地贫困社员在合作社中的参与情况

（四）调研地贫困社员通过合作社减贫的效果

农民专业合作社是否能够真正帮助社员减贫增收，我们也对此进行了调查。图 3-7 展示了调研贫困社员加入合作社后家庭年收入的增长变化情况。其中，57.14％的受访贫困社员入社后的年收入比入社前增加了 33.34％～66.66％，平均增加了一半左右，有 28.57％的贫困社员获得的收入增长率不到三分之一，但还有 14.29%的社员在加入合作社后收入翻了一番以上。所有受访贫困社员的家庭年收入在加入合作社后都得到了提高，说明农民专业合作社在对贫困农户的减贫增收方面的确有效，但是减贫效果根据合作社实力的不同以及贫困户个体条件的不同而有所差异。

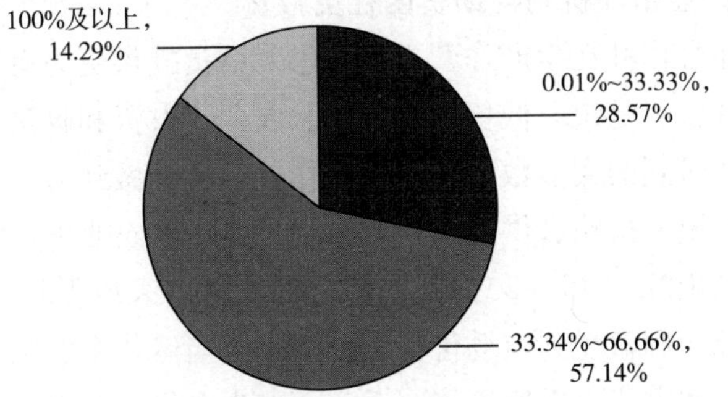

图 3－7　调研地贫困社员加入合作社后年收入的增长率

图 3－8 展示了调研贫困社员在加入农民专业合作社后家庭收入增加的主要原因。从中可以看出，过半数的贫困社员家庭收入的增加得益于合作社的盈余返还或股金分红，其次为合作社提供给贫困社员的工资性收入。盈余返还作为合作社的特殊分配机制，对于社员的收益提高作用是至关重要的。除此之外，合作社所带来的销售价格增加、销售量提升以及要素价格的降低等与农业生产经营相关的收益也对贫困社员增收产生了正向影响。

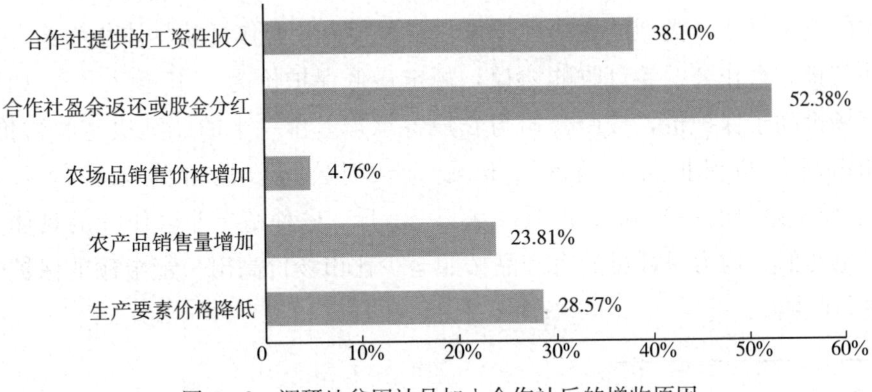

图 3－8　调研地贫困社员加入合作社后的增收原因

五、合作社的减贫机制和特征

(一) 合作社的减贫机制

1. 通过产业带动机制帮助贫困社员减贫

农民专业合作社在生产经营方面能够对社员提供更为有利的价格，主要方式有两种：一是统一低价提供种子、农药等农资和收割、包装等农业生产服务。调研到的大多数农民专业合作社都能够做到为社员免费提供种植技术服务，统一采购、供应本社成员种植所需的农业生产资料，其价格普遍低于市场价的10%～20%。二是合作社可以采取保护价收购社员农产品，避免社员利益受到市场价格波动冲击。当然各个农民专业合作社的保护价收购具体方式也有所不同：千家福花生合作社在多年的运营中逐渐摸索形成一种与社员之间的特殊交易机制："花生银行"模式，本质上是一种创新型的结账方式，即保护价收购农产品—保本增值储存业务。社员在将种植的花生卖给合作社以后，如果社员当时不支取现金，合作社则按当天的市场价给社员打好收条，之后社员可以根据自己对市场价格的判断，在认为价格较为理想的时候随时结算货款，以防范市场风险，保证供货社员收益增加。由于设置花生最低收购价，使农民即使在遭遇市场风险时也能从容应对，而合作社对市场风险的抵抗防控能力更强。这一机制就在很大程度上保证了花生种植户的增收，保障了农民的利益。由于收效显著，这一模式也在周边地区合作社中被广泛推广与运用，成为一种减贫增收的典型做法。类似的做法在杨家顶子蔬菜专业合作社就具体化为：合作社与日方合作公司签订收购协议，规定最低保护价为0.45元/斤[①]，如果市场价高于保护价，按照公司与农户各承担差价一半的原则决定收购价。如市场价与保护价差价是0.6元/斤，则公司收购价为保底价0.45元/斤+差价的一半0.3元/斤=0.75元/斤。C种植专业合作社的具体方式也类似，均为对社员的农产品按照至少比市场价高出一定金额的保护价进行收购。

① 斤为非法定计量单位，1斤=500克，下同。

也有一些合作社依靠发挥当地特色产业，通过向农户提供生产资料、贷款等手段，使贫困农户获取更多收益。如张家口市蔚县的烟叶种植已有上百年的历史，规模种植始于20世纪70年代初，到90年代形成产业化，现在已发展成为河北省最大的烤烟生产基地。依靠多年的烟叶种植传统与经验，这种收益较高农产品的经营可以在很大程度上提升贫困农户的收益。蔚县的烟叶合作社主要靠引导和扶持建档立卡贫困农户种植烟叶而助其脱贫，并向其优先提供土地和烟用生产资料。合作社对种烟贫困户每亩补贴208元的生产资料，提供每亩800元的担保贷款，为贫困户提供烟用生产设施，解决贫困户种植烟叶投入不足的难题，保护贫困户的利益。为降低自然灾害对烟叶种植的影响，合作社还免费为烟农提供农药，对烟叶病虫害进行普防普治，为贫困户免费安装防雹网防灾减灾。针对烟叶种植投入高、风险大的特点，结合贫困户自身劳动能力和种烟技术较差、直接从事烟叶种植积极性不高的实际情况，蔚县的烟叶合作社优先雇用贫困农户到烟田从事劳务工作，优先流转贫困户土地，积极鼓励引导合作社内一些种烟大户优先雇用贫困人口，使本地贫困人口能够通过烟田打工脱贫致富。

2. 通过特殊的盈余分配机制进一步增加贫困社员收入

农民专业合作社依靠其特殊的利益返还制度，可以将利润通过特定形式返还给社员。收益返还在调研合作社中的具体实施形式也不尽相同。千家福花生合作社每年拿出利润的10%进行分红，而多数社员会选择将分红继续纳入股金，如此循环往复，以获得更高的收益。泰莉花生专业合作社采用按股分配的方式，但在市场价格波动幅度较大的年份，合作社的经营情况并不景气，利润持续走低，相应的，合作社社员的增收也难以得到可靠的保障。杨家顶子蔬菜专业合作社的方式是入股土地每年保底分红700元/亩，逐年递增，目前已达到1 000元/亩，年底再根据当年每亩土地经营效益（交易额）分红，对贫困社员没有二次分红，实质是股金分红与交易额分红相结合。C种植专业合作社收益返还也是按股分红，每年约有利润的10%用于分红，对贫困社员没有二次分红。而两地一些经营规模较大、产业链较长的专业合作社也会对贫困社员优先提供一定数量的工作岗位，例如对残疾、年老等贫困户提供清扫卫生等对劳动强度和技能要求较低的工作岗位，使其获得比较稳定的工资性收入。

3. 整合扶贫资金扩大基础设施建设

根据调研发现，“光伏＋合作社＋贫困户”这一扶贫模式对于经济贫困村、缺乏劳动能力的建档立卡贫困户来说是非常有效的减贫方式，在张家口市的贫困县减贫工作中最为突出。对于光伏发电项目，当地的合作社能够将其中40%的电站收益用于电站运营维护及全村的公益事业，剩余60%用于增加全村建档立卡贫困农户的收入，其中贫困户人均每年可增收3 000元左右，脱贫户每人每年增收1 000元左右。在张北县淖海营村光伏扶贫专业合作社与农机合作社两大合作社共同覆盖与大力扶持下，淖海营村的整体减贫效果颇为显著。在合作社成立之前，淖海营村全村人口收入都在贫困线以下，即全村农户都是建档立卡贫困农户，而在利用扶贫专项资金成立合作社进行资产管理与运营后，全村162户贫困户已脱贫153户，只余9户特困贫困农户还未脱贫。对于丧失劳动能力的贫困户，依靠光伏扶贫合作社每年都能获得稳定的分红收益，而对于仍有劳动能力的贫困户，不仅能享受到光伏发电项目收益，还可以通过农产品生产、从事合作社提供的就业岗位等方式进一步提高自身收益，加快减贫的步伐。还有一些合作社利用扶贫资金投入农业生产基础设施建设，如辛大堡村种植合作社，理事长在北京进行市场考察后认为蔬菜合作社具有一定的市场前景并得到社员的认可，其大棚建设投资中使用的就是国家扶贫补贴资金，大棚种植的收益也都由贫困农户自身所享受。

4. 多措并举增强合作社减贫的带动效应

农民专业合作社在带动本社贫困社员减贫之外，对所在村和周边贫困村的发展也具有带动作用。调研发现这种发展带动作用主要是通过资金扶持、产业带动、基础设施建设以及其他社会福利表现出来。千家福花生合作社间接带动了周边乡镇约4 600户农户的花生种植、加工与销售，由于地理位置的特殊性，还带动了一百多户烟台莱阳市的花生种植户，影响范围较广。泰莉花生专业合作社带动乡镇内农户数量为500～600户。杨家顶子蔬菜专业合作社对周边乡村的带动途径包括：一是资金扶持，根据相关政策要求，合作社每年为周边3个贫困村提供5万元/村的资金扶持，金额每3年增长4%。二是产业带动，合作社为周边12个村庄的50户贫困户统一免费育苗、统一低价提供肥料等农资、统一技术指导管理、统一农机免费作业、统一以高于市场价 0.1～0.3 元/斤的价格收购农产品。三是提供工作岗位，对周边村庄有劳动力的贫困户，优先安排到合作社打工。2018 年该蔬菜专业合作社安排了周边村庄 15 名残疾人就业，每人每月工资 1 500 元左右。C 种植专业合作社对周边乡村的带动途径有两种：一是资金扶持，根据相关政策要求，每年给 3 个省级贫困村 80 万元/村的扶持。二是帮扶村里孤寡残疾人员，包括为村里 7 户残疾人家庭安置就业和投保 5 项保险，以及为村里出资安装路灯、为贫困学生捐赠学习用品等。

（二）合作社的减贫特征

1. 农民专业合作社具有强烈的减贫动机

调研发现，不论是经济欠发达的贫困县农民专业合作社还是发展较好的合作社，均具有较强烈的参与当地减贫工作的动机。首先，由于很多贫困（低收入）社员本身就是合作社在发展初始阶段的成员，他们的减贫增收任务也是合作社成立发展的初衷之一。其次，政府扶贫支持政策的宣传引导作用加大。在所调研的合作社中，政府扶贫项目的资金支持对合作社减贫工作的推进起到了很大作用，合作社从相关政府部门争取政策或项目支持，同时对贫困社员和周边贫困村实施各种形式的帮扶，合作社获得政策、资金扶持和“示范社”等地位，贫困村获得资金支持，政府政策目标也得以完成，最终达到合作社、政府、贫困村“三赢”。这一“理想局面”是政府推动合作社参与减贫、合作社也愿意参与减贫的重要动因。最后，农民专业合作社作为与农户联结最为紧密的组织，对贫困人口的减贫增收天然具有“责任感”。这主要是源于合作社理事长和主要创始人（多为理事会成员）本身就是本地村民，作为合作社领导人的理事长又多为村支部书记，因此合作社在具有基于生产经营的“盈利”功能之外，基于“乡里乡亲”和“共产党员模范带头”等因素还具有较强的“扶持带动”属性。

2. 农民专业合作社减贫方式较为灵活

农民专业合作社有条件在减贫工作中采取更为多样灵活的形式，具有更高的“自由裁量度”。一是合作社能够依靠自身的规模化效应，通过一定的途径，以承担更多的市场损失为代价为社员提供更多的利益。例如，千家福花生合作社“花生银行”的创新，实际上是在一定条件下将收购价格的决定权交由农民决定。二是在具体运作中合作社对于贫困社员可以在农产品品质方面降低收购标准。例如C种植专业合作社在社员土豆收购中就对贫困社员的土豆放宽了附着泥土重量的要求。三是在上述传统的“保护价收购＋利润返还＋工作岗位”减贫模式之外，合作社可以采取其他形式改善社员乃至周边贫困户的生活条件。

3. 农民专业合作社参与方的多元性与功能的多样性

一个组织如果仅局限为封闭的同质性个体合作，其合作过程就很难催生和发育新的要素，最终只能发展成为低水平的均等化组织。合作社的运营和发展也需要多元化的主体构成。虽然从理论上来说，合作社是农户抱团取暖、形成市场竞争合力的一种组织形式，但是这种抱团取暖除了农户、村委会等主体参与外，如果能与外界主体及其相联系的政策、资金、智力、平台等资源进行对接与合作，将有利于合作社更好更快地发展。从调研地区来看，部分典型合作社已经走上多元化发展道路。以杨家顶子蔬菜专业合作社为例，合作社本身就是当地的“扶贫农创体”，直接带动农民减贫增收。同时，合作社还是“青岛农机实训基地”，与青岛市农业广播电视学校合办了“农民田间学校”“平度市农业科普示范基地”。合作社的这些多重身份与功能，有利于提升农民农业生产技术水平，改善乡村人才空心化问题，促进当地农业产业转型升级。长远来看，合作社以不同的身份，通过多样化的渠道，同地方政府政策服务、地方高校智力资源帮扶、共享共担的企业合作相互对接融入，不仅可以直接促进农民减贫增收，在乡村产业转型与完善基层治理等对农民持续减贫增收有长远意义的领域也可以发挥越来越重要的作用。

4. 实力较强的合作社造成了政府减贫的重要“抓手”

调研的青岛市合作社在当地都实力较强，在自身实力、领导人能力、辐射范围等方面具有较好的基础。因此，其合作社都是政府产业扶贫政策重要的“具体执行者”，即政府通过产业扶贫项目补贴的形式推动合作社发展，合作社不仅带动自身社员减贫增收，而且通过资金、工作岗位等形式对周边贫困村、贫困户减贫增收给予一定扶持。例如，杨家顶子蔬菜专业合作社和C种植专业合作社对周边贫困村每年都要提供一定数量的资金，从而形成合作社、政府、贫困村“三赢”的局面。这种方式中，实力强大的合作社成为政府减贫增收中“抓大放小”的“抓手”，政府不需要直接同贫困户对接，而是利用合作社较强的经济实力和与合作社理事长政治/职务身份相关的乡村人脉基础，充分发挥乡村熟人社会对贫困农户生计信息的精准把握，充分利用政府和合作社多元的扶贫资源，将产业扶贫政策深入推进，从而在解决“扶持谁”“怎么扶”的问题上产生较好的效果。

5. 资本存量在合作社起步阶段具有重要作用

这里的资本存量主要指经济资本和社会资本。经济资本对合作社起步发展的重要性无需强调。在调研中，C种植专业合作社的成立就是源于创始人放弃服装生意，利用服装生意和房产出售的资本积累流转土地创办的合作社。可以说，没有服装经营和房产出售积累的初始资本，合作社创办人就不可能通过土地流转获得合作社生产经营的基本条件。从这一点来看，C种植专业合作社的创办过程一定程度上具有“资本下乡”的性质，只不过这里的“资本”完全放弃了自己的原有产业全部投入了合作社而已。

从调研实际来看，社会资本在合作社起步发展阶段同样具有重要作用。这里的社会资本是指基于血缘、地缘、业缘等因素在相互信任、互惠互利基础上形成的社会网络关系。社会资本对合作社发展的这一作用虽然同合作社是“农民互助组织”的经典定义有所区别，但在我国农业农村发展的现实条件下也有其存在的合理性与必然性。

例如，莱西市千家福花生合作社，合作社理事长本人就是村支书，合作社第二大股东是理事长的亲弟弟，同时也是当地另一家大型花生加工厂的老板。合作社同这一花生加工厂在独立核算的基础上也会共享一些大额订单。这一基于血缘关系形成的社会关系较其他类型的社会关系更为稳定和紧密，社员之间更加相互认可、彼此信赖、密切合作，极大提升了合作社的效率。此外，同业合作关系（业缘）也有助于形成良好的社会网络关系。以杨家顶子蔬菜专业合作社为例，该合作社的创办源于同日方公司的合作，合作社在成立之前是日方合作公司在当地的生产基地，经过几年的合作，村集体、农户与日方合作公司在相互认可与信赖的基础上形成了新的社会网络关系，相关各方都有“信任对方并相互合作能够给自己的付出带来回报”的心理预期。正是这样的自愿联合、互惠互利的社会资本在专业合作社的发展并同日方公司形成长期合作关系中起到重要作用，而这种社会资本又具有在长期合作中不断累积的特性，这无疑对合作社发展同样具有积极意义。

六、合作社的减贫效应

（一）张家口市合作社的减贫效应

从调研实际情况来看，张家口阳原县2个合作社的减贫效果均较为理想。这首先是由于2个合作社都在主观上具有促进贫困户减贫增收的动机，这种动机主要是来源于贫困社员本身的减贫增收需求。不可否认的是，政府的政策宣传与引导也起到很大的推动作用。合作社减贫基本上都采取盈余分配和合作社提供工作岗位2种方式。在给贫困社员提供工作岗位方面，辛大堡村种植合作社约有10%的工作岗位提供给贫困社员，但合作社自己不对这些贫困社员进行培训，培训由政府部门完成。兴农果蔬合作社中有20户贫困户在合作社提供的公益岗位工作。调研中兴农果蔬合作社理事长表示，其实贫困户在合作社打工的不多，这主要是因为贫困户劳动能力不高，只能从事打扫、除草等工作。此外，阳原县辛大堡村种植合作社对贫困户进行了二次分红。在合作社减贫效应方面，目前来看阳原县2个合作社在带动贫困社员减贫增收方面都取得了一定效果。2018年辛大堡村种植合作社贫困户年收入基本能达到4 400～4 500元，个别农户年收入能够达到6 000～8 000元，贫困社员人均分红1 500元。兴农果蔬合作社贫困社员2018年人均收入比2017年增加2 000元，贫困社员在合作社提供的岗位务工收入能达到1 500元/年，合作社已帮助脱贫的社员为4人。

张北县的合作社多采用典型的“光伏＋合作社＋贫困户”这一扶贫模式对建档立卡贫困户进行减贫。对于光伏发电项目的收益，合作社将其中40%的电站收益用于电站运营维护及全村的公益事业，剩余60%用于增加全村建档立卡贫困农户的收入，其中贫困户人均每年可增收3 000元左右，脱贫户每人每年增收 1 000 元左右。在张北县淖海营村光伏扶贫专业合作与农机合作社两大合作社的共同覆盖与大力扶持下，淖海营村的整体减贫效果颇为显著，在合作社成立之前，淖海营村全村人口的收入都在贫困线以下，即全村农户都是建档立卡贫困农户，而在利用扶贫专项资金成立合作社进行资产管理与运营后，全村 162 户贫困户已脱贫 153 户，只余 9 户特困贫困农户还未脱贫，对于丧失劳动能力的贫困户，依靠光伏扶贫合作社每年都能获得稳定的分红收益，而对于仍有劳动能力的贫困户，不仅能享受到光伏发电项目收益，还可以通过农产品生产、从事合作社提供的就业岗位等方式进一步提高自身收益，加快减贫的步伐。

蔚县的特色烟叶种植合作社，依靠多年的烟叶种植传统与经验，引导和扶持当地建档立卡贫困农户种植烟叶而助其脱贫。在针对贫困农户的种植上，合作社优先向其提供土地、种苗、肥料、农膜等烟用生产资料，并对种烟贫困户每亩补贴 208 元的生产资料，提供每亩 800 元的担保贷款，免费提供烟叶种植必需的基础生产设施，来解决贫困户种植烟叶投入不足的难题，保护贫困户的利益。为降低自然灾害对烟叶种植的影响，合作社还免费为烟农提供农药，对烟叶病虫害进行普防普治，为贫困户免费安装防雹网防灾减灾。针对烟叶种植投入高、风险大的特点，结合贫困户自身劳动能力和种烟技术较差、直接从事烟叶种植积极性不高的实际，蔚县烟叶合作社优先雇用贫困农户到烟田从事劳务工作，优先流转贫困户土地，积极鼓励引导合作社内一些种烟大户优先雇用贫困人口，使本地贫困人口能够通过烟田打工脱贫致富。

张家口调研合作社减贫效应比较见表 3－7。

表 3－7　张家口调研合作社减贫效应比较

	阳原县农民专业合作社	张北县农民专业合作社	蔚县农民专业合作社
减贫动机	贫困社员需求＋政府政策引导		
发展模式	农户＋合作社	农户＋合作社＋基地	农户＋合作社＋基地
减贫机制	市场进入＋价格改进＋收益返还	市场进入＋价格改进＋收益返还＋工作岗位	市场进入＋价格改进＋收益返还＋工作岗位＋周边带动

（续）

	阳原县农民专业合作社	张北县农民专业合作社	蔚县农民专业合作社
减贫效应	辛大堡村种植合作社贫困户年收入基本能达到4 400～4 500元，个别农户年收入能够达到6 000～8 000元，贫困社员人均分红1 500元；兴农果蔬合作社中贫困社员2018年人均收入比2017年增加2 000元	全村162户贫困户已脱贫153户，只余9户特困贫困农户还未脱贫。对于丧失劳动能力的贫困户，依靠光伏扶贫合作社每年都能获得稳定的分红收益，贫困社员还可以在合作社提供的岗位打工获得收入	由于烟叶种植效益高、收入增加快，合作社又最大限度地降低贫困农户种植的成本，因此贫困户脱贫速度快，效率高，增收途径也较为广泛
阻碍因素	合作社成立时间短，规模小，没有最大化地发挥合作优势与效益	资源约束使农业生产经营处于劣势地位，需大力发展科技，提高市场竞争力	贫困农户对合作社减贫的依赖性较高，缺乏自主能动性

（二）青岛市合作社的减贫效应

从青岛调研合作社实际情况来看，4个调研合作社均有显著的减贫增收效果。由于莱西市和平度市脱贫攻坚任务完成进度较快，典型合作社基本已无贫困社员，合作社减贫增收效果不仅体现为对合作社返贫社员再脱贫和普通社员增收的带动，还体现为对所在村非社员贫困户和周边贫困村、贫困户减贫脱贫的带动。

千家福合作社带动周边乡镇农户中包括了一些贫困户，对这些建档立卡贫困户的减贫起到了显著的作用。杨家顶子蔬菜专业合作社社员中已经没有贫困户，C种植专业合作社尚有贫困户，但属于在2018年因病返贫。因此这2个调研合作社的减贫效果主要表现为促进社员增收。杨家顶子蔬菜专业合作社社员收入与当地生产同类农产品的农户相比提高30%以上。在带动周边方面，周边村庄农户出售农产品给合作社的价格高于市场价0.1～0.3元/斤，同时2015—2016年有贫困户20多人在合作社打工，对周边贫困村的资金扶持已经持续12年。C种植专业合作社社员（包括贫困社员）收入与当地生产同类农产品农户相比高10%左右，合作社已帮助脱贫社员6人。

值得指出的是，青岛和张家口两地的农民专业合作社在减贫效应方面的差别还是很明显的（表3-8）。虽然青岛当地的脱贫任务已经完成，已经处在持续执行扶贫政策的阶段，但依然可见合作社实力更强减贫的效应更明显。如连续12年给予贫困村5万元的资金支持，并且每3年增加4%；如合作社的减贫效应已经从本社社员扩散到周边村镇农户包括贫困户。而张家口地区的合作社通过创新减贫机制，给贫困社员带来了多样化的收益增加，但合作社规模较小，受技术、资源等因素的影响较严重，在

表3-8　青岛调研合作社减贫效应比较

	千家福花生合作社	泰莉花生专业合作社	杨家顶子蔬菜专业合作社	C种植专业合作社
减贫动机	贫困社员需求＋政府政策引导＋社会责任			
发展模式	农户＋合作社＋基地＋企业	农户＋合作社	农户＋合作社＋基地＋企业＋学术机构	农户＋合作社
减贫机制	市场进入＋价格改进＋收益返还＋周边带动		市场进入＋价格改进＋收益返还＋工作岗位＋周边带动	
减贫效应	没有贫困社员。带动周边乡镇农户中包括了一些贫困户	—	合作社每年给贫困村5万元资金扶持，每3年增长4%，已经持续12年。合作社社员收入与当地生产同类农产品的农户相比提高30%以上。周边12个村庄50户贫困户享受合作社高于市场价0.1～0.3元/斤的农产品收购价格	合作社社员收入与当地生产同类农产品农户相比高10%左右。合作社已帮助脱贫社员6人，合作社贫困社员已全部脱贫
阻碍因素	—	市场价格波动，资金短缺，政府支持政策较少	政府信贷支持不足	一是地下水减少，不利于种植；二是资金不足，合作社资产中没有合格的抵押物，银行不愿贷款

全面脱贫奔小康的道路上走得也更艰难一些，甚至不能断定预期目标一定会实现。

这进一步凸显了合作社这一减贫关键因素的重要作用。这是怎么强调都不过分的。

七、调研地区合作社的减贫对比分析

前面提到过，此次调研到的张家口与青岛两地农村的经济发展水平、贫困程度以及农民专业合作社的发展情况存在显著差别，张家口国家级贫困县可以代表大多数贫困地区的合作社减贫特征，而青岛典型农村更能代表较发达的非贫困地区农民专业合作社的减贫特征。因此，本部分将通过张家口与青岛农民专业合作社的减贫机制、减贫特征以及减贫效应三个方面的对比，来反映贫困地区及较发达地区合作社减贫的区别。

（一）减贫机制对比分析

1. 共同点一：通过统一的农业生产经营帮助社员增收是张家口与青岛农民专业合作社在减贫中的核心机制

无论是贫困地区还是较发达地区的农民专业合作社，作为联结小农户与大市场的有效经济组织，其本职工作就是为社员统一提供农业生产资料、种养殖技术、农产品收购加工等服务。在我们的调研中，虽然地区经济水平、合作社发展程度有较大不同，但是各地的农民专业合作社都能够较好提供这些服务，为社员统一低价提供种子、农药等农资，免费提供种养技术服务，以及为社员争取更高的农产品销售价格，通过农业生产经营帮助贫困社员稳定持续地增加收入，同时在一定程度上避免其遭受市场风险。

2. 共同点二：张家口与青岛农民专业合作社在减贫过程中都注重依托当地特色产业

由于不同地区的气候、水土资源等条件差异，各地经过长年发展建立起来的农业产业优势也有较大区别，在我们的调研中，张家口与青岛合作社都能够充分利用当地特色农产品的优势，通过向社员提供生产资料、贷款等方式，为贫困农户获取更多收益。如有百年烟叶种植历史的张家口市蔚县、以花生种植为特色的青岛莱西市，根据当地多年的生产种植传统经验，再加上农业龙头企业的引导与扶持，能够在更大程度上提升贫困社员的种植收益。

3. 区别一：深度贫困地区农民专业合作社需利用扶贫资金投入基础设施建设带动减贫

以张家口张北县为代表的国家级贫困县，由于土地较为贫瘠、气候干旱，并不适宜规模化农业生产经营，农产品的种类、产量及品质也远比不上其他地区，即使是合作社开展统一的专业化种植也难以提高当地贫困农户的收入水平，减贫效果极受限制。在这种情形下，这些贫困地区开始推行“光伏＋合作社＋贫困户”模式，这种减贫机制非常适合张北县这类村庄规模小、整村贫困、农业生产收益差的贫困地区，即使是对于丧失劳动能力的贫困户，也能使其享受到光伏扶贫合作社提供的稳定分红收益，对全村的公益事业发展也大有裨益。

4. 区别二：以青岛为代表的较发达地区农民专业合作社更注重对社员的收益返还与利益最大化

利益返还是农民专业合作社的特殊分配机制，可以将利润通过特定形式返还给社员，这也是除了普通的农产品生产经营收入以外社员可以获得的更可观的收益。但是对于贫困地区合作社而言，能够较好带动社员进行农业生产经营、获取更多的销售收入已经较为不易，大多数的贫困地区合作社并没有再进行额外的收益返还。但是对于较发达地区的农民专业合作社来说，由于合作社自身实力的强大以及对社员的带动作用明显，往往更注重对社员通过交易额及股金进行利润分红，使合作社与社员之间的联结程度更加紧密。

（二）减贫特征对比分析

1. 张家口与青岛农民专业合作社的减贫动机不同

以张家口为代表的贫困地区农民专业合作社减贫动机多来源于贫困社员需求、政府引导等外部的推动作用，而以青岛为代表的较发达地区农民专业合作社减贫动机多来源于合作社理事长或理事会扩大合作社影响力、带动社员共同发展的内部主观促进作用。对于贫困地区的农民专业合作社而言，其社员大部分都是建档立卡贫困户，尤其是一部分合作社的成立初衷就是源于对当地贫困户的减贫增收要求，因此社员对合作社的减贫带动作用需求迫切；同时，贫困地区政府部门扶贫支持政策的宣传与引导力度也在不断加大，特别是扶贫项目资金支持对各地合作社的减贫推动起到了很大的作用。贫困村获得资金支持，合作社获得政策扶持，政府政策目标得以完成，最终能够达到合作社、政府、贫困村“三赢”的理想局面。但是在较发达地区，建档立卡贫困户数量较少，而且多是因病、因残等特殊情况致贫，发达地区的政府部门并没有把农民专业合作社作为扶贫参与中的重要主体，相关政策支持措施也不多，因此这些地区的合作社减贫工作开展更多是出自理事长对合作社自身发展、社员发展、当地社会经济发展的统筹考虑而进行的，作为合作社领头人的理事长基于“乡里乡亲”和“共产党员模范带头”等因素具有较强的“扶持带动”属性。

2. 张家口与青岛农民专业合作社的减贫带动性不同

以张家口为代表的贫困地区农民专业合作社减贫带动范围及带动效果相比于以青岛为代表的较发达地区较弱。在张家口的贫困地区，所调研到的合作社由于成立时间短，缺乏支柱产业，发展能力差，其减贫带动范围也极为有限，大都局限于本地村内，很少体现出对社外贫苦农户的带动性。而青岛各地区的农民专业合作社在当地大都实力强大，领导人能力强、经验丰富，合作社的减贫带动辐射范围较广，多数合作社不仅带动合作社内部社员减贫增收，而且还能通过收购农产品、提供资金、工作岗位等多种形式对周边县乡甚至邻近其他城市的贫困村、贫困农户减贫给予一定的扶持帮助。实力强大的农民专业合作社可以成为政府减贫工作中“抓大放小”的“抓手”，政府不需要直接同贫困户对接，通过利用合作社较强的经济实力和与合作社理事长政治/职务身份相关的乡村人脉基础，充分利用政府和合作社多元的扶贫资源，将产业扶贫政策深入推进，从而在解决“扶持谁”“怎么扶”的问题上产生了良好的效果。

3. 张家口与青岛农民专业合作社的减贫参与主体不同

如果农民专业合作社能够与外界主体及其相联系的政策、资金、智力、平台等资源进行对接与合作，将有利于其更充分且有效地发挥自身的减贫作用。但从我们的实地调研来看，以张家口为代表的贫困地区农民专业合作社在减贫过程中一直是“单打独斗”，有些是因为地区发展能力弱导致经济主体缺乏，有些是因为合作社实力较弱，难以与其他主体之间相互配合协作，仅依靠不发达的农业生产经营对贫困社员的减贫效果有限。而从以青岛为代表的较发达地区来看，调研到的部分典型农民专业合作社已经开始走上多元化主体共同参与减贫的道路。合作社自身作为当地的“扶贫农创体”，不仅直接带动贫困农户减贫增收，同时，合作社还与青岛市当地的农技学校、龙头企业等主体合力兴办“农民田间学校”、成立“农业科普示范基地”等，不断拓展合作社的功能，提升社员的农业生产技术水平，改善农村整体贫困问题，促进当地农业产业转型升级。长远来看，农民专业合作社通过多样化的渠道，同地方政府政策服务、地方高校智力资源帮扶、共享共担的企业合作相互对接融入，在乡村产业转型与完善基层治理等对农民持续减贫有长远意义的领域也可以发挥越来越重要的作用。

4. 张家口与青岛农民专业合作社减贫的社会资本不同

从调研实际来看，社会资本即社会网络关系在农民专业合作社的发展与减贫过程中也起到重要的作用。以张家口为代表的贫困地区农民专业合作社的社会资本明显不足，在一定程度上导致了合作社发展实力差，合作社减贫带动作用弱。而在以青岛为代表的较发达地区农民专业合作社中，合作社的管理者尤其是理事长都具有非常丰富的社会网络关系，这些社会网络多连接着农业生产经营前、中、后期的各类经营主体，因此这些合作社能够在农业生产经营中让社员的利益最大化，农产品在市场中更有竞争力，这也使合作社的社会网络关系更为稳定和紧密，社员之间更加相互认可、彼此信赖、密切合作，极大地提升了合作社的效率。正是这样的自愿联合、互惠互利的社会资本在农民专业合作社的发展和同龙头企业形成长期合作关系中起到重要作用，而这种社会资本又具有在长期合作中不断累积的特性，这无疑对合作社发展与减贫具有同样积极的作用。

（三）减贫效应对比

1. 以青岛为代表的较发达地区农民专业合作社通过农业生产经营帮助社员减贫效应更佳

以张家口为代表的贫困地区农民专业合作社，虽然也在一定程度上联合贫困农户进行统一的生产经营，给社员提供更为优惠的农资价格、获得更多的农产品销售收入，但囿于合作社自身实力较弱，并且贫困农户的种养技术较差，规模较小，对于农业生产经营的增收效果有限。而以青岛为代表的发达地区农民专业合作社，不仅能够通过规模效应获得更优惠的农业生产资料，为社员提供高新农业技术，还能通过进一步加工来延长产业链，提高农产品的附加值，增加销售收入，从而在更大程度上帮助贫困社员增收，而这些都是贫困地区农民专业合作社难以做到的。

2. 以张家口为代表的贫困地区农民专业合作社利用扶贫资金建设基础设施的减贫效应更佳

在张家口张北县、蔚县等贫困地区，建档立卡贫困户非常多且集中，常见整村贫困现象，在这种贫困特征中，各地的农民专业合作社可以集中且高效地利用政府扶贫资金，自主进行资产的管理与运营，通过光伏发电站的建设、扩大设施大棚规模等基础设施投入，可以为贫困社员带来更多的收益，而丧失劳动能力的贫困户依靠光伏扶贫合作社获得稳定的分红收益。除此之外，基础设施的建设，还能够为当地贫困农户提供大量的就业岗位，并惠及全村的公益事业，能帮助已脱贫农户持续性稳定增收，防止其再度返贫。较发达地区的农民专业合作社则难以享受到如此优厚的扶贫政策资金支持，而且由于当地建档立卡贫困户较少，合作社并没有针对贫困户的帮扶措施，再加上贫困户没有能力在合作社中出资入股，也难以得到合作社更多的股金分红。

3. 农民专业合作社的减贫效应高低主要依赖于农民专业合作社自身的综合实力

通过我们的调研发现，无论是贫困地区还是较发达地区，农民专业合作社的实力越强大，其减贫效果就越好。在以青岛为代表的较发达地区，合作社能够依靠自身强劲的实力通过多种方式促进贫困社员的增收，并助其持续脱贫。在调研过程中，一些实力较强合作社所在村庄都已经完成了脱贫任务，且当地农民的生产经营收入都较为可观。而在贫困地区，虽然条件受限，合作社的综合实力偏弱，但相对来说，实力较为突出的农民专业合作社规模化生产经营获利较多，带动社员收入的提升也更高，并且实力突出的合作社更容易获得或集中政府扶贫资金，当地农户对于这样的合作社也更加信任，合作社得以充分体现自身的减贫带动作用。

八、农民合作社减贫中存在的问题及原因

（一）合作社的实力弱、产业链短，减贫压力大

从实地调研的农民专业合作社来看，虽然带动的社员数量多，但社员都是分散生产经营，地块零散，合作社的整体规模化程度并不高，生产过程中的机械化水平也不够。示范性合作社的基地规模也比较小，大多在100亩左右，并且大多数合作社的基地建设意识不强，力度不足，加之自身条件所限，合作社的生产基地小而散，一些合作社甚至没有自己的生产种植基地。另外，除了一些示范社，大多数合作社服务的范围仅限于本村组的几户、十几户，跨镇、跨县发展的合作社仍然是少数，规模效益仍有待提高。部分合作社主要经营模式还是初级农产品的生产和销售，有些合作社存在加工环节但多为初加工，产业链仍然较短、附加值低，同质化现象严重，导致其抵抗风险的能力弱，对农民缺乏足够的吸引力。

目前贫困地区的农民专业合作社数量仍然偏少，而且整体实力较弱。调研发现，对于丧失劳动能力的孤寡老人，其减贫增收的可持续性直接依赖于合作社的经营效益，而合作社经营效益又依赖于不稳定的农产品市场。虽然农民专业合作社对贫困户减贫的效果一般来说是可以持续的（除非社员因大病致贫），但同时也需要看到，在参与减贫后，由于村里孤寡老人比较多，合作社涉及减贫的业务实际上是增加了，但合作社本身的盈利能力并无明显增长，减贫给合作社也带来了许多压力。并且由于农业种植业近几年的市场效益并不好，合作社的利润积累较低，社员的收益就无法得到保证，合作社普通社员收入与当地生产同类农产品的农户相比反而降低了，而合作社减贫效果较好主要是因为贫困社员本身的收入水平较低，稍有帮扶其生活水平就能有较大改善。

虽然调研地各类合作社在其日常运营管理中充分认识到了市场效益的重要性，辛大堡村合作社社长就表示“合作社在提升贫困社员能力方面的成功经验主要是合作社要努力开拓市场”，但已调研的种养类农民专业合作社目前并未拓展销售新渠道，仍停留在传统的统一市场销售，也没有同

电商等新型营销模式衔接融合，合作社自身的市场营销与拓展能力仍然缺乏，不能够独当一面。调研中的一些乡镇虽然已初步建立“电商+合作社+农户”的模式，调研中访谈对象也提到合作社建立了农产品销售微信群，但实际情况来看这种“微信营销”仅仅是将市场价格信息或动向“在群里说一下”，同统一品牌宣传、统一经销渠道、统一售后管理的正规电商营销模式相比还相差很远，合作社同电商并未建立长期合作关系，因此电商扶贫的效果并不稳定。

（二）合作社人力资本的积累更新机制较差

从调研地区的实际情况来看，合作社人力资本的更新机制基本没有形成。政府对合作社发展的扶持仍局限在扶贫项目资金方面，对于合作社发展的内生动力的培育仍有较大提升空间。

这一问题在社员和合作社带头人两方面都存在。从社员方面来看，主要表现在对社员的生产专业技能培训和综合素质培训等人力资本的培育机制缺乏，系统性、长期性、实践性的技能培训、科技培训、市场营销培训较为短缺。在这方面虽然一些专业合作社依靠与其合作的龙头企业或有实力的公司引进了一些先进技术和理念，但整体来看，这只是一种特例。被调研的合作社自身大都不具备这方面的能力，也没有通过社员大会等形式提升社员其他方面的综合素质，社员大会内容往往局限于财务公开和政策学习，对于合作社产业发展、经营管理等与合作社和社员自身利益息息相关的重大事项，社员大会没有为社员提供充分思考、表达自身观点的机会，难以为社员人力资本提升形成可靠基础。也因此，在给社员提供平等参与合作社公共事务讨论和决策机会方面，合作社仍有很大的提升空间。而这对使社员逐步增强自信心，激发社员依靠自身努力改善生活条件的信心与实力，实现可持续的反贫困和农民增收，无疑十分重要。

从合作社带头人来看，主要表现在合作社带头人的收益与风险不成正比。合作社中的能人、带头人是合作社得以组建、运营和扩大的核心人力资本。在种植作物选择、市场拓展、产业升级、与政府等相关部门对接等方面，合作社带头人都发挥着至关重要的作用，合作社带头人所承担的资金投入、智力投入、风险以及各种关系的协调是合作社得以持续发展的重要支撑。但是调研发现，合作社理事长的企业家身份在农村经济发展中的核心地位并没有得到农户、管理部门以及整个文化生态的认同，合作社理事长和其他主要负责人的企业家性质的身份定性以及对应的薪资报酬没有得到应有的重视，或者将理事长与一般社员平均化进行利益分成（忽略其风险承担与智力投入），或者将其模糊化处理（应该分享更多利益，但是没有明确说明），或者理事长由村委班子成员兼任，一人双责却只给一份工资，无法形成对合作社带头人正面、持续的激励机制，导致带头人带领合作社向更好方向发展的动力不足。

（三）地方政府与合作社的关系对合作社减贫效应影响较大

从政府角度来看，随着扶贫理念和思路的转换，各级政府越来越清晰地认识到传统的救济式“输血”扶贫很难达到贫困农户持续减贫增收的目标。只有依托农业产业的发展，才能增强贫困农户的自我造血功能，实现持续减贫增收。因此，农民合作社作为农业产业的经营主体和贫困农户参与现代农业生产的有效途径，成为地方政府实现其包括“减贫增收”在内的一系列政策目标的工具。选择合作社作为政策工具，一是因为合作社在地理位置、从事产业、参与者构成方面更接地气、同乡村联系紧密。二是因为合作社在资金、政策、人力资本、市场竞争力等方面存在难以避免的天然的弱势性而在同政府对接方面态度更为积极主动。三是因为在减贫任务时限要求下，特别是在国有企业等其他市场主体已经被证明在减贫方面很难做得比合作社更深入乡村、更贴近实际需求的情况下，合作社带动贫困农户减贫增收是更好的选择。

从合作社角度来看，农民合作社在中国的本土化过程中，赖以发展的经济环境与政治体制发生了变化。一方面，乡村生产要素短缺。一是原本理论状态中的单纯的农民互助合作无法为合作社带来足够的土地、资金等生产要素，这注定要求引入大户、能人等拥有更多土地、资金等生产要素的主体。二是即使通过土地流转、大户带动等途径引入部分土地、资金等要素，合作社依然无法获得政府政策（以及由此带来的项目和资金补贴）这一生产要素。因此，合作社为求发展，必然选择成为政府政策（扶贫、产业转型等）的执行者；另一方面，在当前经济社会发展阶段，政府在生产要素流动中依然具有重要地位和作用，同时乡村产业发展和贫困治理没有也不可能完全走上市场化道路，必须要由政府来进行调节。上述两方面原因导致合作社的实际发展越来越偏离“农民互助合作组织”的理论定义，而是倾向于作为农村减贫的组织载体，协助政府实现减贫目标，以换取政府提供的资金扶持、税费减免优惠等合法资源，推动自身发展。

基于上述政府和合作社的双方关系，合作社发展成为“政府、能人、农民三者共同提供生产要素、相互让渡权利并承担减贫增收义务”的经济组织成为一种必然。合作社的减贫增收，其核心动力在于政府与合作社之间的关系，在于双方对于这种相互关系的定位。因此，合作社的减贫增收实际上存在前台与后台两种机制。前台机制表现为合作社经营利润对贫困社员的返还以及工作提供、社会福利等途径。后台机制是政府基于减贫政策目标，依托合作社实施减贫项目，而项目的经济社会效益则在政府规划下由社员和合作社之外的贫困人口共享。表面来看是合作社参与减贫增收，但实际上合作社并不是以减贫增收为主要目标，也不完全是通过理论上的减贫经典范式（贫困户互助基础上的经营利润以及对贫困社员二次分红等）完成减贫增收任务，合作社参与减贫增收的前提条件是政府的项目扶持和自身经营效益，合作社社员及合作社辐射贫困户的减贫增收效果很大程度上是合作社追求良好经营效益中的一种外部溢出效应。

（四）部分新技术的利用仍流于形式

调研发现，部分合作社的新技术、新项目引进使用流于形式，项目并未同原先设想的一样充分发挥作用，存在盲目追赶技术发展潮流而忽视技术应用“落地”的倾向。例如，莱西智慧农业农村大数据建设服务项目，虽然成为2018年全国县域数字农业农村发展水平创新评价项目，也是青岛市唯一一个获奖项目，项目依托某农业信息集团企业，可以提供数据共享、可视化分析、价格预计等多项服务。但是在调研中，调研合作社均未提到合作社的发展同这一农业大数据项目有关，调研中参加座谈的县级有关部门也没有对大数据项目在合作社发展以及减贫中的具体应用提出任何计划或想法。这一农业大数据项目在莱西市还停留在合作公司的网页运行和数据查询阶段，一方面其数据来源似乎并不涉及合作社（因为调研合作社没有提到相关的数据调查和提取），另一方面其数据也没有被合作社充分利用，政府部门也没有利用数据来指导合作社的运行。农业大数据同合作社运行基本上还是互不关联的。调研中，类似情况的技术项目还包括冷库冷链等农产品保存运输技术、农产品生产全程机械化项目等，这些项目在技术层面未必是最高端，但对于县域合作社发展而言都属于“新技术”，都处在想要引进但由于种种因素尚未实施、已经引进但未能发挥全部作用的尴尬状况。

（五）较发达地区合作社对贫困农户的排斥性

农民专业合作社的特殊制度安排使其具有“天然的益贫性”，能在很大程度上促进农民的增收、提升农民的综合能力，但在实际调研中我们发现，由于青岛莱西市、平度市对当地的建档立卡贫困户有特殊的专项扶贫项目等措施，因此要求建档立卡贫困户不得成为合作社的正式社员，而成为合作社社员的建档立卡贫困户也不再享受各种扶贫政策的收益与好处。贫困户不能成为合作社的正式社员，只能依靠合作社的辐射带动作用，享受不到合作社的分红及增收好处。虽然政府此种安排有一定的政策针对性考虑，但是这种将贫困农户与合作社社员彻底区分的做法并不妥当。合作社能够将农户与农业产业化发展紧密联系起来，对于减贫增收能够起到非常重要的作用。地方政府应该推动合作社发展与政府扶贫工作相互衔接，为扶贫效果带来质的提升，因此，对于贫困农户与农民专业合作社之间的关系还应做出更加合理与妥善的安排。

（六）合作社仍存在空壳现象

在实地调研中，空壳合作社的现象依然存在，如张家口市蔚县崇德农作物种植专业合作社。该合作社成立于 2013 年，成立初衷也是为了帮助本村农民更好地进行玉米、蔬菜等农作物的生产和销售，以获取更多的收益，但是在后续的实际运转当中出现了各种各样的问题。一方面是农资难以统一购买，农户对于农业生产资料如种苗、化肥、农药等产品的需求不统一，产品品牌要求也不一样，合作社自身生产技术、综合实力并不强，导致农资不能够统一提供，社员各自分散经营；另一方面，统一销售农产品这类种植专业合作社理应完成的业务也难以为继。究其原因：一是该村离县城农产品市场较近，由于运输成本较低，农户更愿意亲自将农产品运往市场直接售卖，而不是通过合作社统一销售；二是合作社自身能力有限，除了邻近县城的农产品市场，难以拓宽更多的销售渠道，也不能带领合作社社员获得更多的销售收益。久而久之，合作社的业务无法进行下去，社员也并不需要合作社提供过多的服务，加之合作社成立之初缺乏与社员之间紧密的联结机制，导致合作社空有其名而不再发挥任何作用，在经济发展较差的农村，这样的空壳合作社并不在少数。

九、增强农民合作社减贫效应的思考

（一）进一步规范合作社发展

农民专业合作社的规范发展是一切合作社减贫助农作用发挥的根本，并且要从对内、对外两个方面规范合作社发展。

对内要规范现有合作社的运行。一是虽然已有合作社的组织管理机制较为完备，但是社员大会、理事会、监事会“三会”的职责和权力还需要进一步明确，以保证合作社组织内部运作的公开、公平，并且严格遵守《合作社章程》规定，认真履行民主决策、民主管理、民主监督程序，确保合作社各个成员的地位、话语权和经济利益。政府部门也要坚持发展与规范并重，按照《农民专业合作社法》的要求，严格审批合作社的成立，从源头上保证质量；整合规模小、同质化、知名度差的合作社，取缔没有产业实体、运转不规范、违规经营、套取扶持资金的合作社，保证农村合作社发展的整体质量。二是充分发挥基层党支部的先锋模范作用。发挥部分典型示范合作社在党组织建设方面的优势，依托现有的合作社联合党总支、农民合作党校、讲师团巡回授课等机制，发挥党员在技能学习、素质提升、持续增收以及关心参与合作社管理等方面的模范带动作用和基层党支部的先锋模范作用，在村干部（理事长）—农民（社员）之间形成优秀党员（带头社员）这一层级，形成带动社员发展的良性引导和激励机制。

对外要探索建立农民专业合作社的联合社，以进一步增强合作社的辐射带动能力。2018 年 7 月 1 日实施的新修订的《中华人民共和国合作社法》中，专门增加了联合社这一章节，表明联合社已成为合作社发展的必然趋势。通过示范社带动建立联合社的方式，一方面增强合作社对贫困村的辐射带动能力；另一方面通过建立联合社聚合资源、规范管理，为合作社在更高平台、更大范围获取更多资源提供机会。同时在合作社内部建设方面，也可以依托联合社在管理、财务、技术等领域开展统一培训，降低单个合作社的培训成本，扩大对社员培训的覆盖面与影响力，加快提升社员能力。

（二）加大各种支持力度，拓展合作社减贫覆盖面

合作社在识别贫困农户、充当贫困户与外部力量的中介桥梁、带动农业产业发展、创造就业岗位等方面发挥着重要作用，合作社仍然是推动实现贫困农户减贫增收的有效途径。因此，政府应当为合作社发展创造更为适合的政策环境，拓展合作社的覆盖面。一是营造更为宽松的支持环境，进一步加大对合作社的支持力度，拓展合作社对市场的覆盖面。政府应在基础设施建设、市场信息共享、财政税收融资优惠等方面对合作社给予更大的支持，为合作社拓展市场覆盖面、提升经营效益和自身实力创造条件，为合作社更好地实现减贫增收打下坚实的基础。二是营造更为持续的扶持环境，拓展合作社对贫困人口的覆盖面。政府在对合作社社员进行农业技术培训的同时，应当引导合作社更多地参与社员培训，同时在培训内容方面由以合作社农业生产技术为主转向相关技术与提升社员市场信息获取能力等综合素质并重。

（三）完善制度设计，提升合作社减贫的灵活性

在当前的现实环境下，贫困县农民合作社组建和发展过程中，小农户的弱势性、农村精英群体的资源禀赋优势、政府扶持力度的不均衡以及脱贫攻坚任务的紧迫性，导致农民专业合作社往往偏离经典理论中的“合作社”概念，甚至出现空壳合作社的现象。因此对农民专业合作社的具体实践，应通过完善制度设计，积极保持和增强合作社的灵活性、包容性，尊重农民社员的制度创新，最大限度地发挥合作社减贫增收的优势。一是对

于丧失劳动能力、无法给合作社创造效益的孤寡老人，要从制度上保障合作社对这部分贫困社员的扶持力度。虽然农民专业合作社在农村熟人社会的条件下，能在一定程度上保证对这部分贫困人口的扶持，但仍然要寻找合作社减贫增收和生产经营绩效之间的平衡点，通过以奖代补等方式诱导合作社增加对这部分贫困人口的扶持力度，激发合作社主观扶贫倾向。二是在贫困村都成立合作社的条件下，要从制度上保障农民专业合作社之间产生“1＋1＞2”的减贫效应。

（四）强化科技应用和培训

引导鼓励科技人员到贫困村田间地头进行产前、产中、产后技术指导，实现贫困户增产增收。通过合作社等途径，加大新型职业农民培育、贫困户职业技能培训和农村剩余劳动力转移培训的工作力度，使贫困户掌握新技术、了解新品种、熟悉新政策，提高贫困户脱贫致富的内生动力，实现有劳动能力的贫困户培训全覆盖。以青岛莱西市农业大数据项目等为代表的农业新技术项目，对于不断优化县域农业生产经营的组织模式，撬动技术、金融等优势资源进入优势领域，实现农业产业转型升级和农户减贫增收的推动作用是不容小觑的。而其未能“落地”充分发挥作用的原因既是因为资金、人才、用地等要素的短缺，也是由于政府对这些项目的建设流于表面、没有将“高大上”的项目同合作社运行实际相结合。因此，要将新技术项目真正落到合作社发展的实处，政府要继续加大对合作社的扶持力度，特别是在新技术项目的引进应用方面。

（五）加强产业扶贫组织间的协作创新

推进农民专业合作组织创新，将财政扶持资金、农村集体资产及农民的土地、房屋等资产折股量化，发展农村股份合作制经济，推动农民专业合作社、贫困农户与农业产业化龙头企业之间建立密切的利益联结机制，通过合作经营、自主经营、委托经营等模式形成利益共同体，增强贫困村持续稳定脱贫能力。贫困农户与农民专业合作社、农业产业化龙头企业建立起长效联结机制，能够保证其收入稳定化，真正实现稳定增收，有效摆脱返贫现象。

本章小结

农民专业合作社是我国农村减贫实践中发展出来的具有良好经济效益与社会效益的农业经济组织，也是农村减贫中不可多得的重要主体之一。本章基于对张家口与青岛两个地区的典型农民专业合作社减贫实际情况进行实地调研考察，着重分析对比不同地区农民专业合作社的减贫机制、减贫特征和减贫效应。研究发现，在农民需求、政策引导和社会环境的影响下，农民专业合作社都有较为强烈的减贫动机，也通过农业生产经营、盈余分配、提供岗位、设施建设等多样化的减贫机制形成了较好的减贫效应，也形成了合作社减贫的显著特征。但仍需注意的是，在农民专业合作社减贫中还存在实力弱、合作社人力资本积累少、信息技术采用率低等不足之处。为了增强农民专业合作社的减贫效应，急需因地制宜分别施策，还需继续规范合作社发展，营造良好的政策环境，提升合作社减贫的灵活性与效率，加强组织间的协作创新。合作社更强，其减贫效应才会更好。

参考文献

[1] 陈琦，何静．专业合作社参与扶贫开发行动分析——来自千家福 ZB 茶叶合作社的案例 [J]. 中共福建省委党校学报，2015 (3)：46-51.

[2] 胡鞍钢．从贫困大国到小康社会 [J]. 人民论坛，2009 (18)：25-27.

[3] 胡联．贫困地区农民专业合作社与农户收入增长 [J]. 财经科学，2014 (12)：117-126.

[4] 王勇．产业扩张、组织创新与农民专业合作社成长——基于山东省 5 个典型个案的研究 [J]. 中国农村观察，2010 (2)：63-70.

[5] 吴彬，徐旭初．农民专业合作社的益贫性及其机制 [J]. 农村经济，2009 (3)：115-117.

[6] 吴定玉．农业合作社：新世纪反贫困的组织支撑 [J]. 农业经济，2010 (8)：21-22.

[7] 徐旭初．再谈在脱贫攻坚中发挥农民合作社的内源作用 [J]. 中国农民合作社，2016 (7)：37.

[8] 余茂辉．贫困地区发展农民合作经济组织的实证研究——以安徽省霍山县农民合作

经济组织的调查为案例 [J]. 南开经济研究，2005 (4)：9-15.
[9] 张晋华，冯开文，黄英伟. 农民专业合作社对农户增收绩效的实证研究 [J]. 中国农村经济，2012 (9)：4-12.
[10] 赵晓峰，邢成举. 农民合作社与精准扶贫协同发展机制构建：理论逻辑与实践路径 [J]. 农业经济问题，2016 (4)：23-29，110.

（王任、冯开文）

第四章　京津冀农民合作社减贫机制分析

根据农业农村部统计，截至2019年10月，全国依法登记的农民合作社数量达到220.3万家，近十年来农民合作社总体数量较2009年增长接近9倍；通过共同出资、共创品牌，成立联合社1万多家。农民合作社辐射带动全国近一半的农户，普通农户占成员总数的80.7%。与此同时，农民合作社从事的产业类型不断拓展，带动能力显著提升，服务功能持续增强。截至2019年，实现产加销一体化服务的农民合作社占总体的53%，有3.5万家农民合作社创办了加工企业，4.6万家合作社通过了农产品认证，社员出资额持续增加，经营收入、可分配盈余呈不断上升趋势。农民专业合作社已成为分散农户联合起来迎接市场挑战的重要载体，在区域发展、脱贫攻坚中正发挥着越来越重要的作用。

一、合作社减贫机制文献综述

（一）合作社减贫机制的理论研究

合作社一直被研究者视为由贫困群体通过自助和互助而实现益贫和脱贫的理想载体。从20世纪90年代开始，农村反贫困步伐放慢，反贫难度加大，农村经济增长缓慢，而合作社作为市场化反贫困的组织支撑，能够从根源上解决农民的贫困问题（吴定玉，2000）。农业合作社能够有效地降低交易费用，极大地提高农民进入市场的组织化程度，并能增强市场竞争能力，减少市场风险，保护农民利益（朱海波、聂凤英，2020）。在扶贫资金利用效率方面，合作社将其直接作为农民的股金，作为社员股金的一部分交给合作社统一管理规划使用，作为农民利益真正的代言人，合作社能将外部交易成本内在化，协调中央、地方政府、农民之间的博弈关系，减少扶贫资金使用中的摩擦成本（袁伟民、唐丽霞，2020）。在改善农户收入不足方面，合作社是跨生产和流通两大领域及农业、工业和商业三大产业的一体化载体，不仅能带领广大农民走向市场，实现农产品的价值，还能对农副产品进行深加工，获取更多的增值收入（刘俊文，2017）。在改善农户能力不足方面，合作社对外参与市场竞争，追求利润最大化，对内遵循合作原则，农民有剩余索取权，从而激发农民的合作积极性，通过合作社共同抵御私商盘剥，缩小购销差价，节约交易成本，把农民交易的中间利润保留在农业内部，最终提高农民的收入水平，增强贫困地区农民自力更生的能力（刘宇翔，2015）。

吴彬、徐旭初（2009）认为合作社中最为重要的益贫机制是其特有的治理结构，合作社的益贫机制就是合作社能够给予贫困社员的利益以及实现这些利益的利益联结方式，其中包括市场进入、价格改进、收益返还和利益提升等，因此提升合作社减贫能力的重点就在于对其治理结构的完善和恰当的利益联结机制安排。赵晓峰、邢成举（2016）研究发现，精准扶贫和农民合作社发展具有目标的一致性，同时，农民合作社的扶贫功能也正在被政府所发掘，农民合作社发展与精准扶贫之间具有理论的内在自洽性。合作社减贫实践的作用机制包括发展特色产业、探索资产收益扶贫新路径和推广农业技术、实现科技扶贫。李如春、陈绍军（2017）重点研究了农民合作社实现精准扶贫的作用机制，发现“政府—市场—社区—合作社”四位一体的扶贫模式可以促进政府、市场、社区扶贫资源与合作社对接，吸纳和再造贫困农户自有资源，通过发挥合作社这一重要载体的作用，增强贫困农户的自主发展意识和话语权，形成一种贫困农户资产收益长效机制，提高贫困农户的自我发展能力，实现扶贫精准对接，推动长效扶贫机制的形成。

也有研究者从多元贫困视角对农民合作社的减贫机制进行了理论分析。多元贫困理论不仅关注收入贫困，更注重对农民能力贫困和权利贫困的探讨。李红玲（2014）认为农民专业合作组织在农村反贫困进程中，实现了科技扶贫和自主扶贫相结合，在提高贫困农民经济收入的同时，也缓解了其能力贫困和权利贫困，因此更符合多元贫困论的扶贫要求。但是农民专业合作组织的多元扶贫逻辑也有其条件约束，贫困地区应该结合当地致贫因素和资源特点，有针对性地培育农民专业合作组织，帮助其全面发挥扶贫效应，并防止异化。陈莉、钟玲（2017）研究发现合作社以发展小农为基础的农业产业，通过社员的凝聚、制度的创建、产业的融合，将具有质量优势的贫困小农生计产品进行市场化的产业运作，最终激励了贫困农户的发展能动性，缓解了贫困农户生计的脆弱性，提升了贫困农户的生计资本存量。因此，要提升农民合作社产业扶贫的效果，应该鼓励其创新适宜贫困农户生计发展的产业，促进产业链不同主体的融合发展，辅助支持贫困农户生计需求的外界表达，以合作社产业体系发展为平台，调动内外扶贫资源动态支持贫困农户发展。

（二）合作社减贫机制的实证研究

杨丹、刘自敏（2017）首先构建了一个农户专用性投资影响农社关系，进而导致农户农业收入差异的理论框架；然后利用中国 15 省微观调查数据建立内生转换回归（ESR）模型，通过构建反事实场景分析了差异化农社关系下农户的农业收入水平差异。研究结果表明：农户专用性投资有助于形成紧密的农社关系；随着农社关系由非社员逐步向影子社员、松散社员和紧密社员转变，农户的农业收入水平分别提高 8.01%、1.65% 和 2.46%；而对政府更为关注的低收入农户而言，当农社关系由松散社员转向紧密社员时，合作社的扶贫增收效应更明显。

宋瑛等（2019）利用对黔、渝 2 个省市建档立卡贫困村 176 份社员农户的微观调查数据，采用有序 Probit 模型从社员个体特征和合作组织特征两个方面，对影响贫困村农民专业合作社促农增收减贫的重要因素进行了理论与实证研究。研究结果表明，是否行权、是否任职等个体特征变量，以及合作社服务宽度、年底分红与否、财务信息公开与否等合作组织特征与合作社促农减贫增收效果显著正相关。此外，相较于公司领办型合作社，大户带动型合作社更有助于社员增收减贫；相较于“一人一票”型决议方式，“一股一票”型决议方式并不利于合作社社员增收减贫。

顾玉玲等（2019）通过对江苏省淮安市淮安区田桥村200名农户的实地调研，运用二元Logistic模型实证分析农户参与合作社行为的影响因素以及合作社作用效果对已入社农户参与行为的影响。研究结果表明：农户的年龄、是否为建档立卡贫困户、家庭经营规模对农户参与合作社行为影响显著；合作社的利润分配制度、信息公开制度、降低成本提高售价的效果对已入社农户参与行为具有正向效果；提出了农民专业合作社应合理布局、适度经营、规范运行、提升经营能力等有效推进精准扶贫战略的建议。

蒋宁、陈宏伟（2019）基于江西省罗霄山区合作社与贫困户调研数据，运用Heckman两阶段模型与倾向得分匹配法分析产业扶贫中合作社参与行为及其对贫困农户的福利效应，结果表明：在合作社产业扶贫参与行为中，拥有政治资本、盈利能力越高、能够获取扶贫信息、有政府扶贫开发项目支持有助于合作社做出扶贫参与决定和提高参与程度，领办人文化程度越高、存续时间越长、能够获得信贷支持对合作社做出扶贫参与决策有积极作用，带动社员种植规模对合作社扶贫参与程度呈负向影响。

韩旭东、郑风田（2020）基于第二期全国新型农业经营主体发展指数调查中的706个合作社样本，采用OLS和Tobit方法分析了合作社经营绩效对其精准扶贫参与的影响及作用机制。研究表明：合作社经营绩效与精准扶贫参与之间存在显著的“U”型关系，在对模型进行改进和选择代理变量检验后结果依旧稳健。作用机制分析表明，合作社经营绩效与获取政府补贴和承担社会责任之间同样存在“U”型关系，后者正是合作社参与精准扶贫的动机所在。鉴于此，政府应加强对精准扶贫参与主体的核查，同时要支持合作社发展，以壮大其帮扶带动能力。

（三）文献述评

已有与农民合作社减贫机制相关的文献研究表明，合作社作为弱者的联合，是农民利益的保护者，不仅可以让农民避免无序竞争，而且可以提高农民的市场谈判地位，维护自身利益；不仅可以让农民获得出售农产品的直接收益，而且可以让农民通过合作社的再分配机制，获得产后环节的收益。从政府政策角度来看，合作社由于其特殊的制度安排仍是比较理想的联结政府与农户的桥梁，政府减贫政策、资金等能够通过合作社更好地落实，农户的实际需求也可以通过合作社较好地传递给政府。从能力培育角度来看，贫困农户之间的合作，还使他们获得平等参与公共事务讨论和决策的权力，他们可以从自己的自由投票中体会到自身的尊严和人与人间的平等，逐步增强自信心，激发自身潜能，而这正是可持续反贫困所需要的极为重要的资源。但是已有研究多集中于对合作社帮助贫困社员减贫增收机制的分析，忽略了合作社对于社员能力、地位等多元贫困指标提升的考察，还需要对合作社减贫机制进行全面梳理及系统性实证分析。

二、机制描述与研究假说

（一）农民合作社的减贫机制

1. 通过市场进入机制减贫

对于缺乏人力资源和社会资本的贫困社员而言，能将自己生产的农产品卖出去或者是买到所需的农资，特别是前者，是头等重要的大事。农民合作社作为农户的联合生产，也是其利益的保护者，不仅可以让农民在农产品市场中避免无序竞争，而且可以提高农民的市场谈判地位，维护自身的利益。在农民合作社中，农户既是农产品的生产者、加工者、销售者，也是合作社的成员，通过合作社，农户可以把农业生产链的多个环节控制在自己的手中，从而获得更高利润。农民合作社主要对农户开展技术培训，种禽种苗、生产资料采购等服务，有些也帮助农户运销农产品，农户可以享受到合作社生产经营的规模化效应带来的农产品附加值和更高的利润，在一定程度上解决了市场进入的问题。

通过农业产业化增强农产品附加值，农民合作社可以为农户开源。规模生产是市场经济条件下实现效益的必要条件，农业生产也是如此。我国小农户经营的基本格局短期内不会改变，在这种情况下，农民专业合作组织可以帮助农民以合作形成一定生产规模，将小农户经营变成产业化生产，并进一步形成聚集效应和品牌效应，增强农产品附加值，提高农产品赢利能力。在外部性上农民合作社也可以体现出规模经济，主要方式是提高大型农业生产机器及新技术、新品种的使用率，这些由个体农民购买并不经济的生产资料在合作组织中能够得以利用，大大提高了劳动生产率和农产品的附加值。在农民合作社的统一安排下，农产品销售的市场范围扩大，新市场也被逐渐开发，更广阔的销路给农民带来了更多的收益。

（1）降低交易费用

对于从事农业生产经营的农民来说，交易费用即其在市场机制作用下进行生产、供应和销售农产品所产生的费用，具体包括市场信息的获取费用、农资与农产品买卖过程中的谈判费用和合约订立费用等。在市场信息方面，对个体农民来说，在农产品的生产和销售之前都需要提前在市场中调查了解相关行情、价格等具体信息，但是根据以往经验来看，由于各种内外部因素的影响，市场信息失真或滞后的现象在广大农村地区是普遍存在的，这又导致了农民决策失误所带来的进一步损失，因此在没有合作社的情况下，这些成本与损失都需要农民自己承担，在交易费用中占很大一部分的比例。而在交易过程中，首先就存在着进入批发或零售市场所需支付的进场费、摊位费等销售费用和农产品的质量检验费用，之后农民还需要根据自己所掌握的市场价格信息及标准来同交易对象进行讨价还价、签订合同等行为，由于处于弱势地位，在市场中寻求购销合约的订立本身就是非常困难的，加之在购买农资及销售农产品时所发生的人工和差旅费，以及因农产品交易量少而导致无法采用高效运输工具所带来的高成本及农产品长途腐坏的损失，其在交易过程中产生的费用是相当高昂的。由此可以看出，对个体农民来说，在农业生产销售过程中，无时无刻不存在着交易费用，且交易费用呈现出种类多、来源广、成本不断增加的趋势，背负着这种压力的农民不仅难以享受到农村市场经济开放与社会发展所带来的福利，更限制了其从事农业生产的动力与信心。而在农民合作社的帮助与扶持下，减少了其直接与市场打交道的交易成本，合作组织统一搜集并提供市场信息，进行市场谈判，处理纠纷，回避分散经营时存在的信息不充分及谈判能力低的劣势，能够在最大程度上有效减轻农民所背负的这些交易费用的压力，通过组织的力量转移并且不断弱化这些交易费用，对农民和合作社自身来说都是有利的。

（2）实现规模经营利润

一般情形下的农业生产经营中，规模经济主要被视为土地资源的集中利用所产生的经济效果。但是只有在工业极其发达的地区，农村人口大规模转移到城镇、农业劳动力转移到非农产业的背景下，土地规模经营才更有效果。而农村土地尤其是耕地的分散与细化仍是我国农业发展的一个长期普遍约束条件，耕地的集约化经营并不是一蹴而就的，并且耕地资源的集中有利也有弊，因为土地的集中往往会不可避免地剥夺农民的土地权益从而侵犯其根本利益。因此，农民合作社的规模经济更多地体现在外部性上，主要方式是提高大型农业生产机器及新技术、新品种的使用率，这些由个体农民购买并不经济的生产资料在合作组织中能够得以利用，大大提高了劳动生产率和农产品的附加值。在农民合作社的统一安排下，农产品销售的市场范围将被扩大，新市场也被逐渐开发，更广阔的销路给农民带来了更多的收益。

（3）降低经营风险

农业生产经营的风险主要来自两个方面：一是自然灾害风险，对于农业生产来说，由于农业的自主抗灾能力极弱，各种旱涝风雹灾害是较为常见也是影响最为严重的风险；二是市场风险，由于受到农业生产周期长等特征的制约，农业规避和应对市场风险的能力也相对较弱，农产品从市场价格的形成到市场信息的反馈以及农民进行农产品的收获，耗时漫长，加上农业生产的空间有限，可调整性极差，面对不稳定的交易市场，农民很少有反应的余地，因此经常出现周期性的农产品生产过剩或短缺，农民跟不上市场的步伐和节奏，永远处在滞后的被动状态。在这种状态下，农民合作社对于自然风险的抵抗力并没有极有效的应对措施，但在遇到风险时组织成员之间能够展开相互救助，最大程度上能够减轻灾害所带来的损失，而农民合作社与市场的联结，能够在一定程度上降低农业生产经营的盲目性，为减少农民的经营风险做出一定的改善。

2. 通过盈余分配机制减贫

盈余分配制度是合作社制度安排的核心，构成了合作社制度创新的关键（冯开文，2006）。《农民合作社法》也规定，“在弥补亏损、提取公积金后，当年盈余按成员与本社的交易量（额）比例返还，返还总额不得低于可分配盈余的百分之六十。”“具体分配办法按照章程规定或者经成员大会决议确定。”因此，合作社不仅可以帮助农户获得农产品销售的直接受益，还可以通过再分配的特殊收益返还机制，使农户获得更多产后环节的收益。合作社的治理结构以及内部的制度安排都强调维护贫困或低收入社员的主体地位、培养自我服务的能力并给予其民主管理的权利。盈余分配包括惠顾返还和股息获得。对于贫困社员而言，由于较少拥有股份，惠顾返还就显得比较重要。惠顾返还，就是将合作社的盈利根据社员与合作社的交易量（额）的比例在社员之间进行分配。

产权制度是农民合作社区别于其他普通企业的重要因素之一，因为合作社强调的是资本为人服务（陆倩等，2016）。当前针对我国农民合作社产权制度关注最多的是内部人控制问题，其典型表现为少数核心社员（如理事长及理事）占有组织的多数股份（黄胜忠、徐旭初，2008），致使核心社员利用自己的地位和权力获取更多合作社的盈余分配，因为合作社的决策往往由这些核心社员所控制，而普通社员相比核心社员拥有较少的决策权或话语权，利益就会受到损失，普遍社员的权益无法得到保障，最终会使合作社走向“资合”而非“人合”的道路（周春芳、包宗顺，2010；潘劲，2011）。但是，核心社员对于减轻合作社委托代理问题也会产生正向作用，从而对合作社发展产生正向影响（邵科等，2014）。

在要求社员进行出资入股的农民合作社中，社员不仅是农产品的交易者，也是合作社的股东，因此通常根据产权关系既按股份分红，又能够获得惠顾额返利。并且，合作社设置社员大会、社员代表大会通过一人一票选举理事会成员，将理事会置于全体成员的监督之下。在农民专业合作社中，社员参与管理有多种方式，最普遍的是在大会上提出异议，最正式的方式是进行投票。可见，在一个比较规范的农民合作社中，基于社员权力均衡的民主控制能够有效地保证一般社员以及贫困社员的权利，进而保证合作社的益贫性。

作为实施资产收益模式的重要载体，合作社为盘活农户资源提供了可能性，主要有两种方式：一是入股。合作社吸纳农民以土地、林权、技术、劳动等多种要素入股，通过对农户的资源禀赋加以协调整合，有效盘活农户资源，能最大限度地实现农户的资本积累。在这种模式下，农民变股东，农户主动参与合作，而不是被动参与。二是流转。农户通过土地流转的方式加入合作社，进行规模化经营，并参与合作社分红，既有利于调动农户生产积极性，又有助于强化合作社与农户的利益联结。在这种模式下，合作社将农户从农地关系的桎梏中解救出来，并逐步引导劳动力向非农领域和城市转移，实现非农就业。合作社通过折股量化或流转的方式盘活农户资源，并按期进行盈余分红或支付租金，将有助于增加农户的工资性收入和财产性收入，实现收入来源多元化。

3. 通过主观能动机制减贫

农民合作社的“主观能动减贫机制”是指合作社在主观上具有减贫动机，并采用针对性措施有意帮扶贫困农户，以实现贫困户的减贫增收。在没有其他外界力量影响的情况下，农民合作社并不天然具备主观减贫机制，实际情况中，农民合作社主观减贫机制的发挥更多是一种在负责人即理事长主观推动下的行为。根据已有研究，企业家才能在推动一个组织的发展与运转效果方面具有越来越重要的作用，因此，一个优秀的农民合作社负责人也应该具有突出的企业家才能，不断提高自身的组织与管理能力，具备良好的管理技巧并熟悉合作社的各种经营业务，能够致力于提高合作社内部的凝聚力，培养战略眼光，善于辨别市场中存在的机遇与风险，从而做出正确的判断，才能不断提高农民合作社的运行能力和竞争力，带动更多的贫困农户进行减贫增收。

（二）研究假设

1. 贫困农户通过参与合作社直接增收

农民合作社的发展不仅有利于提高农民的组织化程度，还能够保护其利益并提升农业综合效益（朱启臻、王念，2008），但在农村实践中，想要真正达到通过合作社保护与提升农民利益的目标，还需要依托农户的积极参与促进专业合作社生产经营等活动的展开。在农民合作社的实际运转中，入社农户可能分别扮演着以下几种角色：惠顾者、所有者与管理者，即农户可以通过业务参与、资本参与和管理参与三个维度与专业合作社之间形成联结机制（邵科、黄祖辉，2014）。其中，业务参与主要体现在社员通过合作社代购农业生产资料及代销农产品、参加合作社举办的技术培训等方面；资本参与主要体现在社员加入合作社后的入股情况；管理参与主要体现在社员通过参加社员大会或社员代表大会、参与合作社日常管理工作等方面。可以认为，社员的业务参与、管理参与和资本参与的程度能够较为全面体现出合作社与社员之间的联结程度，除此之外，社员加入合作社的时长也是一个关键因素。

贫困农户在农民合作社的参与过程中会产生一定的收益，这种收益是社员与合作社在联结互动时产生的结果。从业务参与角度来看，社员通过合作社进行农资购入与农产品出售的过程中，能够通过规模化效应获得普通农户无法享受的优惠条件和更高利润；从资本参与角度来看，社员如果存在出资入股合作社的情况，就能够定期获得合作社的股份分红，从而增加其总收益；社员的业务和资本参与能使其获得不错的经济收益，但如果仅限于这两种参与行为，其依托合作社所获得的经济收益可能并不稳定，而通过参加社员大会或社员代表大会、投票选举合作社理监事会成员、决定合作社重大投资项目等参与行为，能够进一步维护其在合作社中的合法收益（Gray、Kraenzle，1998）。另外，通过在合作社中的管理参与也可能让社员获得额外的工资性收入。上述贫困社员在合作社中的参与行为都会对社员的收益产生正向的积极影响，并且相较于社员的管理参与行为，社员的资本参与和业务参与可能对社员的收益影响更加显著。因此本章提出：

假设1：贫困社员的收益会直接受到其与农民合作社联结程度的正向影响。

2. 贫困农户通过合作社提升自身能力实现间接增收

随着学术界对贫困的认知从低收入到能力权利的提升，对贫困的定义已经不仅仅是经济收益方面的不足，更重要的是缺乏获得资源的机会以及达到最低生活水准的能力。从目前我国减贫工作的可持续性角度来看，仅达到贫困线是远远不够的，并且贫困农户自身也不仅仅满足于经济收入的提高，各种增强自身获利机会的能力提升才是提高其整体水平的关键。除了直接的经济收益，贫困社员在农民合作社中的各种参与行为还会在一定程度上提高其个人能力，而能力的提高则是收益提高的重要基础。有研究者指出合作社在传授农业知识的同时，能够通过提高贫困人口个人能力来提高其社会适应性和竞争力，修补新经济背景下农民的能力缺陷（Sapovadia、Patel，2013），合作社的组建对于解决贫困农户的信息与技术需求、形成农村社会新的治理结构都能起到一定的作用（牟永福、刘娟，2013）。也有研究者强调了农民合作经济组织对于农民抗御灾害、应对市场、增强自身“造血功能”摆脱贫困具有突出的重要性（赵春雨，2017），通过参加合作社能够使得社员自信心增强、工作技能提升，还体现在社会地位提高、与邻里纠纷减少、互助行为增多等方面（潘劲，2008）。

本章界定的社员能力共包括5个维度，分别为知识获取能力、技术应用能力、把握市场能力、发表意见能力和沟通交流能力，这些能力对于农业生产经营者来说都是非常重要的因素，对其把握市场产品需求、控制农产品生产质量与个人需求表达都有着至关重要的影响。与合作社的联结程度越紧密，通过增进与农民合作社的业务往来，社员能够及时获取农资市场和农产品市场的相关信息，获取信息的渠道也更加通畅，尽可能减少市场风险给农户带来的经济损失；通过参与合作社提供的相关培训，贫困社员可以改良自己的农业生产经营方式并运用更加先进的生产工具，提高农产品的产量与质量，从而获取更高的农产品销售收入；贫困社员在农民合作社中出资入股能够让社员在合作社中拥有更高的地位和更多的话语权，社员大会或社员代表大会也让社员有机会发表对农业生产经营和合作社发展的意见建议，从而促进自身需求的表达，通过民主管理而产生加入合作社的主人翁感受、归属感等，激发其通过自身内生动力进行减贫增收。因此本章提出：

假设2：贫困社员的收益不仅受到其在合作社中参与行为的影响，也受到参与行为对其个人能力的改进而带来的正向影响。

3. 贫困农户通过合作社减贫的满意度

贫困社员在参与农民合作社的过程中，与合作社的联结程度日渐紧密，会逐渐形成对合作社的认知与评价，特别是对合作社是否满足了自我的期望目标也会产生自己的判断，从而形成社员的满意度。增收是减贫的最终目的，而贫困农户对收入的重视程度更高，郭红东、袁路明和林迪（2009）在对合作社社员满意度的研究中也发现，社员收入对其满意度有着正向的积极影响。除了收益之外，贫困社员对自身通过加入合作社而获得的各方面能力也非常看重，从个体层面上看，农民合作社不仅是社员利益诉求的工具和手段，同时还通过权责分配和参与式管理，使社员在组织中得到价值、尊重和权力。贫困农户在参与合作社和产业链发展中形成和积累的社会资本、人力资本和物质资本，将继续支持贫困农户及其家庭生存和发展条件的改善，帮助他们有效且持续地减贫。因此本章提出：

假设3：贫困社员对合作社减贫增收的满意度同时受到社员在合作社

中参与行为、个人能力和收益的正向影响。

综上所述，本章构建出贫困社员参与农民合作社进行减贫增收的机制框架以及各变量之间的逻辑对应关系，贫困社员通过参与合作社可以直接获得收益增加和个人能力提高，而个人能力提高也会带来贫困社员收益的增加，进一步，贫困社员的参与、个人能力的提升和收益的增加都会影响其对合作社减贫的满意度。

三、研究设计与方法

（一）数据来源

本章使用贫困社员层面的微观调研数据进行农民合作社减贫机制的实证研究。样本数据主要通过三种方式收集：一是笔者进行实地调研，指导填写问卷；二是由政府农业部门工作人员负责向本区域合作社发放并负责回收；三是由经过事先培训的本科生和研究生利用假期返乡时间对当地合作社进行面对面访谈。通过上述三种方式于 2019 年、2020 年在北京市、天津市和河北省张家口市收集问卷数据，调研对象为农民合作社的贫困社员（包括调研时仍是建档立卡贫困户和加入合作社后脱贫的农户），采取随机抽样的方法获得有效贫困社员问卷 283 份。

（二）模型选择与说明

由于贫困社员参与合作社减贫增收作用机制所用变量均为由其他观察变量测度的潜在变量，且互相之间存在较为复杂的作用关系，根据以往研究的经验，本章尝试引入机构方程模型方法（SEM）分析多个变量间的作用机理。依据 Bollen 和 Long 的总结，结构方程模型是用实证资料来验证理论模型的统计方法，能将因子分析与路径分析两种统计技术结合起来，通过既定的统计手段对复杂的理论模型进行处理，并根据理论模型与数据关系的一致性程度对理论模型做评价。结构方程模型方法允许同时处理多个内生变量，允许变量存在测量误差，允许变量由多个观察指标构成（即允许变量为无法直接度量的潜变量），允许采用更有弹性的测量模型，允许设计复杂的变量关系模型等优点（林嵩、姜彦福，2006）。

SEM 中的测量模型反映了潜在变量与观察变量（即潜在变量的外显变量）间的关系，可以用矩阵方程式表示为：

$$X = \Lambda x\xi + \delta; \tag{4-1}$$

$$Y = \Lambda y\eta + \varepsilon; \tag{4-2}$$

$$E(\delta) = E(\varepsilon) = 0 \tag{4-3}$$

其中，X 为外生显变量的向量组合；ξ 为外生潜变量；Y 为内生显变量的向量组合；η 为内生潜变量；Λx 为外生潜变量因子负荷矩阵；Λy 为内生潜变量因子负荷矩阵；δ、ε 分别为 X、Y 的误差项。

潜变量间的结构方程为：

$$\eta = B\eta + \Gamma\xi + \zeta; \tag{4-4}$$

$$E(\zeta) = 0 \tag{4-5}$$

其中，B 和 Γ 为路径系数，B 反映潜在因变量之间的关系，Γ 反映潜在自变量对潜在因变量的影响，ζ 为误差项（吴明隆，2017）。

在具体的操作上，采用 SPSS22.0 对样本数据进行描述性统计和相关性分析，通过结构方程建模软件 AMOS21.0 对提出的假设与模型进行路径分析，以检验假设是否得到样本数据的支持。

（三）相关变量及指标设置

为验证前面提出的分析假设，选择适当的观察变量（可测指标）对农民专业合作社与贫困社员的联结程度、贫困社员的能力、收益与满意度等各个潜在变量进行测量。实证分析所用数据来自于笔者的实地问卷调查，由于结构方程无法处理无序多分类变量，本章将 283 个社员样本数据的参与行为、社员能力和社员收益变量进行了标准化处理，编制为多分类有序变量，其含义及赋值见表 4－1，具体的指标选择如下：

表 4－1　贫困农户参与合作社减贫增收机制的变量、指标及测量标准

变量名称	指标定义	赋值标准
参与行为	入社时长 A_1	1＝1 年以下；2＝1～2 年；3＝3～4 年；4＝5～6 年；5＝6 年以上
	入股比例 A_2	1＝无；2＝0.01%～0.5%；3＝0.5%～1%；4＝1%～2.5%；5＝2.5%及以上

（续）

变量名称	指标定义	赋值标准
参与行为	代购比例 A_3	1＝无；2＝0.01%～33.33%；3＝33.33%～66.66%；4＝66.66%～99.99%　5＝100%
	代销比例 A_4	1＝无；2＝0.01%～33.33%；3＝33.33%～66.66%；4＝66.66%～99.99%　5＝100%
	参与大会 A_5	1＝无；2＝0.01%～33.33%；3＝33.33%～66.66%；4＝66.66%～99.99%　5＝100%
	参加培训 A_6	1＝无；2＝0.01%～33.33%；3＝33.33%～66.66%；4＝66.66%～99.99%　5＝100%
	参与工作 A_7	1＝无；2＝0.01%～33.33%；3＝33.33%～66.66%；4＝66.66%～99.99%　5＝100%
能力	获取知识 B_1	1＝很弱　2＝弱　3＝一般　4＝强　5＝很强
	使用技术 B_2	1＝很弱　2＝弱　3＝一般　4＝强　5＝很强
	把握市场 B_3	1＝很弱　2＝弱　3＝一般　4＝强　5＝很强
	发表意见 B_4	1＝很弱　2＝弱　3＝一般　4＝强　5＝很强
	沟通交流 B_5	1＝很弱　2＝弱　3＝一般　4＝强　5＝很强
收益	收入增加率 C_1	1＝无增加；2＝0.01%～33.33%；3＝33.33%～66.66%；4＝66.66%～99.99%　5＝100%
	收入水平 C_2	1＝很低；2＝较低；3＝一般；4＝较高；5＝很高
	生活水平 C_3	1＝很低；2＝较低；3＝一般；4＝较高；5＝很高
满意度	收入达预期 D_1	1＝没达到；2＝达到很少；3＝一般；4＝达到很多；5＝达到
	服务满意度 D_2	1＝很不满意；2＝不满意；3＝一般；4＝满意；5＝非常满意
	制度满意度 D_3	1＝很不满意；2＝不满意；3＝一般；4＝满意；5＝非常满意
	整体满意度 D_4	1＝很不满意；2＝不满意；3＝一般；4＝满意；5＝非常满意

（1）农民专业合作社与贫困社员的联结程度。贫困社员与农民专业合作社之间通过参与行为联结在一起，各项参与行为的频率与程度共同影响着联结的强弱，对于贫困社员来说，与合作社的联结程度对于其自身减贫是十分重要的。贫困社员加入合作社的时长以及入社时的入股比例，在一定程度上决定了其在合作社中的地位以及合作社对其重视程度。加入合作社后，合作社为贫困社员代购农业生产资料、代销农产品等服务的比例也

显示了贫困社员与合作社之间服务与合作的紧密程度。除农业生产服务之外，贫困社员在合作社中参与大会、参加培训与参加合作社事务性工作，也能够使贫困社员进一步加深与合作社的联结程度。因此，选取入社时长、入股比例、代购比例、代销比例、参与大会、参加培训、参加工作这七个指标（观察变量）来测量贫困社员在农民专业合作社中的参与行为。

（2）贫困社员的个人能力。对于贫困农户来说，减贫不仅仅是单纯经济收入的提高，更应该重视的是对他们能力的培养与提升，以助其长久、持续性地保持不断减贫的状态，因此能力的重要性不言而喻。在农村地区，提升能力的途径除了政府部门创办的基础教育学校与职业技能学校，农民专业合作社对贫困社员能力的提高也是有一定的作用。具体来看，农民专业合作社对贫困社员能力提升帮助主要有获取种养专业知识的能力、使用先进技术的能力、把握市场信息的能力、发表自身意见的能力和与人沟通交流的能力等，选择这5个方面的能力变化可以较好测度贫困社员综合能力的改变。

（3）贫困社员的收益。收入是衡量农民专业合作社对贫困社员减贫效果的主要且重要指标，可以用贫困社员加入合作社后的收入增加率来体现。本章所提出的社员收益主要指的是经济收益，因此，选取贫困社员加入合作社后的总收入增加率、收入水平和生活水平三个指标（观察变量）来测量贫困社员在加入合作社后的减贫增收效果。

（4）贫困社员对合作社减贫的满意度。贫困社员对农民专业合作社减贫增收的满意度包括了贫困社员对自身加入合作社后增收预期达到程度的满意度、对合作社提供服务的满意度、对合作社制度的满意度以及对合作社整体扶贫作用效果的满意度，用以上四个指标（观察变量）来综合评价贫困社员的减贫满意度。

四、模型检验与实证结果分析

（一）样本的描述性统计分析

在模型检验与分析前，首先进行样本的描述性统计，主要包括样本的极值、均值、标准差、偏度、峰度等信息，从而判断量表中变量的基本水平和数据呈现的分布。

数据是否服从正态分布将会对后续的实证研究产生至关重要的影响，在上表中，对调查问卷所包含的各个变量数据进行统计分析，通过最小值、最大值，均值、标准偏差、偏度和峰度来验证调查所获得的资料是否服从正态分布。Kline（1998）曾指出，当偏度绝对值小于3，峰度绝对值小于10时，表明样本基本上服从正态分布。表4-2中样本结果显示各个变量指标的偏度绝对值均小于3，峰度绝对值均小于10，偏度和峰度都满足正态分布的条件，这说明各个变量指标都能够服从正态分布，该数据可以用于之后的信度和效度等相关分析。

表4-2　贫困社员样本各指标的描述性统计结果

	最小值（M）	最大值（X）	均值（E）	标准偏差	偏度	峰度
A_1	1	5	2.84	0.919	−0.826	0.269
A_2	1	5	1.76	0.915	−0.676	0.226
A_3	1	5	3.82	1.042	−0.573	−0.602
A_4	2	5	3.19	0.984	−0.387	−0.660
A_5	1	5	2.63	1.002	−0.597	−0.417
A_6	1	5	3.53	0.861	−0.595	0.329
A_7	1	5	2.86	0.876	−0.485	−0.079
B_1	1	5	3.58	1.014	−0.568	−0.472
B_2	1	5	3.81	1.082	−0.154	−1.039
B_3	1	5	3.25	1.015	−0.452	−0.547
B_4	1	5	3.20	1.104	−0.548	−0.760
B_5	1	5	3.33	1.168	−0.325	−1.052
C_1	2	5	3.04	1.079	−0.614	−0.608
C_2	1	5	2.66	1.049	−0.515	−0.770
C_3	1	4	3.45	1.021	−0.552	−0.513
D_1	2	5	3.64	1.028	−0.528	−0.584
D_2	1	5	3.63	1.018	−0.718	−0.088
D_3	2	5	3.53	1.033	−0.797	−0.101
D_4	2	5	3.94	1.055	−0.824	0.020

（二）信度与效度检验

1. 信度分析

在进行结构方程模型的估计之前，要对所选显变量能否代表其对应的潜变量进行显著性检验。信度分析（Reliability Analysis）可以确保模型拟合度评价和假设检验的有效性，本章采用克朗巴哈信度系数（Cronbach's Alpha）来检查调查问卷所涉及各变量在各个指标上的一致性程度。Anderson，Tatham（2009）与 Devellis（1991）认为，变量如果要有良好的信度，则 Cronbach's Alpha 值必须大于 0.7。在以往的相关研究中，一般为了提高信度的多数做法是进行变量缩减，主要根据两个条件进行缩减：一是如果指标与其他指标总分的相关程度（Corrected Item - Total Correlation，*CITC*）低于 0.5，则删除该指标；二是如果删除该指标后 Cronbach's Alpha 值增加，则删除该指标。本章以上述两点作为净化指标的依据。

从表 4 - 3 可以看出，在本章研究的各个变量中，参与行为、能力、收益和满意度的 Cronbach's Alpha 值分别为 0.878、0.872、0.865、0.866，均大于 0.7 的标准，表明变量具有良好的内部一致性信度。*CITC* 值均大于 0.5 的标准，表明测量指标符合研究要求。从“删除该指标的 Cronbach's Alpha 值”看，删除任意一项均不会引起 Cronbach's Alpha 值的增加，这也同样表明各个变量具有良好的信度。

表 4 - 3　各变量指标的信度分析

变量	指标	*CITC*	删除项后的克隆巴赫 *Alpha*	*Alpha* 系数
参与行为	A_1	0.699	0.856	0.878
	A_2	0.650	0.862	
	A_3	0.682	0.858	
	A_4	0.663	0.860	
	A_5	0.664	0.860	
	A_6	0.699	0.856	
	A_7	0.577	0.870	

（续）

变量	指标	*CITC*	删除项后的克隆巴赫*Alpha*	*Alpha*系数
能力	B_1	0.700	0.846	0.872
	B_2	0.685	0.849	
	B_3	0.729	0.839	
	B_4	0.744	0.834	
	B_5	0.649	0.859	
收益	C_1	0.761	0.795	0.865
	C_2	0.755	0.801	
	C_3	0.717	0.835	
满意度	D_1	0.619	0.866	0.866
	D_2	0.719	0.827	
	D_3	0.782	0.801	
	D_4	0.744	0.816	

2. 效度分析

效度分析（Validity Analysis）是实证分析中重要的组成部分。通常研究人员没有足够的时间或资源去发展新的测量工具，因此，为了节省时间与成本会引用目前已经存在的测量工具，如调查问卷，使用现有的测量工具可帮助研究发现相同的测量工具是否跨研究也会兼容。因此检验测量工具对目前研究的对象是否有效和准确是非常重要的。

针对调查问卷来讲，通常是使用内容效度和结构效度进行测量，其中，内容效度指的是各指标与所测变量的适合性和逻辑的相符性（陆娟等，2006）。本章中所使用的农民专业合作社与贫困社员调查问卷是基于文献回顾表明变量之间的关系或关联而构建的，并且根据预调查的结果对各题目的措辞、表述方式等作了进一步的修正和完善，因而可以认为量表具有符合要求的内容效度。本节内容重点研究的是结构效度，结构效度是指各指标衡量所测变量的能力（蔡莉、伊苗苗，2009），通过收集回来的数据进行探索性因素分析（Exploratory factor analysis，EFA）检验可以来证明量表的结构有效性。

一般在进行探索性因素分析检验之前要先通过因子分析，因子分析的可行性检验需要满足 2 个条件：一是 $KMO>0.7$；二是 Bartlett's 球形检验显著（$Sig.<0.005$）（Field，2007）。利用 SPSS22.0 进行探索性因子分析对变量指标进行 KMO 和 Bartlett's 球形检验，结果如表 4-4。

表 4-4　KMO 和 Bartlett's 检验

取样足够多的 Kaiser-Meyer-Olkin 度量		0.890
Bartlett 的球形检验	近似卡方	2 782.054
	df	171
	Sig.	0.000

由上表可得到 $KMO=0.890$，大于 0.7，且 Bartlett's 球形检验值显著（$Sig.<0.001$），表明调查问卷所得数据符合因子分析的前提要求，因此可以进行进一步分析。因子分析中的因子提取采用主成分分析方法，并以特征根大于 1 的因子提取公因子，因子旋转时采用方差最大正交旋转进行因素分析。分析结果见表 4-5。

表 4-5　总方差解释

组件	初始特征值			提取载荷平方和			旋转载荷平方和		
	总计	方差百分比	累积%	总计	方差百分比	累积%	总计	方差百分比	累积%
1	6.835	35.975	35.975	6.835	35.975	35.975	4.088	21.518	21.518
2	2.620	13.788	49.764	2.620	13.788	49.764	3.386	17.820	39.338
3	1.777	9.351	59.114	1.777	9.351	59.114	2.887	15.193	54.531
4	1.510	7.945	67.060	1.510	7.945	67.060	2.381	12.529	67.060

从表 4-5 可以看出，因子分析的结果总共得到 4 个主要因素，其解释能力分别为 21.518%、17.820%、15.193%、12.529%，所有主要因素累计加总的解释能力达到了 67.060%，大于总体的 50%，因此可以表明筛选出来的 4 个主要因素具有良好的代表性。因子负荷量系数见表 4-6。

表 4-6 旋转后的成分矩阵

变量	指标	组件			
		1	2	3	4
联结程度	A_1	**0.797**	0.094	0.048	0.064
	A_2	**0.701**	0.026	0.296	0.077
	A_3	**0.775**	0.122	0.069	0.060
	A_4	**0.765**	0.031	0.124	−0.001
	A_5	**0.740**	0.155	0.066	0.111
	A_6	**0.747**	0.120	0.197	0.112
	A_7	**0.621**	0.133	0.179	0.190
能力	B_1	0.117	**0.802**	0.136	0.040
	B_2	0.068	**0.761**	0.250	0.084
	B_3	0.194	**0.803**	0.055	0.173
	B_4	0.116	**0.795**	0.219	0.143
	B_5	0.078	**0.756**	0.095	0.149
收益	C_1	0.094	0.223	0.125	**0.856**
	C_2	0.170	0.137	0.147	**0.856**
	C_3	0.136	0.134	0.248	**0.816**
满意度	D_1	0.125	0.159	**0.741**	0.113
	D_2	0.246	0.264	**0.733**	0.190
	D_3	0.195	0.154	**0.847**	0.146
	D_4	0.195	0.164	**0.812**	0.150

由表 4-6 可知，各个测量指标的因素负荷量均大于 0.5，且测量指标相互之间的交叉载荷量均小于 0.4，每个指标均能够和相关的变量互相对应，因此可以判定出该量表具有良好的结构效度。

（三）相关分析

信度分析及效度分析确定了各个维度变量的结构及对应的指标，将各个变量的指标得分的平均值计算出来作为该变量的得分后，再进行相关分析。相关分析主要是研究变量之间的相关关系，相关系数的取值范围介于 −1 到 1 之间，绝对值越大，表明变量之间的相关关系越紧密。邱皓政

(2006) 提出了相关系数详细的分类方法：$|r|=1$，完全相关；$0.70\leqslant|r|<0.99$，高度相关；$0.40\leqslant|r|<0.69$，中度相关；$0.10\leqslant|r|<0.39$，低度相关；$|r|<0.10$，微弱或无相关。

由表 4-7 可以看到，贫困社员在农民专业合作社中的参与行为与贫困社员个人能力之间的相关系数为 0.308，且 $P<0.05$，表明参与行为与能力之间存在正向相关关系；贫困社员的参与行为、贫困社员个人能力与贫困社员收益之间的相关系数分别为 0.310、0.374，且 $P<0.05$，表明参与行为、能力与收益之间存在正向的相关关系；贫困社员在合作社中的参与行为、贫困社员个人能力、贫困社员收益与贫困社员对通过合作社减贫增收的满意度之间的相关系数分别为 0.430、0.437、0.422，且 $P<0.05$，均达到了 5%的显著水平，表明参与行为、能力、收益与满意度之间也存在正向相关关系。

表 4-7　各变量之间的相关分析

	联结程度	能力	收益	满意度
参与行为	1			
能力	0.308**	1		
收益	0.310**	0.374**	1	
满意度	0.430**	0.437**	0.422**	1

注：**表示在置信度（双侧）为 0.05 时，相关性是显著的。

（四）结构方程模型（SEM）

1. 结构方程模型的拟合度

应用结构方程模型（SEM）作为理论模型的验证时，不错的模型配适度（Byrne，2010）是 SEM 分析的必要条件，配适度即研究人员用模型所估算出来的期望共变异数矩阵与样本共变异数矩阵一致性的程度，配适度愈好即代表模型与样本愈接近（吴明隆，2009）。本章选择了几个主要指标进行整体模型的配适度的评估，包含 CMIN 检验、CMIN/DF 比值、配适度指标（GFI）、调整后的配适度（AGFI）、平均近似误差均方根（RMSEA）、非基准配适指标（NNFI）、渐增式配适指标（IFI）、比较配适度指标（CFI），评价模型与数据拟合程度时要综合考虑各个指标，当绝大多数指标都满足要求时，可以认为模型与数据拟合度较好。

从表 4－8 可以看出，*CMIN/DF* 值为 1.553，小于 3 以下标准，*GFI*、*AGFI*、*IFI*、*NFI*、*TLI*、*CFI* 值分别为 0.924、0.901、0.970、0.921、0.965 和 0.970，均达到 0.9 以上的标准，*RMSEA* 为 0.044，小于 0.08，大多的拟合指标均符合一般 SEM 研究的标准，因此可以认为该模型有不错的配适度。由于各项拟合指标均达到可接受水平，说明假设模型可以和样本数据进行拟合，整体模型的拟合度情况良好，假设模型成立。

表 4－8　结构方程模型拟合度

拟合指标	可接受范围	测量值
CMIN		226.787
DF		146
CMIN/DF	<3	1.553
GFI	>0.9	0.924
AGFI	>0.9	0.901
RMSEA	<0.08	0.044
IFI	>0.9	0.970
NFI	>0.9	0.921
TLI（*NNFI*）	>0.9	0.965
CFI	>0.9	0.970

2. 结构方程模型的路径分析结果

（1）根据表 4－9，各路径系数都在 5％的水平下显著。在贫困社员参与行为与贫困社员个人能力的关系方面，贫困社员在农民专业合作社中的参与行为与其个人能力之间的标准化系数为 0.354，且满足 $P<0.05$，支持原假设，贫困社员在农民专业合作社中的参与行为对其个人能力的提升有较为显著的正向影响，参与行为的发生频率越高、程度越深，社员各方面能力的提升效果越好。

（2）在贫困社员参与行为、贫困社员个人能力和社员收益的关系方面，贫困社员在农民专业合作社中的参与行为与其收益之间的标准化系数为 0.225，且满足 $P<0.05$，支持原假设，贫困社员在农民专业合作社中的参与行为对其收益的提升有较为显著的正向影响，参与行为的发生频率越高、程度越深，社员收益的增加幅度越高；贫困社员个人能力与其收益之间的标准化系数为 0.352，且满足 $P<0.05$，支持原假设，表明贫困社员的个人能力提高对其个人收益的增加具有显著的正向影响，贫困社员个人能力提升程度越高，社员收益的增加幅度也越高。通过两个系数的对比可以发现，相比于贫困社员在农民专业合作社中的参与行为，社员多方面能力的提升对其收益增加的影响程度更大。

表 4-9　结构方程模型的路径系数

路径关系			标准化系数	非标准化系数	标准误差	T 值	P	假设成立支持
能力	<—	参与行为	0.354	0.392	0.077	5.091	***	成立
收益	<—	参与行为	0.225	0.298	0.091	3.278	0.001	成立
收益	<—	能力	0.352	0.423	0.085	4.972	***	成立
满意度	<—	收益	0.248	0.184	0.051	3.619	***	成立
满意度	<—	参与行为	0.303	0.299	0.067	4.486	***	成立
满意度	<—	能力	0.279	0.248	0.062	3.994	***	成立

（3）在贫困社员参与行为、贫困社员个人能力、社员收益和通过合作社减贫增收满意度的关系方面，贫困社员在农民专业合作社中的参与行为与减贫增收满意度之间的标准化系数为 0.303，且满足 $P<0.05$，支持原假设，贫困社员在农民专业合作社中的参与行为对其满意度的提升有较为显著的正向影响，参与行为的发生频率越高、程度越深，社员对于合作社减贫增收效果的满意度越高；贫困社员个人能力与减贫增收满意度之间的标准化系数为 0.279，且满足 $P<0.05$，支持原假设，表明贫困社员的个人能力提高对其个人收益的增加具有显著的正向影响，贫困社员个人能力提升程度越高，社员对于合作社减贫增收效果的满意度越高；贫困社员收益与减贫增收满意度之间的标准化系数为 0.248，且满足 $P<0.05$，支持原假设，贫困社员的收益对其满意度的提升有较为显著的正向影响，贫困社员收益的增加幅度越高，社员对于合作社减贫增收效果的满意度越高。

但通过三个系数的对比可以看出，贫困社员在农民专业合作社中的参与行为对其减贫增收满意度的影响最大，业务参与、资本参与、管理参与等行为与贫困农户的生产生活息息相关，也更能影响其对合作社减贫增收作用的主观评价，而贫困社员收益的提升程度对其减贫增收满意度的影响相对较小，也验证了前文理论中所分析的，贫困农户不仅在意加入合作社后收入的变化情况，更加注重通过加入合作社所带来的自身各方面能力的提升。

3. 实证分析结果讨论

从整体结构模型的检验结果来看，首先，贫困社员在农民专业合作社中的参与行为对其个人能力的提升有较为显著的正向影响。根据我们的实地调查，多数合作社并不要求社员将所有农产品交由合作社统一出售，并且合作社对社员提供销售的农产品会进行质量检测。对于社员来说，除了自留和交由合作社销售这些方式，并没有太多其他较好的途径去选择，而且经由合作社代销的农产品价格普遍比其他销售方式更高，合作社对代销农产品比例较高的社员也更加重视，能够给予他们更多的农产品市场信息及提供相关技术。根据农民专业合作社的性质，社员在加入合作社时的入股比例能够体现其在合作社中的地位，更高的入股比例使社员在合作社的各项事务中具有较多的发言权，而社员的入股比例越高，其在合作社中就具有越重要的地位，从而其自身也愿意更多地投入到合作社的整体发展与自身实力提升中，能够及时获取各种信息。另外，社员大会或社员代表大会是社员向合作社各项事务及管理方式提出意见及建议的重要途径，社员大会的参与比例越高，表明社员更注重自身的生产经营与合作社的运转，其自身的需求表达能力一定会有显著的提高，合作社相关培训也是为了社员获取各种市场信息及技术而设立的。

其次，贫困社员在农民专业合作社中的参与行为和个人能力的提升对其收益的提升都有较为显著的正向影响，但能力的作用效果更好。同假设相符，社员各方面能力增强的确能对其自身收益的增加有重要的影响作用，这在模型中也得到了证实。可以看出，农民专业合作社给贫困农户带来的收益不仅仅是直接的经济增加，还有通过能力提升带来的间接效应，这也和贫困与减贫理论以及当前农村社会的减贫需求不谋而合。在减贫实践中，要合理且充分利用农民专业合作社这种具有益贫性的组织，减轻社会压力、提高增收效果且防止脱贫农户再度返贫，不仅有利于贫困农户减贫，合作社自身也能够得以发展。贫困农户如果要想更多地从合作社中获取更高的收益，就需要通过合作社不断提高自身的各种综合能力与素质，提升自我。

最后，贫困社员在农民专业合作社中的参与行为、个人能力的提升和收益的增加对其满意度的提升均有较为显著的正向影响，但参与行为的作用效果更好，收益的作用效果相对较弱。贫困社员在合作社中的参与行为不仅能为其带来客观上的收益提升，更能为其带来主观效用与感受上的正面价值。因此，对于农民专业合作社来说，要想满足贫困社员对于合作社减贫的目标期望，要不断提高与贫困社员的联结紧密程度，不仅要让贫困社员获得理想的经济收益，还要让其感受到合作社的价值，展示出合作社带动减贫的意义。

五、样本贫困社员减贫情况

（一）贫困社员的基本情况

表 4－10 展示了调研贫困社员的性别、年龄、受教育程度和收入来源这些基本信息，调研中 72.41％的受访贫困社员为男性，受访贫困社员的年龄都在 40 岁以上，其中 70 岁以上的贫困户人数占到近三分之一，最高龄贫困社员为 82 岁，所调研到的贫困社员年龄普遍偏高，很多难以继续进行农业生产经营活动。在受教育程度方面，62.07％的受访贫困社员是小学及以下文化程度，甚至有部分贫困户没有接受过任何教育，初中文化程度的贫困社员也不少，但是没有调查到高中以上受教育程度的社员。由此可见，目前贫困地区的建档立卡贫困户普遍受教育程度极低，甚至存在不少文盲，这对于帮助其减贫、摆脱脱贫状态是较为困难的。对于这些贫困社员来说，89.66％的贫困户以农业生产经营收益为其收入的主要或唯一来源，个别贫困社员还存在着非农经营收入和在合作社中打工获得的工资性收入，但仍有部分贫困社员由于丧失劳动能力，仅能依靠政府补贴维持生计。

表 4-10 调研地贫困社员的基本信息

性别	男		女	
	72.41%		27.59%	
年龄	40 岁以下	41～50 岁	51～70 岁	70 岁以上
	0	31.03%	37.93%	31.03%
受教育程度	小学及以下	初中	高中	高中以上
	62.07%	27.59%	10.34%	0.00%
收入来源	农业生产收入	非农经营收入	工资性收入	政府补贴
	89.66%	17.24%	13.79%	13.79

从调研到的贫困社员整体情况来看，其典型特征包括：以男性居多，年龄偏大，受教育程度极低，主要依靠务农获得收入。可以看出，在这些特征下的贫困社员整体素质较低，且依靠自己的力量进行减贫增收的难度极高，要想达到整体减贫脱贫的良好效果，需要借助外部组织的支持和帮扶。

（二）贫困农户的贫困现状

对贫困农户在实际生产生活中遇到的困难及成因、如何解决这些难题等方面的了解有助于对其进行针对性减贫。图 4-1 展示的是调研贫困社员家庭目前面临的主要困境，从图中可以看出，目前这些贫困社员最突出的困难是家庭劳动力不足和收入来源途经少，家庭劳动力的极度缺乏导致家庭的农业生产和非农经营都难以开展，再加上贫困地区当地的产业发展较弱，可提供给贫困农户的就业机会更少，导致了贫困农户的生产收益、工资收入都处于极低的水平，且获得收入的渠道非常有限。此外，农业耕地面积少、生产经营风险大、种养殖技术缺乏和生产成本过高也在一定程度上限制了贫困农户利用农业生产经营获得收益的增加。

图 4-1 展示了调研贫困社员家庭产生贫困的主要原因。其中占比最大的是因病致贫，比例达到了 46.43%，也就是说将近一半的受访贫困社员都是因家庭成员出现大病或慢性疾病而导致贫困，疾病不仅令家庭丧失了部分劳动力而使总收入减少，还大幅提高了家庭在治病上的花销，很多受访社员甚至因此产生高额负债，可以看出，因病致贫在贫困地区仍然较为普遍且严重，扶持起来也更为困难。除此之外，缺乏生产发展资金、缺

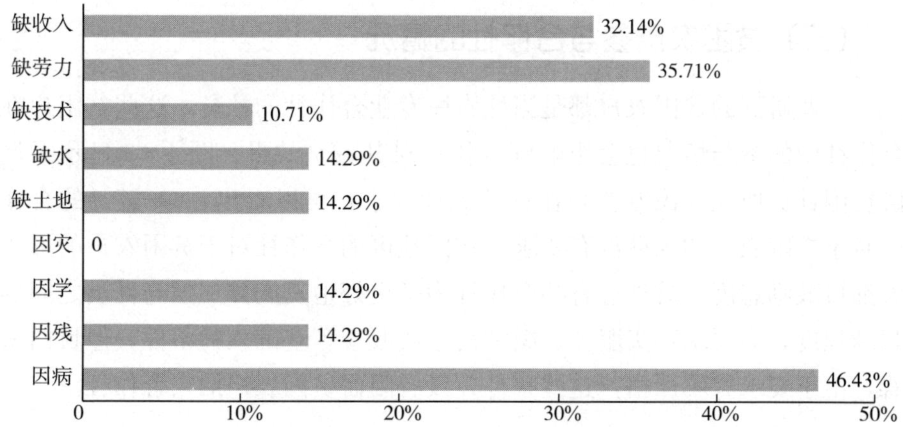

图 4－1　调研地贫困社员家庭贫困的主要原因

乏适龄健康劳动力也是导致家庭贫困的两个重要影响因素，子女教育、身体残疾、农业生产要素匮乏也会导致家庭的贫困。

图 4－2 展示了调研贫困社员认为自己家庭减贫最需要的支持与帮助方式。与图 4－1 大比例的因病致贫现象所对应的，40.74％的受访贫困社员认为自己需要医疗救助方面的支持与帮助，不论是医疗救助设施的建设与完善还是医疗救助保险及补贴的提高，都会对大量因病致贫的贫困家庭减贫起到重要的帮扶作用。除了医疗救助，帮助子女就学、提供低保、提供适用农业技术、提供贷款等帮扶措施也是受访贫困社员普遍认可且需要的，这些支持与帮助措施都可以对家庭的致贫因素起到针对性改善。

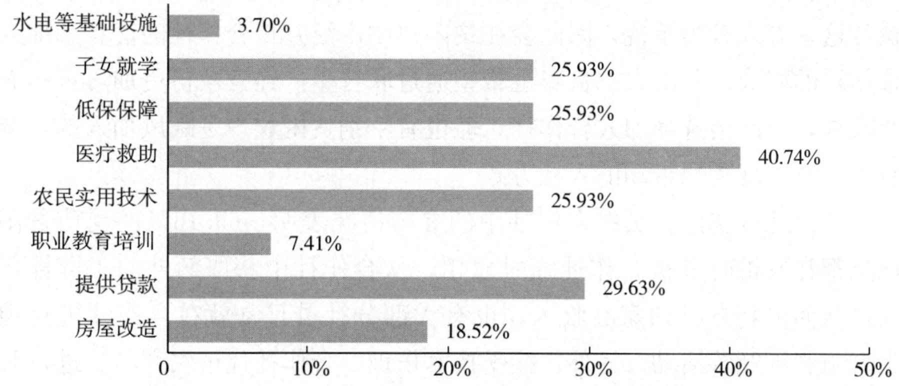

图 4－2　调研地贫困社员最需要的支持与帮助

（三）贫困农户参与合作社的情况

所调研到的贫困农户都是当地农民专业合作社的社员，这些贫困户在合作社中的参与情况也会影响到合作社对其减贫效果。图 4－3 显示了调研贫困社员所在农民专业合作社的入社要求，可以看出，60.87％的合作社对于贫困农户的入社没有要求，贫困地区的合作社对于贫困农户的加入大都持鼓励态度。另外还有些合作社为了更好地发展并加强与社员之间的联结程度，会要求购买服务、缴纳社会或股金等基础入社条件，但目前来看，由于要求并不严格，这些条件并没有阻碍贫困农户加入合作社。

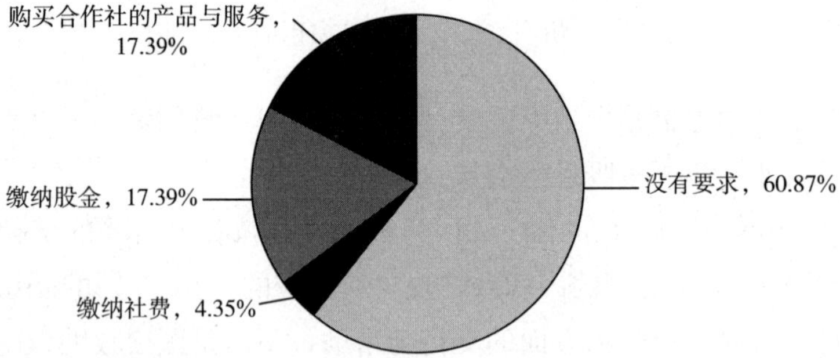

图 4－3　调研地贫困社员所在合作社的入社要求

从调研地区贫困社员加入合作社的途径看，广大建档立卡贫困农户加入当地农民专业合作社的两大主要途径是政府的宣传推广和出于自身需求的主动加入。在贫困地区，政府对于农民专业合作社通过产业带动贫困户减贫这一方式较为重视，因此会在贫困户中广泛宣传合作社的优势和加入合作社的好处；贫困农户自身也希望通过联合生产经营获得更加可观的农业收入，因此会选择加入合作社，但也有个别贫困农户是跟风加入的，调研中没有发现大户带动的入社方式。

调研地区贫困社员在合作社中的参与情况表明，63.16％的受访贫困社员都在农忙时节被合作社临时雇用，从合作社中获取额外的工资性收入，从而提高自己的家庭收入，也有大部分社员日常就在合作社进行灌溉、施肥等经营活动。另外，接受技术培训、合作社代销农产品、进行日常管理工作等方面也是很多贫困社员参与合作社活动的方式，贫困社员在合作社中参与的活动越多，其获益也越高。

（四）贫困农户通过合作社减贫的效果

图 4－4 展示了贫困社员加入合作社后家庭年收入的增长变化情况。其中，57.14%的受访贫困社员入社后的年收入比入社前增加了33.34%～66.66%，平均增加了一半左右，有 28.57%的贫困社员获得的收入增长率不到三分之一，但还有 14.29%的社员在加入合作社后收入翻了一番以上。所有受访贫困社员的家庭年收入在加入合作社后都得到了提高，说明农民专业合作社在对贫困农户的减贫增收方面的确有效，但是减贫效果根据合作社实力的不同以及贫困户个体条件的不同而有所差异。

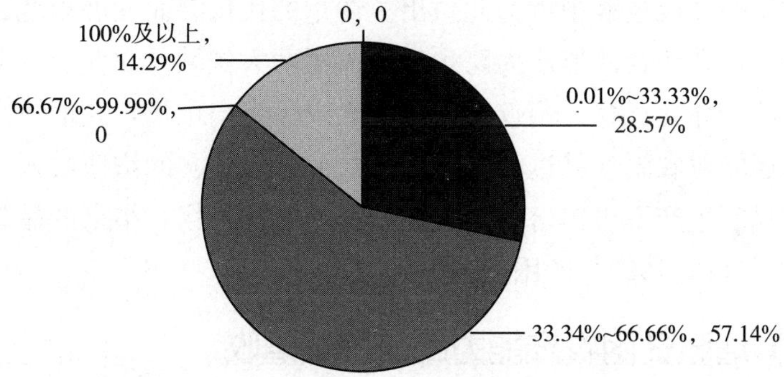

图 4－4　调研贫困社员加入合作社后年收入的增长率

调研地区贫困社员在加入农民专业合作社后家庭收入增加的主要原因主要有以下几个方面：过半数的贫困社员家庭收入的增加得益于合作社的盈余返还或股金分红，其次为合作社提供给贫困社员的工资性收入，盈余返还作为合作社的特殊分配机制，对于社员的收益提高作用是至关重要的。除此之外，合作社所带来的销售价格增加、销售量提升以及要素价格的降低等农业生产经营相关的收益也对贫困社员增收产生了正向影响。

六、农民合作社减贫的优势

（一）有利于解决地区贫困的问题

对于一些贫困地区来说，贫困发生率之所以高居不下，很大一部分原因在于贫困地区的农户从事农产品交易所需的交易费用较高，导致其竞争力相对较弱，进入市场的壁垒也高，从而降低了交易的效率，使得分工不足（张新伟，1999）；还有部分贫困地区不能适应市场经济的发展，并且参与市场竞争的能力和应变能力也远远不够（杜晓山、李静，1998）。在这种背景下，农民专业合作社能够帮助农户有效地降低市场交易费用，极大地提高农户进入市场的组织化程度，并能增强其市场竞争能力，减少市场风险，保护其利益，从根本上解决一些农户贫困的问题。

贫困地区的农民长期承受着双重的价格“剥削”，一方面是工农产品价格剪刀差，另一方面是初级产品与加工产品的价格差。通常来讲，贫困地区为了寻求发展，经常不惜“牺牲资源和环境”，作为廉价原材料提供地，在长年的发展过程中也为此付出了惨重的代价。而发展规范、规模较大的农民专业合作社能够成为跨生产和流通两大领域及农业、工业和商业三大产业的一体化载体，不仅能带领广大农民走向市场，获取更高的农产品价值，还能对农副产品进行深加工，从而获取更多的增值收入，改变贫困地区“只问生产不讲销售、只强调开发不考虑市场，结果产品却销售不出去”（严瑞珍，1999）的困境。

（二）增强贫困农户能力助其持续增收

除了增加贫困农户的直接收益，农民专业合作社也有利于保障贫困农户的合作权利，提升他们的合作自治能力。合作社对外参与市场竞争，追求利润最大化，对内遵循合作原则，农民有剩余索取权，从而激发农民的合作积极性，通过合作社共同抵御私商盘剥，缩小购销差价，节约交易成本，把农民交易的中间利润保留在农业内部，最终提高农民的收入水平，增强贫困地区农民自力更生的能力。农民专业合作组织缓解农民能力贫困的逻辑在于：它恰好具备了科学技术传播功能，通过一系列教育与培训活动，为农民提供信息网络和社交平台，从而增强农民获取、吸收和交流知识的能力。一方面，农民专业合作组织提升了贫困农民的科技水平和科学素养，赋予其较高的生产能力和生产水平。农民专业合作组织是科技扶贫的良好载体，是反贫困工作与农业科技推广工作的结合点，在反贫困的同时实现了对农村贫困居民的人力资本投资。农民专业合作组织不仅是农民的合作生产经营平台，更是农民的交流学习示范平台，是农业科学技术广泛进入农民家庭的媒介。在我国，农民专业合作组织已经成为农业科技传播的主要力量，并成为农村科技公共服务体系的重要组成。另一方面，农民专业合作组织强化了乡村社会的群体性和组织性，在把众多农户集结起来，共同形成规模化农业生产的同时，也发挥黏合作用，建立起以协作为主题的农民社会关系网络。这种扩大化的社会资本规模引导成员突破“三缘”（血缘、地缘、亲缘）限制，以合作组织为平台，与农产品流通领域、商业领域、加工领域等众多不同利益集团和社会层次建立直接或间接联系，这不仅培养了其社会适应性和合作精神，而且培养了其自我组织、自我服务、自我管理和自我教育能力；不仅有利于解决当前贫困，而且为再次致贫提供了免疫力。

（三）提高扶贫资金利用率

国家扶贫资金的管理成本较高，且管理分散，一直存在着“内部人控制”等问题，很多扶贫资金仍在实行多重“委托—代理”的管理方式，难以确定资金真正的责任人，容易造成资金的流失和投放的低效性。

农民专业合作社作为农民利益的“代言人”，不仅能将外部交易成本内在化，协调中央、地方政府与农民之间的博弈关系，减少扶贫资金使用中的摩擦成本，还能贯彻集中使用的原则，使扶贫资金在贫困地区拧成一股绳，最大限度地发挥其整体功能。国家财政专项资金注入合作社，量化为入社贫困农户的股金，作为社员股金的一部分交给合作社统一管理规划使用，转换成他们持有的股权，有利于推动合作社改善资本结构，建立更为合理的产权制度，密切合作社与贫困农户的利益联结关系。同时，这部分股金虽为贫困农户所持有，但却不能自由退出，只能享有受保障的保值增值权利。由此，贫困农户的利益就跟合作社的长远发展捆绑在一起，就能够调动他们参与合作的积极性，并在参与合作的过程中不断提升自身的合作自治能力，从而实现权利救济和权利扶贫的目标。贫困农户在合作社中权利的不断增长，有助于提升他们与合作社管理层的协商谈判能力，提高他们的话语权，进而有助于推动合作社构建科学合理、符合现行法律规定的治理结构，以改变他们在合作社中的弱势地位，保证他们对合作社盈余拥有基本的索取权和分配权，而且有助于提升贫困农户的合作自治能力，改善合作组织的人力资本配置。

（四）合作社自身实力得到提升

在家庭承包联产责任制的基础上发展农民专业合作社，一个很重要的目的是为了能够更好地发挥合作社规模经济和资源聚集效应的综合优势，从而帮助分散的小农户获取以前所没有的合作效益，为加入合作社的农户争取更多的经济收益。在农产品的产业链条中，生产环节的利润往往难以得到根本保障。1999 年，作为生产者的农民获得的利润占农产品各环节所获总利润的比例为 56%，到 2010 年下降为 43%。如果将农民“自我雇用”的成本扣除，从纯利润的视角来看，从 1999 年到 2010 年，农民的实际利润占比已经从 29%下降到 20%（武广汉，2012）。因此，贫困农户加入合作社并在合作社拥有股权，有利于合作社充实资本、提高实力，且可以调动的土地、劳动力等资源也能够得到一定幅度的提升。一方面，可以集合更多农户的分散力量，在生产环节扩增规模合力，进一步凸显规模经济的优势；另一方面，可以将合作领域向流通环节延伸，甚至直接通过与超市对接，直面消费者，从而将流通环节的利润留在合作组织中。同时，合作社还可以凭借更为充实的资本实力，为农户提供生产资料和生活资料的统购分销服务，帮助入社农户减轻生产生活成本。

通过减贫也有利于增进贫困农户对合作社的信任，使合作社在农村地区赢得更高的声誉，促进合作社转型升级。信任是合作的基础，社会信任的程度越高，农户之间合作的交易成本越低，合作的效率也越高，越有利于农民专业合作社的生存和发展（徐志刚等，2017）。但是，赵泉民等（2007）的研究指出，中国农民的信任是以亲缘和拟亲缘关系为基础的带有“圈子主义精神”的“熟人信任”，这构成他们走向合作的基本行动逻辑并对农村合作经济组织的发展产生重要影响：一方面，他们可以促使个体农民在迎接市场挑战时走向合作，促进合作经济组织的建立和发展；另一方面，也会限制合作对象增加和合作规模的扩大，从而对合作经济组织向更大规模、更大地域空间拓展产生制约效应。然而，如果合作社能够积极且持续履行减贫的社会责任，合作社的领办者就能逐渐摆脱亲缘与拟亲缘关系的影响，赢得圈子之外的更多农民的信任，就能不断地将非圈子的农民吸引进合作社，扩大合作社的社员规模。而在这个过程中，嵌入到村落社会之中的合作社还能赢得社会声誉，改变人们对合作社的片面认识，增进知名度，使合作社能够不断累积社会资本存量，奠定转型升级持续发展的社会基础。

本章小结

本章对贫困社员通过参与农民专业合作社减贫增收的效果进行了一定程度的刻画与梳理，并利用实地调研数据，以贫困社员在合作社中的参与行为、贫困社员的个人能力、贫困社员的收益以及贫困社员对于合作社减贫增收的满意度为潜变量，在相关检验及分析的基础上构建了结构方程模型来考察各变量之间的关系，较好验证了所提出的理论假说。结构方程模型的估计结果表明，贫困社员在合作社中的参与行为和个人能力的提升对其收益有明显的正向影响，并且能力在参与行为和收益之间有中介效应；贫困社员的参与行为、个人能力和收益均对贫困社员对合作社减贫的满意度评价有正向的显著影响，尤以参与行为对社员满意度评价的影响最甚。经历了近 40 年发展的农民专业合作社，目前看来仍然是联结农民与市场的重要载体，是提高贫困农户收入、改善农村社会整体经济水平的重要经营组织。

参考文献

[1] Gray T W，Kraenzle C A. Member Participation in Agricultural Cooperatives：A Regression and Scale Analysis [J]. Research Reports，1998 (12).

[2] Sapovadia V K，Patel A V，Patel K V. Accounting for Non - Accountants [J]. Kogan Page，2010 (1).

[3] 陈莉，钟玲．农民合作社参与扶贫的可行路径——以小农为基础的农业产业发展为例 [J]. 农村经济，2017 (5)：116 - 122.

[4] 杜晓山，李静．对扶贫社式扶贫的思考 [J]. 中国农村经济，1998 (6)：46 - 51.

[5] 冯开文．合作社的分配制度分析 [J]. 学海，2006 (5)：22 - 27.

[6] 顾玉铃，郑宇，郑纯．基于精准扶贫视角下农民专业合作社参与行为及发展路径研

究［J］. 中国林业经济，2019（6）：97-100.

［7］郭红东，袁路明，林迪．影响社员对合作社满意度因素的分析［J］. 西北农林科技大学学报（社会科学版），2009，9（5）：32-36.

［8］韩旭东，郑风田．合作社经营绩效与精准扶贫参与［J］. 华南农业大学学报（社会科学版），2020，19（2）：1-12.

［9］黄胜忠，徐旭初．成员异质性与农民专业合作社的组织结构分析［J］. 南京农业大学学报（社会科学版），2008（3）：1-7，43.

［10］蒋宁，陈宏伟．产业扶贫视角下合作社参与行为及其益贫效果——来自江西省罗霄山片区的实证调查［J］. 财贸研究，2019，30（7）：42-52，110.

［11］李红玲．农民专业合作组织的多元扶贫逻辑与公共治理［J］. 贵州社会科学，2014（7）：133-137.

［12］李如春，陈绍军．农民合作社在精准扶贫中的作用机制研究［J］. 河海大学学报（哲学社会科学版），2017，19（2）：53-59，91.

［13］林嵩，姜彦福．结构方程模型理论及其在管理研究中的应用［J］. 科学学与科学技术管理，2006（2）：38-41.

［14］刘俊文．农民专业合作社对贫困农户收入及其稳定性的影响——以山东、贵州两省为例［J］. 中国农村经济，2017（2）：44-55.

［15］刘宇翔．欠发达地区农民合作扶贫模式研究［J］. 农业经济问题，2015，36（7）：37-45，110-111.

［16］陆倩，孙剑，向云．合作社产权：内涵组成及其相互作用机制［J］. 农村经济，2016（11）：122-129.

［17］牟永福，刘娟．贫困农户合作机制研究：合作式贫困治理结构的视角［J］. 河北师范大学学报（哲学社会科学版），2013，36（4）：140-143.

［18］潘劲．中国农民专业合作社：数据背后的解读［J］. 中国农村观察，2011（6）：2-11，94.

［19］邵科，郭红东，黄祖辉．农民专业合作社组织结构对合作社绩效的影响——基于组织绩效的感知测量方法［J］. 农林经济管理学报，2014，13（1）：41-48.

［20］邵科，黄祖辉．农民专业合作社成员参与行为、效果及作用机理［J］. 西北农林科技大学学报（社会科学版），2014，14（6）：45-50.

［21］宋瑛，朱美，张驰．贫困村农民专业合作社促农增收减贫的影响因素分析——基于黔、渝176份社员的微观调查数据［J］. 特区经济，2019（8）：59-64.

［22］吴彬，徐旭初．农民专业合作社的益贫性及其机制［J］. 农村经济，2009（3）：115-117.

［23］吴定玉．农业合作社：新世纪反贫困的组织支撑［J］. 农业经济，2000（8）：

21-22.
[24] 吴明隆. 结构方程模型：AMOS的操作与应用（第二版）[M]，重庆：重庆大学出版社，2017.
[25] 武广汉. "中间商＋农民"模式与农民的半无产化 [J]. 开放时代，2012 (3)：100-111.
[26] 严瑞珍. 市场经济与反贫困效率 [J]. 理论视野，1999 (6)：21-24.
[27] 杨丹，刘自敏. 农户专用性投资、农社关系与合作社增收效应 [J]. 中国农村经济，2017 (5)：45-57.
[28] 袁伟民，唐丽霞. 农民合作社资产收益扶贫：理论阐释与路径创新 [J]. 西北农林科技大学学报（社会科学版），2020，20 (5)：48-55.
[29] 张新伟. 市场化：反贫困制度创新讨论 [J]. 生产力研究，1999 (Z1)：16-18.
[30] 赵春雨. 贫困地区土地流转与扶贫中集体经济组织发展——山西省余化乡扶贫实践探索 [J]. 农业经济问题，2017，38 (8)：11-16.
[31] 赵泉民. 合作社"自治化"还是"行政化"——20世纪中国乡村合作运动推进中的路线之争剖析 [J]. 天府新论，2007 (5)：47-51.
[32] 赵晓峰，邢成举. 农民合作社与精准扶贫协同发展机制构建：理论逻辑与实践路径 [J]. 农业经济问题，2016，37 (4)：23-29，110.
[33] 周春芳，包宗顺. 农民专业合作社产权结构实证研究——以江苏省为例 [J]. 西北农林科技大学学报（社会科学版），2010，10 (6)：14-18，23.
[34] 朱海波，聂凤英. 深度贫困地区脱贫攻坚与乡村振兴有效衔接的逻辑与路径——产业发展的视角 [J]. 南京农业大学学报（社会科学版），2020，20 (3)：15-25.
[35] 朱启臻，王念. 论农民专业合作社产生的基础和条件 [J]. 华南农业大学学报（社会科学版），2008 (3)：16-19.
[36] 徐志刚，朱哲毅，邓衡山，宁可. 产品溢价、产业风险与合作社统一销售——基于大小户的合作博弈分析 [J]. 中国农村观察，2017 (5)：102-115.

（王任）

第五章　京津冀农民合作社减贫效应

我国当前正处于农村体制改革的深化阶段，农民合作社也将长期发挥其助农减贫增收的效应，助力农村经济发展。但从实际来看，并不是所有参与减贫的农民合作社都一定能够帮助社员摆脱贫困，不同的合作社在农村减贫中产生的效果也是不尽相同的。因此，测算农民合作社减贫效应是非常重要的，有利于对其减贫的综合效果进行评价。以往学者在对农民合作社的减贫效果进行研究时，往往过于强调其在帮助贫困农民收入增长、缓解经济贫困上的积极作用，甚至直接将其组织绩效等同于经济效率，这很容易使我们对农民合作社减贫效应的认识产生局限，更不利于农村的反贫困实践。因为合作社在减贫的过程中，不仅只帮扶了特定的贫困农户，对于合作社自身的发展、当地社会的减贫工作也会产生一定的贡献。因此，本章将从多个维度对农民合作社的减贫效应进行综合评估，以期较为全面对合作社的减贫效应进行评价。

一、合作社减贫效应文献综述

（一）合作社的收入减贫效应

随着农民专业合作社的快速发展，合作社是否能带动社员增收成为学术界关注的焦点，而农民增收正是我国农村减贫需要解决的重要问题。孙艳华（2007）利用江苏省养鸡行业农户的调查数据，考察了合作社社员的增收绩效，其研究结果表明，合作社对农户收入具有较为显著的正向效应，关键原因在于合作社的盈余返还。黄祖辉、梁巧（2007）通过案例分析也认为，专业合作社不仅降低了农户市场交易费用，更重要的是，它还把供应链各个环节所形成的经济剩余保留在农业内部，增强了农业自身积累和发展的潜力，从而为社员带来明显的收入增加效应。伊藤顺一（2011）采用倾向得分匹配法对南京市横溪镇西瓜合作社社员和非社员的经济收益进行了对比测算，得出合作社对大规模农户的增收效果不显著，但对小规模农户增收效果显著的结论。蔡荣（2011）就合作社对农户市场交易费用和农户纯收入的影响进行了实证分析，发现户主性别、受教育程度、种植规模、市场信息的可获得性、距市场距离和政府扶持等因素均对农户市场交易费用和纯收入具有显著影响。薛凤蕊（2012）对内蒙古鄂尔多斯市参与和未参与土地合作社的农户收入进行实证分析，认为土地股份合作社成立后参与农户与未参与农户相比人均纯收入显著增加。张晋华等（2012）采用两阶段模型分析了加入合作社对农户收入的影响，结果表明，加入合作社对农户的纯收入有显著的正向作用，这种正向效应不仅体现在纯农户的农业收入上，而且体现在兼业农户的农业收入和工资性收入上，而对于在外务工农户，加入合作社对其收入的影响不显著。邵科等（2014）依托路径分析方法进行实证分析，研究表明社员收益程度取决于社员对合作社的业务和资本参与水平，而社员满意程度依托于社员的管理参与水平。还有研究者通过 PSM 方法对稻农加入合作社的增收效果进行了分析，并发现合作社能够明显提高水稻种植户的净收益，且对大规模农户的增收效果要高于小规模农户（苏群、陈杰，2014）。胡联（2014）通过 DID 模型对贫困地区专业合作社对社员收入增长的影响进行实证分析，发现贫困地区农民专业合作社促进了农户收入增长，但专业合作社对不同农户收入增长的影响存在差异。陈杰（2015）运用 PSM－DID 模型对水稻种植户加入合作社的增收效果进行分析，发现合作社能够明显提高水稻种植户的销售收入，但对规模较大农户的增收效果要好于规模较小农户。王真（2016）利用有序 Probit 模型分析了治理机制对社员增收效果的影响，研究发现社员制度、股权结构、决策方式、盈余分配四个方面的治理机制对社员增收效果具有显著影响。刘宇翔（2016）构建灰色关联分析模型研究农民合作社功能与社员收入的关系，结果表明与农民收入提高关联度从大到小依次为供销、管理、生产和信用。宋瑛等（2019）利用黔、渝2个省市623份农户的微观调查数据，采用分位数回归（QR）分析模型从收入增长和差距缩小双重视角分析了农民专业合作社的促农增收减贫绩效。结果表明，无论是贫困县，还是非贫困县，农户入社行为决策都能显著促进农户收入增长。但是相较于非贫困县，贫困县农户加入农民专业合作社对其收入增长的正向影响更大，使得合作社能够在一定程度上缩小与非贫困县农户的收入差距。袁俊林、聂凤英（2021）利用2018年云南、贵州、陕西和甘肃4省7县1 393户农户的微观调研数据，采用分位数回归和倾向得分匹配法对农户参加农民合作社的增收效应进行了实证检验。结果表明，农民合作社可以有效改善农户家庭收入水平，参加农民合作社可以使农户家庭总收入平均提高38.04%；农民合作社对中高收入水平农户、非贫困农户、低学历农户的增收促进作用更为明显；另外，户主受教育年限、是否建档立卡、土地面积、村里面是否有农民合作社、人情往来支出对数、政府补贴津贴对数、是否参加专业培训等7个因素均提高了农户参加农民合作社的意愿，而户主年龄、学生数量、是否有外出务工人员等3个因素会降低农户参加农民合作社的意愿。

（二）合作社的能力减贫效应

在增强贫困农户能力、加强合作社自身建设和推进农村社会发展等方面，农民专业合作社也产生了显著的绩效。Birchall（2003）认为合作社可以在贫困农户的自我组织中发挥重要的作用，激发其主观能动性，而这有助于减贫绩效的提高。唐宗焜（2007）认为合作社是使农民、消费者和其他弱势群体能够获得市场谈判权力的有效组织形式，同时合作社在就业创造和社区发展方面具有独特的至关重要的作用。韩国民、高颖（2009）对参与式减贫与农民合作社的互动关系进行了研究，认为政府可以借合作社的发展提升农民的组织化程度以及自身的素质和能力，同时促使专业合作社在市场竞争中完善其内部治理。苏晓云（2012）强调贫困山区的农民合作经济组织对于农民抗御灾害、应对市场、增强自身“造血功能”来摆脱贫困具有突出的重要性。牟永福、刘娟（2013）认为专业合作社的组建对于解决贫困农户资金、技术需求，促进农村社会新的治理结构快速形成都起到了一定的作用。Sapovadia（2013）认为合作社能够为有一定工作技能但缺乏资金的贫困人口创造就业机会，并有助于这些贫困人口收入增加，摆脱贫困。另外，专业合作社还恰好具备科学技术的传播功能，通过一系列教育与培训活动，能够为贫困农户提供信息网络和社交平台，从而增强其获取、吸收和交流知识的能力，达到能力减贫的效果（李红玲，2014）。曹湖云（2016）通过案例研究发现合作社不仅带动规模化和集约化的生产经营方式，同时还在开发和促进市场导向型农业生产以及农产品专业化分工和农民组织化领域取得了显著的成效，而且它还相应地为教育培训、创造就业机会和老人女性的赋权提供了极大的扶持和推动力。

（三）合作社的多维减贫效应

也有研究者对合作社的综合多维减贫效应进行了实证分析。胡捷等（2018）基于四川省秦巴山区 4 市 13 县（市、区）409 名农民合作社社员、257 名非社员的调查数据，运用倾向得分匹配法（PSM）从经济发展、生活标准、社会参与、自我发展能力维度考察农民合作社的减贫效应。结果表明，四川秦巴山区农民合作社对社员经济发展、生活标准、社会参与方面的减贫效应并未得到充分发挥。岑家峰、李东升（2018）通过构建资产收益扶贫的减贫分析框架，结合对广西南部 LN 合作社的典型案例研究，发现资产收益扶贫对减贫具有如下效应：一是拓宽了贫困人口的增收渠道，二是促进了贫困地区资源的有效整合利用，三是提高了财政扶贫资金使用效率，四是增强了市场主体发展能力，五是提高了贫困户脱贫的积极性和主动性。但同时也存在农户与市场主体间利益联结机制和利益分配机制不健全等问题。张淑辉（2019）利用山西省和甘肃省 515 户农户的微观调研数据，运用 Logit 模型和 PSM 估计检验合作经济组织的多维减贫效应。结果表明，合作经济组织对农户多维贫困状况的改善有重要作用，参与合作经济组织能够有效改善农户的人均收入水平，促进农户教育水平提高，但是否参与合作经济组织对农户健康贫困与信息贫困的影响并不呈显著性差异。

（四）文献述评

已有研究基于不同的调查数据和研究方法对我国农民合作社的减贫效

应进行了深入的实践探索，证实了加入合作社对贫困农户的减贫作用。在收入减贫效应的研究方面，研究者采用的方法多样，既有理论定性分析也有计量实证研究，而且其得出的结论基本一致，即加入合作社能为贫困农户带来显著的收入增加，但是针对不同类型的农户，对其收入增加的程度有不同影响。在能力减贫效应的研究方面，合作社已成为农民获取信息和科技的重要途径，在现代市场经济和知识经济的双重经济背景下，合作社在传达农业知识的同时，也提高了农村居民的社会适应性和竞争力，修补了农民在新经济背景下的能力缺陷，而这正是能力贫困理论对减贫实践的新要求。也有学者开始重视针对合作社综合多元减贫效应的实证研究。可以看出，合作社对于推动农村经济社会发展、助力贫困农户减贫的积极功能已为研究者所共识。但已有研究主要关注合作社对农民收入带来的影响，一些研究开始考虑合作社对农民能力的提高，但并不深入具体；对合作社的减贫效应研究忽视了综合评价的方法，导致对我国农民合作社减贫效应的研究不够全面深入。

二、合作社减贫效应评价体系设计

（一）评估对象

随着我国新时期农村扶贫工作的推进，合作社作为具有“天然益贫性”的组织也在减贫中处于越来越重要的地位，因此对其减贫效应的评价与测量能够为农民合作社减贫的成效检验提供新观察，并为完善相关政策法规提供新的证据，有助于实现贫困农户的可持续性减贫、合作社自身的良好发展和当地扶贫工作的顺利推进。根据前文对农民合作社减贫机制的理论与实证分析，合作社减贫的确能够有效解决一些贫困地区贫困发生率居高不下的困境，帮助解决贫困农户有效且可持续性减贫的问题，并且能够提高国家扶贫资金的利用率，甚至使合作社自身的资本、规模和实力得到一定程度的发展和提升的所谓“三赢”局面，这也就决定了评价农民合作社减贫效应的指标应该是多维的。另外，本章评价合作社减贫“效应”而非“绩效”，是由于“绩效”往往是通过人为制定的一系列目标考核指标，通过考核指标的完成情况，直接或间接反映出“绩效”状况，其性质是社会属性；而“效应”指标是反映一个经济主体在运转过程中受到各种社会、环境等因素影响，通过自身和谐良性运作取得到效益，必须满足自身内部管理条件和外部社会环境条件才能取得，其性质是自然属性。由此可见，在研究农民合作社减贫评价中，更适合用减贫效应来表达。

（二）基本思路

为了对农民合作社的减贫效应进行多维度的评估测算，需要运用一定的指标体系做出概括性评价。根据农民合作社减贫增收的多维带动效果，本章选取三个评价维度作为农民合作社综合减贫效应评价指标体系的目标层，分别为：经济维度、发展维度和社会维度，其中经济维度用来反映合作社带动贫困农户减贫的效果以及合作社自身盈利的情况；发展维度用来反映合作社在参与农村减贫后自身实力的发展情况，社会维度用来反映合作社对当地减贫工作的推进产生的影响。

1. 经济维度

农民合作社是一类为其成员提供服务为主的特殊经济组织，注重提高社员的经济效益是其减贫效应考察的应有之义，而且是重中之重。农民合作社减贫的经济效应可以从带动贫困农户减贫和合作社自身经济水平两个方面来考虑。对贫困农户的减贫不仅应考虑贫困社员的增收与减贫效果，还应考虑其对当地非社员贫困农户的辐射带动情况，而合作社自身经营收入水平也是经济效应应该考虑的方面，能够比较全面且更利于分析合作社在减贫中产生的经济效应。

2. 发展维度

农民合作社在带动贫困农户进行减贫增收的同时，也会对自身的实力与发展水平带来一定的影响。在实践中发现，很多农民专业合作社由于参与农村减贫，可以获得更多有利的政策扶持，甚至有些合作社的规模、资本等都得到很大程度的提升，明显改善其业绩和竞争力，这些对于农民合作社自身的实力扩张与可持续发展都带来了显著的积极影响，但也有一些合作社面临减贫压力大而导致合作社运转效率低下等问题。因此，在对农民合作社进行综合减贫效应评价时，加入合作社发展维度的指标是十分重要的，有利于合作社审视自身是否适合参与减贫以及重视减贫给农民合作社带来的好处。

3. 社会维度

在广大农村地区，农民合作社对改造传统农村社会、培养新型农民和农业产业管理人才存在巨大的正外部性，因此在评估农民合作社的综合减贫效应方面，除了对贫困农户产生帮扶带动作用，对自身的发展的促进作用，也一定要考虑其社会维度的评价指标，以衡量合作社对实现当地农村减贫目标所做出的贡献。除了对社会整体减贫目标实现的推动作用，从可持续发展的目标来看，在社会维度中还应考虑合作社农业生产经营与自然环境的密切联系，自然环境是弱质的，一旦破坏就难以恢复，且环境恶化对农业可持续发展也会带来负向影响，这就要求在促进农村减贫增收的同时注意生态环境保护，因此引入生态考核指标能够引导农民合作社在提高短期经济效益的同时关注自身行为和选择对未来社员和自身发展的长远影响，形成“资源节约型、环境友好型”生产与帮扶体系，不断增强农业和农村的可持续发展水平。

因此，结合我国农民合作社组织目前减贫效应的情况及特点，本章采用多因素全面评价、定量分析与定性评议相结合、效率和公平相结合等原则构建农民合作社综合减贫效应的评价体系框架。农民合作社减贫效应从经济维度、发展维度和社会维度三个方面加以考察评估。在具体的指标选择方面，减贫效应的测量并不是要量度尽可能多的项目，而是通过系统地整理原本无序的数据来浓缩或精简信息，精选的效应测量指标需满足简约性、预报性、普及性。

（三）指标选取与构建

作为衡量农民合作社减贫效应的标准，需要选取合适的指标，指标本身也必须体现出对合作社减贫的综合要求。依据上述原则与理论，结合我国农民合作社的减贫实践，尝试构建包含两个层次的农民合作社综合减贫效应评价体系。目标层包括经济维度、发展维度和社会维度；指标层由12个具体的指标构成，各指标分类与含义详见表5-1。

表 5-1　农民合作社减贫效应评价指标设计

目标层	指标层	指标代码	释义
经济维度	贫困社员增收	C_1	贫困农户加入合作社后年平均增收幅度：1.0～500 元；2.500～1 000 元；3.100 0～5 000 元；4.500 0～10 000 元；5.100 00 元以上
	帮助脱贫社员	C_2	合作社已经帮助脱贫的贫困社员人数（人）
	带动非社员	C_3	合作社带动的当地非社员贫困农户人数（人）
	合作社收入	C_4	合作社参与农村减贫后组织收入水平变化情况：1. 很差；2. 较差；3. 一般；4. 较好；5. 很好
发展维度	业务增长	C_5	合作社参与农村减贫后农业生产经营业务增长情况：1. 很少；2. 较少；3. 一般；4. 较多；5. 很多
	辐射范围	C_6	合作社辐射带动农户的范围：1. 本村；2. 乡镇；3. 跨乡镇；4. 跨区县；5. 跨地市
	竞争力	C_7	合作社在当地农村市场经营主体中的竞争力：1. 很弱；2. 较弱；3. 一般；4. 较强；5. 很强
	满意度	C_8	合作社社员对本合作社的整体满意度：1. 不满意；2. 较不满意；3. 一般；4. 较满意；5. 很满意
社会维度	提供岗位	C_9	合作社为当地贫困农户提供的工作岗位数量（个）
	技术推广	C_{10}	合作社帮助当地政府进行农业技术推广的效果：1. 很差；2. 较差；3. 一般；4. 较好；5. 很好
	改善环境	C_{11}	合作社参与农村减贫对当地生态环境的改善作用：0. 没有；1. 有
	减贫贡献	C_{12}	合作社对当地减贫工作的贡献程度：1. 很差；2. 较差；3. 一般；4. 较好；5. 很好

农民合作社减贫的经济效应主要从合作社带动贫困社员增收、帮助贫困社员脱贫、带动非社员贫困农户减贫和合作社收入情况四个方面进行综合评判，目的是通过经济数据评价合作社帮助农户减贫增收的效果以及可持续性。农民合作社作为具有生产和经营功能的自助互助组织，其首要利益是农户的利益，其次是合作社自身的利益，因此经济指标中突出了衡量贫困社员通过合作社获利与合作社自身获利情况的相关指标。“贫困社员增收”指贫困社员通过加入农民合作社从事农业生产经营后年平均总收入

的增收幅度；“合作社收入”指合作社在参与农村减贫后组织整体收入水平的变化情况。除了带动贫困社员减贫增收，指标中还考察了合作社对当地没有加入合作社贫困农户的带动作用，“帮助脱贫社员”指截至调研时间，合作社已经帮助成功脱贫的社员人数；“带动非社员”指合作社带动当地未加入合作社贫困农户减贫增收的人数。对这些指标的横向比较可以衡量不同农民合作社帮助农户减贫增收的效果。

农民合作社减贫的发展效应主要从合作社的业务增长、辐射范围、竞争力和满意度四个方面进行综合评判，目的是通过发展数据评价合作社在减贫中对自身实力与发展情况产生的效果。“业务增长”指合作社参与农村减贫后农业生产经营业务的增长情况，带动贫困农户进行减贫增收，合作社也多会受到政府相关项目与政策的扶持，增加合作社的生产经营类型甚至延长产业链等；“辐射范围”指合作社辐射带动农户的地域范围，包括从本村内到跨地市的范围，也可以在一定程度上反映合作社的影响力；“竞争力”指合作社在当地农村市场经营主体中的竞争力，不仅是同当地其他农民合作社的发展情况进行比较，也同当地一些农业企业、家庭农场等在市场上的竞争力进行对比；“满意度”指合作社社员对本合作社的整体满意度，社员对合作社的满意与支持是合作社不断变强和持续提升效果的关键。对以上指标的横向比较可以衡量出不同农民合作社参与减贫对自身实力与发展情况产生的效果。

农民合作社减贫的社会效应主要从合作社提供岗位、技术推广、改善环境和减贫贡献四个方面进行综合评判，目的是通过社会影响数据来评价合作社减贫对当地社会发展与扶贫工作推进产生的效果。“提供岗位”指合作社为当地贫困农户提供的工作岗位数量，这种岗位提供多针对于当地难以通过农业生产经营进行减贫增收的贫困农户，合作社通过雇用这些农户为当地的减贫工作缓解了一定的压力；“技术推广”指合作社帮助当地政府进行农业技术推广的效果，科技扶贫是政府部门进行农村减贫的一个重要环节，而合作社作为一个良好的中介组织，对政府农业生产技术的推广可以起到非常好的效果；“改善环境”指合作社参与农村减贫对当地生态环境的改善作用，农业生产经营以及减贫增收都不应以环境破坏为代价，合作社对贫困农户的良好带动能产生集约化经营的优势，在一定程度上改善当地的生产环境；“减贫贡献”指合作社对当地社会发展以及减贫工作的贡献程度。对这些指标的横向比较可以衡量出不同农民合作社减贫对当地社会与减贫产生的效果。

（四）指标体系验证方法

由于本研究是通过农民合作社调查问卷来获取实证分析的数据，因此首先对收集来的数据进行整理，计算出具体指标的数值，然后采取一定的方法对指标赋予权重，计算出最终的农民合作社综合减贫效应指数。本章所用数据仍然来源于实地调研所得到的有效农民合作社问卷共 74 份，并采用 SPSS22.0 软件利用因子分析法构建并验证该指标体系。

在农民合作社综合减贫效应评价体系中，一个关键问题是指标权重确定。指标权重确定的方法，除了专家赋权外，还有层次分析法、因子分析法等。专家赋权和层次分析法的权重设置都依赖于专家判断，带有一定的主观随意性，而且当指标数目超过一定数量时，往往会出现循环判断的情况，评价效果有失精准。而因子分析可通过现在变量测评潜在变量，并通过具体指标测评和提取抽象因子，来研究众多变量之间的内部依赖关系。它的优势是能够得到客观权重，同时还可以对所建立指标体系的合理性、科学性进行检验。因此，本章在构建合作社减贫效应评价体系中选择因子分析法获取合作社的减贫效应评价数据，为判断因子分析方法评价的稳健性，还使用各因子方差累积贡献率作为权重带入原始数据进行了验证。

采用因子分析法主要是考虑到：从各指标对合作社减贫效应的反映或代表水平来看，有主有次、有强有弱；从指标间的关系来看，有一些指标数据彼此高度相关，可归为一组。而因子分析的基本思想就是要分清主次，并将联系比较紧密的变量归为一组，检验主次区分及分组归类是否可行或显著，如果显著，说明归入一组的变量受到了某个共同因素的影响，这个共同因素就称为公共因子。因子分析通过降维将相关性高的变量聚在一起，即以相关性分析为基础，从协方差矩阵或相关矩阵入手把大部分指标数据的变异归结为几个公共因子所为（即抓住反映或代表效应水平的主要因素），把剩余的变异称为次要或特殊因子；然后通过回归分析法获得各指标的公共因子影响权数，加权求和获得各公共因子得分；再分别以各公共因子所对应的方差贡献率为权重对公共因子得分进行加权求和，最终得到各个合作社减贫效应的综合得分。两次权数的确定均是通过指标数据内在的变异规律获得，而非主观评判。因子分析法能比较清晰、客观地刻画研究对象的系统结构，并能检验指标体系是否可行，进而更加深入、细致和可靠（娄锋等，2016）。

三、农民合作社减贫效应的综合评价

（一）样本数据标准化

由于原始数据存在不同量纲、极差的影响，因此采用“功效系数法”对其进行标准化处理，来得到分析的样本数据。M_{ij} 是项目 E_i 的第 j 项指标的测度值，无量纲的效用值记为 ζ_{ij} 。ζ_{ij} 是 M_{ij} 的函数，具体的计算公式如下：

$$\zeta_{ij}=\frac{M_{ij}-M_j^S}{M_j^l-M_j^S}\times 50+50 \qquad (5-1)$$

其中，M_j^S，M_j^l 分别为项目 E_i 第 j 项指标的最小值和最大值，ζ_{ij} 是对应 M_{ij} 的评价值得分。得到标准化的指标不仅消除了量纲和数量级的影响，同时保留了原始数据的全部信息。限于篇幅，74 个农民合作社的 12 项指标的处理后的数据不再具体列示。

（二）信度和效度分析

根据 Anderson、Tatham 与 Devellis 的研究，变量如果要有良好的信度，则 Cronbach $\alpha\geqslant 0.70$；当 $0.35\leqslant$ Cronbach $\alpha<0.70$ 时为信度尚可；Cronbach $\alpha<0.35$ 为低信度（Gilford，1954）。计算该 74 个农民合作社样本数据的科隆巴赫值，得到结果的 Cronbach α 为 0.766，大于 0.7 的标准，表明变量具有良好的内部一致性信度，因此可以认为分析样本数据信度较好（表 5-2）。

利用 SPSS22.0 软件进行探索性因子分析，对各指标进行 KMO 与 Bartlett's 球形检验，因子分析适宜性检验得到的 KMO 值为 $0.712>0.6$；Bartlett's 球形检验的值为314.721（P 值$=0.000<0.05$），说明数据比较符合因子分析的前提要求，因此可以进一步进行因子分析。

表 5-2　信度与效度分析

Cronbach α 值		0.766
条目数		12
KMO 取样适切性量数		0.712
巴特利球形度检验	近似卡方	314.721
	自由度	66.000
	显著性	0.000

（三）提取公因子

利用主成分分析法提取公因子，并计算得到相关系数矩阵的特征值和特征向量。各个主成分是由原减贫效应各评价指标关于各对应特征向量分量的线性组合，运用 SPSS22.0 软件可以得到 74 个样本农民合作社减贫效应指标主成分分别为 C_1，C_2，C_3，…，C_{12}，并以特征根大于 1 为因子提取公因子，因子旋转时采用方差最大正交旋转进行因素分析。分析结果见表 5-3。

表 5-3　总方差解释

组件	初始特征值			提取载荷平方和			旋转载荷平方和		
	总计	方差百分比	累积%	总计	方差百分比	累积%	总计	方差百分比	累积%
C_1	3.508	29.237	29.237	3.508	29.237	29.237	2.557	21.307	21.307
C_2	2.253	18.776	48.012	2.253	18.776	48.012	2.362	19.682	40.990
C_3	1.519	12.662	60.674	1.519	12.662	60.674	1.860	15.502	56.492
C_4	1.005	8.373	69.047	1.005	8.373	69.047	1.507	12.555	69.047
C_5	0.900	7.497	76.544						
C_6	0.753	6.278	82.822						
C_7	0.549	4.578	87.400						
C_8	0.412	3.437	90.836						
C_9	0.348	2.898	93.734						
C_{10}	0.292	2.435	96.170						
C_{11}	0.248	2.067	98.237						
C_{12}	0.212	1.763	100.000						

从表 5-3 可以看出，前 4 个因子的特征值分别为 3.508，2.253，1.519，1.005，均大于 1，且每个因子所提取的方差变异为 29.237%、18.776%、12.662% 和 8.373%，四个因子累积方差贡献率 TH 达到 69.048%。旋转后的四个因子方差百分比分别为 21.307%、19.682%、15.502%和 12.555%，累积提取了 69.046%，表明这 4 个因子具有很强的代表性，是反映效应水平的主要因素，因此 $S=4$，即可以选取前 4 个主成分来代替原来 12 个变量，这 4 个主成分已经能够较好地评价农民合作社的减贫效应。

利用主成分分析的碎石图（图 5-1）来进行进一步判定。从图中可以看出，前 4 个主成分的特征值都较大，从第 5 个特征值开始数值逐渐变小，且都不超过 1，主成分特征值连线在第 5 个特征值处也变得较为平缓，也说明了前 4 个主成分对解释变量的贡献最大，因此，从主成分分析中提取 4 个主成分最为合适。

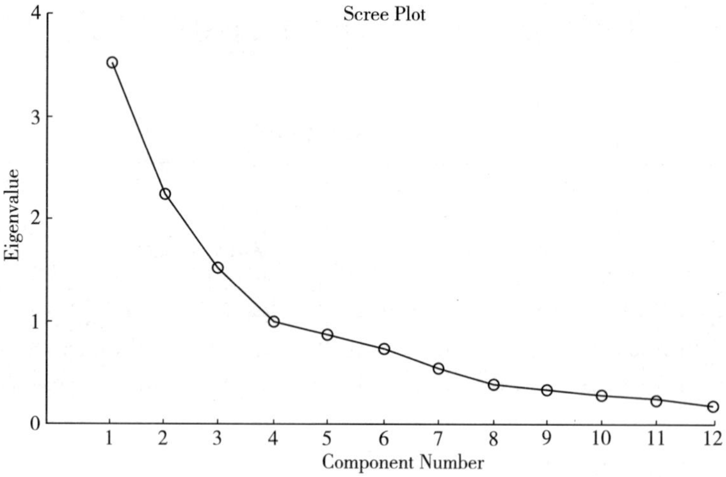

图 5-1 因子碎石图

（四）因子得分

采用具有 Kaiser 标准化的正交旋转法得因子载荷矩阵，旋转后的因子载荷矩阵如表 5-4 所示。

表 5-4　旋转后的因子载荷矩阵

指标	指标代码	成分			
		F_1	F_2	F_3	F_4
帮助脱贫社员	C_2	0.902	−0.001	0.027	−0.050
提供岗位	C_9	0.871	0.018	0.258	0.061
带动非社员	C_3	0.855	0.053	0.104	0.226
合作社收入	C_4	0.067	0.821	−0.164	−0.095
业务增长	C_5	0.031	0.714	0.404	−0.012
满意度	C_8	−0.197	0.629	0.228	0.314
贫困社员增收	C_1	0.056	0.603	−0.237	0.517
减贫贡献	C_{12}	0.378	0.597	0.097	0.498
竞争力	C_7	0.132	−0.125	0.800	0.090
技术推广	C_{10}	0.051	0.090	0.675	0.380
环境改善	C_{11}	0.173	0.182	0.603	−0.159
辐射范围	C_6	0.106	0.044	0.125	0.805

将提取出的 4 个因子分别命名为 $F_1 \sim F_4$。从表 5-4 中可以得出：第一主因子 F_1 在指标 C_2、C_9、C_3 上的系数较大，其对应农民合作社帮助脱贫的社员人数、提供就业岗位和带动非社员贫困农户人数等方面；第二主因子 F_2 在指标 C_4、C_5、C_8、C_1、C_{12} 上的系数较大，其对应农民合作社组织收入水平、业务增长情况、社员满意度、贫困社员增收和减贫贡献等方面；第三主因子 F_3 在指标 C_7、C_{10}、C_{11} 上的系数较大，其对应农民合作社的竞争力、技术推广效果和对环境的改善情况等方面；第四主因子 F_4 在 C_6 上的系数较大，其对应合作社的辐射带动范围。计算因子得分函数矩阵结果如表 5-5 所示。

表 5-5　因子得分函数矩阵

指标	成分			
	F_1	F_2	F_3	F_4
贫困社员增收 C_1	−0.003	0.185	−0.219	0.305
帮助脱贫社员 C_2	0.393	0.002	−0.081	−0.129
带动非社员 C_3	0.338	−0.041	−0.060	0.087

（续）

指标	成分			
	F_1	F_2	F_3	F_4
合作社收入 C_4	0.048	0.444	−0.119	−0.272
业务增长 C_5	−0.039	0.354	0.220	−0.231
辐射范围 C_6	−0.043	−0.181	−0.022	0.644
竞争力 C_7	−0.041	−0.109	0.458	0.012
满意度 C_8	−0.147	0.238	0.109	0.104
提供岗位 C_9	0.343	−0.022	0.048	−0.060
技术推广 C_{10}	−0.090	−0.068	0.356	0.223
环境改善 C_{11}	0.020	0.114	0.353	−0.258
减贫贡献 C_{12}	0.101	0.174	−0.053	0.227

各因子的得分系数矩阵如表 5－5 所示，记 SF_1、SF_2、SF_3、SF_4 分别是各个合作社在 4 个因子上的得分，则得到线性方程组：

$$SF_1 = -0.003 \times SC_1 + 0.393 \times SC_2 + \cdots + 0.101 \times SC_{12} \tag{5-2}$$

$$SF_2 = -0.185 \times SC_1 + 0.002 \times SC_2 + \cdots + 0.174 \times SC_{12} \tag{5-3}$$

$$SF_3 = -0.219 \times SC_1 + 0.081 \times SC_2 + \cdots + 0.053 \times SC_{12} \tag{5-4}$$

$$SF_4 = -0.305 \times SC_1 + 0.129 \times SC_2 + \cdots + 0.227 \times SC_{12} \tag{5-5}$$

其中 SC_1、SC_2、…、SC_{12} 为 12 项经过标准化处理后的各变量的值。综合得分的评价方法为：以每一个主成分对应的贡献率为权数，对 4 个主成分进行加权平均，再分别以各因子所对应的方差贡献率为权重进行加权求和，就可得到各合作社减贫效应的综合评价得分 CSF：根据四个因子的得分，同时以各因子所提取的百分比占提取总的百分比的比重，得到减贫效应的综合评价得分：

$$CSF = \left(\frac{21.307}{69.046}\%\right) \times SF_1 + \left(\frac{19.682}{69.046}\%\right) \times SF_2 + \left(\frac{15.502}{69.046}\%\right) \times SF_3 + \left(\frac{12.555}{69.046}\%\right) \times SF_4 \tag{5-6}$$

根据该农民合作社综合减贫效应的评价函数，就可以计算出所调查的74个样本农民合作社的减贫效应 *CSF* 值，最后得到这74个合作社的分数。需要特别指出的是，由于指标的标准化使农民合作社综合减贫效应基本上是呈正态分布的，因此有些合作社的 *CSF* 值会出现负值的结果，但由于综合评分的正负并没有特别的实际意义，因此这并不影响各个农民合作社间的减贫效应可比性。

四、农民合作社减贫效应的影响因素

从对样本农民合作社的减贫效应评价得分的分布来看，在主营业务相同的农民合作社中，减贫效应表现差异显著，即使是在同一地区，规模相近、资产相当的合作社也有效应的高低之分。农民合作社作为农民自愿参与的互助型生产经营组织，成员之间的联合与合作是其有效运转的基础，只有成员愿意参与到合作社中去和持续地惠顾合作社，合作社才能得以长久存在和发展，社员自身也获得能力的提高与收入的增加。目前，我国农民合作社仍处在发展的起步阶段，组织内部利益关系松散、农户参与程度低和合作效果不明显是普遍存在的问题。面对日益激烈的市场竞争，如何通过合作社自身的制度建设和机制创新，进一步激发贫困农户参与合作社的积极性和提高组织的减贫效应，是加快我国减贫事业发展需要解决的一个关键问题。因此，考察影响农民合作社减贫效应的内外部因素，获取内外部各种影响因素对减贫效应的影响程度，对调控这些因素以提高农民合作社的运作效率、竞争力以及促进农村减贫事业发展均有重大现实意义。在本章中，将建立理论分析框架以实证研究的研究假设，并对相关影响因素变量进行多元回归分析，最终验证理论假设，并对结果进行综合讨论。

（一）相关理论与假设

根据对农民合作社“益贫”机制的理论研究，合作社的内部制度安排如产权制度和治理结构等应是决定和影响其综合减贫效应的核心因素，与合作社减贫效应密切相关的还有合作社自身的规模、生产、交易等活动，同时政府减贫相关的政策也会对合作社的减贫效应产生显著的影响。因此，农民合作社的综合减贫效应是内外部因素及相关制度有机结合、作用的结果。

1. 合作社规模特征与减贫效应

农民合作社的运转发展与减贫增收带动效果与其组织规模有很大关联。一方面是合作社的资本规模，资本充足、资产较多的合作社将会有更高的发展空间，可以通过不断扩大生产规模、延长农产品加工产业链等方式帮助社员获得更高的产品附加值，不断提升他们的收益，带动贫困社员的收益持续增加，实力强大的合作社对当地农业产业的发展也大有裨益；另一方面是合作社的社员规模，社员规模能够反映出一个合作社的带动效果，进行农业集约化生产经营的效果也更好，更能体现出合作社的价值。因此，本章提出如下假设：

假设 1：合作社的资本、社员等规模越大，合作社的综合减贫效应越高。

2. 产权结构与合作社减贫效应

产权结构是农民合作社区别于其他普通企业的重要因素之一，合作社与投资者所有的企业的本质差异在于合作社强调资本为人服务。当前我国农民合作社更关注的是产权的内部人控制问题，其典型表现为少数核心成员（比如理事长）占有组织的多数股份（黄胜忠等，2008），使合作社在进行盈余分配时，占有多数股份的核心成员能基于入股比例分到多数经营利润，使看似具有合理性的产权结构背离了组织发展初衷（周春芳、包宗顺，2010）。在中国农民合作社的发展实践中，公司化倾向的资本控制型合作社已成为农民合作社的主导形式，合作社的控制权被掌握在少数人手里，从而形成了具有中国特色的“中心—外围”的圈层社员结构（马彦丽、孟彩英，2008；崔宝玉，2010）。在股份较为集中的合作社，其决策和利润分配往往由少数核心社员控制，并且普通成员也会默认少数核心社员拥有更多的话语权和决策权，从而形成了事实上的少数核心社员控制而非全体社员共同控制合作社的局面（潘劲，2011）。在这种情况下，少数核心社员极有可能以有利于自己的方式分配合作社剩余，而普通社员以及贫困社员的利益难以得到保证。但是从另一方面来看，核心成员持股对于合作社委托代理问题减轻和核心成员能力激励有正向作用。也有学者在研究中发现，高股权集中度更有利于减轻合作社内部的委托代理问题和激励核心社员，从而对合作社具有正向作用（邵科等，2014）。为了更好地把握产权结构对合作社减贫效应的影响，非常有必要实证分析合作社股权集中度和制衡度对减贫效应的影响。就农民合作社产权结构对减贫效应的影响，提出如下假设：

假设 2：较高的股权集中度对农民合作社的综合减贫效应有负向影响。

3. 治理机制与合作社减贫效应

恰当的治理机制安排对农民合作社有重要的正面影响，农民合作社治理机制如果不健全，将难以从根本上调动农户参与合作的主动性和积极性，从而降低合作社的减贫效应。在理事会规模普遍不大的情况，理事会适当增加新的成员，一方面可以集思广益，提高合作社的成长能力和赢利能力；另一方面也可以广泛听取意见，提高社员满意度。而社员大会、监事会和财务信息公开等内部监督机制有利于合作社更加规范，有效保护贫困社员的权益。基于此，提出如下假设：

假设 3：治理机制越完善的农民合作社，其综合减贫效应越好。

4. 生产经营与合作社减贫效应

农业生产经营作为合作社的主营业务，也是贫困社员参与农民合作社减贫增收的重要途径。在生产方面，合作社的经营种类越丰富，可能带动的贫困农户数量也越多；为社员提供的服务范围越广，加入合作社的贫困农户获得的服务种类越多，其进行农业生产经营的效果可能越好。在经营方面，合作社产品认证是体现其产品质量的重要指标，高质量农产品往往会获得更高的经济收益，合作社农产品的营销渠道越广泛，社员获利水平也越高。另外，分配制度也是农民合作社的一个显著特征，农民合作社的普通社员一般都扮演着惠顾者的角色，在合作社的产品交易中居于主体地位，建立专业合作社良好利益分配机制是确保社员权益的核心与关键。从相关已有研究的结论来看，其对分配制度作用于农民合作社效应的看法较为一致，都认为分配制度是合作社实现稳定发展的关键。孙亚范、于海鹏（2012）的实证研究表明，按交易量（额）返还盈余的合作社，其经营效果显著好于没有采用这一方式的合作社。因此合作社的分配制度对于其减贫效应有重要影响。基于此，提出如下假设：

假设4：生产种类、服务范围等经营越完善的农民合作社，其综合减贫效应越好。

5. 理事长与合作社减贫效应

根据已有研究，企业家才能在推动一个组织的发展与运转效果方面具有越来越重要的作用，因此，一个优秀的农民合作社负责人也应该具有突出的企业家才能，不断提高自身的组织与管理能力，具备良好的管理技巧并熟悉合作社的各种经营业务，能够致力于提高合作社内部的凝聚力，培养战略眼光，善于辨别市场中存在的机遇与风险，从而做出正确的判断，才能不断提高农民合作社的运行能力和竞争力，带动更多的贫困农户进行减贫增收。鉴于此，提出如下假设：

假设5：理事长才能水平越高，农民合作社的综合减贫效应越好。

6. 政府扶持与合作社减贫效应

我国农民合作社在农村地区产生之初，是基于其制度结构的特殊性以及与广大农民的利益相关性而成立起来的，但从合作社的发展过程来看，政府政策指引对合作社的规范发展与运转的有效性提供了非常大的帮助。尤其是从减贫的视角看，政府对农民合作社减贫的鼓励、支持和引导也会对合作社的减贫效应产生重要的影响，如果当地政府重视通过合作社带动减贫增收，给予合作社更多减贫动力与机会，就会帮助合作社产生更好的减贫效应。鉴于此，本章提出如下假设：

假设6：政府越重视对农民合作社的减贫扶持，合作社的减贫效应越好。

（二）变量与模型选择

1. 变量选取

基于理论假设与我国农民合作社的减贫现实，本章认为：①合作社的成立时间和规模等在一定程度上反映了合作社的实力与发展潜力，对合作社的减贫效应会产生影响作用；②产权制度决定了农民合作社的资源配置，会直接影响其减贫效应；③治理结构对贫困社员参与合作社运营提供了不同的激励和约束，进而影响到合作社的减贫效应；④生产经营特征能够直接影响贫困社员在合作社中通过农业生产经营能够获得的收益，与减贫效应有直接的相关关系；⑤当前多数合作社的理事长实际上集经营决策权和执行权于一身，因此一个合作社中负责人的才能及其掌握的社会资源能够直接影响合作社的减贫效应；⑥减贫相关政策扶持与项目合作等也会对农民合作社的减贫效应产生直接的影响。综上，为了较为全面评估减贫效应的影响因素，本章拟设定检验农民合作社减贫效应的影响因素包括合作社规模特征、产权制度、治理结构、生产经营、理事长及政府扶持，并设计了相对应的若干具体测量指标来体现各个自变量对因变量的影响方向和程度，具体变量指标及含义见表5-6。

表5-6　合作社减贫效应影响因素变量的设定

指标	变量	代码	释义
规模特征	成立时间	X_1	合作社成立的时间（年）
	资产规模	X_2	合作社现有总资产（万元）
	社员规模	X_3	合作社社员总人数（人）
产权制度	股权集中度	X_4	理事会总持股比例（%）
	组建方式	X_5	合作社成立之初的组建方式：1. 农户自发；2. 政府及相关部门；3. 生产或经销大户；4. 企业或供销社
	入社限制	X_6	加入合作社是否有限制：1. 无限制；2. 有限制
治理结构	理事会人数	X_7	合作社理事会的总人数（人）
	管理人员数	X_8	合作社中管理人员总人数（人）
	监事会设置	X_9	合作社进行监管的方式：1. 监事会；2. 执行监事；3. 都不设置
	财务公开	X_{10}	合作社每年进行财务公开的次数（次）
	社员大会	X_{11}	合作社每年召开社员大会的次数（次）
	理事会议	X_{12}	合作社每年召开理事会的次数（次）
经营特征	经营种类	X_{13}	合作社生产经营农产品的种类（种）
	服务种类	X_{14}	合作社为社员提供各种服务的数量（种）
	技术人员	X_{15}	合作社专门提供技术服务的工作人员数量（人）
	培训次数	X_{16}	合作社每年对社员进行培训的次数（次）
	品牌	X_{17}	合作社生产农产品是否有自己的品牌：1. 有品牌；2. 无品牌
	产品认证数量	X_{18}	合作社生产农产品的质量认证数量（个）
	销售范围	X_{19}	合作社农产品销售的地域范围：1. 本区县；2. 跨市；3. 跨省；4. 全国和跨国
	盈余分配	X_{20}	合作社进行盈余分配的方式：1. 按交易额；2. 按股；3. 平均

（续）

指标	变量	代码	释义
企业家	年龄	X_{21}	合作社理事长的年龄（岁）
	文化程度	X_{22}	合作社理事长受教育程度：1. 文盲；2. 小学；3. 初中；4. 高中；5. 大专及以上
	身份	X_{23}	合作社理事长的身份特征：1. 企业家；2. 村干部；3. 大户或能人；4. 普通农民
	能力	X_{24}	合作社理事长的综合管理能力：1. 很差；2. 较差；3. 一般；4. 较好；5. 很好
政府扶持	政策数量	X_{25}	合作社受到减贫相关优惠政策的数量（个）
	合作项目	X_{26}	合作社是否和当地政府有减贫对接项目：1. 有；2. 没有

（1）合作社的规模特征。影响农民合作社综合减贫效应的合作社基本特征包括以下几点：一是“成立时间”，指农民合作社从在工商部门注册登记之日起至调研时间，保持生产运行的年数。二是“资产规模”，指农民合作社目前现有的总资产价值，反映合作社带动发展的资本水平。三是“社员规模”指农民合作社现有社员总人数，包括所有普通社员和贫困社员，反映合作社的人力资本水平。

（2）产权制度。影响农民合作社综合减贫效应的合作社产权制度包括以下几个因素：一是“股权集中度”，指农民合作社理事会的总持股数占合作社所有股份的比例，反映合作社股权在少数领导者手中的集中情况。一般来说，股权集中程度越高，产权制度安排的股份制倾向越明显。二是“组建方式”，指农民合作社在最初成立时是以何种方式组建起来的，主要包括农户自发联合成立、政府及相关部门召集成立、生产或经销大会带动成立以及企业或供销社帮助成立等方式，这些方式从低到高可以显示出合作社成立的引导情况。相对于依托众多小农户建立的农民合作社，以企业、生产经营大户或政府相关部门作为依托而组建的合作社，其产权制度更倾向于股份制且实力更强。三是“入社限制”，指贫困社员在想要加入合作社的时候，合作社是否会给其设限，反映贫困农户参与合作社的难易程度。合作社对于入社农户的限制情况也在一定程度上表现出其产权制度的偏向性。

（3）治理结构。影响农民合作社综合减贫效应的合作社治理结构包括以下几个因素：一是“理事会人数”，指农民合作社理事会内包括理事长在内的理事人数。二是“管理人员数”，指农民合作社内部除理事外进行生产运行管理的工作人员数量。三是“监事会设置”，指农民合作社监事会的设置情况，对于一些规模较小的合作社，也有不成立监事会，但通过民主选举设立执行监事的情况，同样对合作社起到一定的监督作用。以上三个指标可以用来测度农民合作社治理机制以及民主治理机制是否形成，是否完备。四是“财务公开”，指农民合作社每年进行财务公开的次数，反映了合作社财务活动的公开透明度。根据实地调查发现，合作社财务与运营情况是广大社员较为关心的治理制度安排，直接关系到社员参与合作社生产经营的积极性，是影响治理结构激励作用的重要因素。五是“社员大会”，指农民合作社每年社员大会或社员代表大会的召开次数，反映社员对合作社生产经营与运转的讨论参与情况。六是“理事会议”，指农民合作社每年理事会的召开次数，反映合作社领导成员对合作社的重视程度。

（4）生产经营特征。影响农民合作社综合减贫效应的生产经营特征包括以下几个因素：一是“经营种类”，指农民合作社同时进行农业生产经营的品种数量。二是“服务种类”，指农民合作社为社员提供的服务种类数量。三是“技术人员”，指农民合作社中聘用的农业生产技术指导工作人员。四是“培训次数”，指在农民合作社内部每年对社员开展的培训次数。五是“品牌”，指农民合作社进行生产经营的产品是否有自己的品牌。六是“产品认证数量”，指农民合作社生产产品拥有的产品认证的数量。七是“销售范围”，指农民合作社产品销售的地域范围，包括本区县、跨市、跨省、全国及跨国。八是“盈余分配”，指农民合作社对社员的盈余分配方式，包括按交易额分配、按股分配和平均分配，体现农民合作社是否具有良好的利益分配机制，也是确保贫困社员权益的核心与关键。

（5）理事长特征。影响农民合作社综合减贫效应的理事长特征包括以下几个因素：一是“年龄”，指农民合作社理事长的年龄。二是“文化程度”，指农民合作社理事长的受教育程度，由低到高为文盲、小学、初中、高中、大专及以上。三是“身份”，指农民合作社理事长的身份特征，分为企业家、村干部、大户或能人、普通农民。四是“能力”，指农民合作社理事长个人的领导与经营水平。这些指标能够在一定程度上反映理事长的工作能力以及对外部环境的认知能力，反映了理事长对合作社发展前景的态度和信心，在农村实践中，理事长的来源或背景在相当程度上反映了其拥有的资金、人力及社会资源等，从而决定了合作社综合减贫效应的能力。

（6）政府扶持。影响农民合作社综合减贫效应的治理结构包括以下几个因素：一是“政策数量”，指当地政府给农民合作社提供的助农减贫优惠政策的数量。二是“合作项目”，指农民合作社是否承接政府相关部门与合作社联合实施的专项减贫增收项目。是否获得政府的支持是影响合作社减贫效应非常强烈的外部因素。

2. 模型选择

在第四章中得出各农民合作社综合减贫效应为连续变量，因此研究减贫效应及其影响因素之间的关系采用多元线性回归模型进行分析。影响农民合作社综合减贫效应的设定函数形式为：

$$y_i = f(x_1, x_2, x_3, \cdots, x_j) + \varepsilon_i \qquad (5-7)$$

式中，y_i 表示第 i 个农民合作社的综合减贫效应，x_j 表示第 j 个影响因素，ε_i 表示无法观察到的其他影响因素对该样本的影响，即随机干扰项。

（三）实证结果分析

1. 样本整体特征（表 5－7）

表 5－7　样本变量特征

变量	指标代码	最小值	最大值	均值	标准差
成立时间	X_1	1	14	5.689	3.347
资产规模	X_2	7	4 690	290.859	599.564
社员规模	X_3	5	800	124.568	137.142
理事会持股比例	X_4	10	100	73.716	20.658
组建方式	X_5	1	4	2.730	1.138
入社限制	X_6	1	2	1.338	0.476

（续）

变量	指标代码	最小值	最大值	均值	标准差
理事会人数	X_7	1	30	4.973	4.658
管理人数	X_8	1	30	5.554	4.351
监事会设置	X_9	1	3	2.405	0.660
财务公开次数	X_{10}	0	6	1.703	1.082
社员大会次数	X_{11}	0	12	2.986	2.180
理事会议次数	X_{12}	1	18	4.797	3.690
经营种类	X_{13}	1	4	1.432	0.621
服务种类	X_{14}	1	9	4.108	2.367
技术人员	X_{15}	0	16	3.189	3.234
培训次数	X_{16}	1	10	3.297	2.256
品牌	X_{17}	1	2	1.514	0.503
质量认证	X_{18}	0	3	0.797	0.721
销售范围	X_{19}	1	3	2.473	0.707
盈余分配	X_{20}	1	3	1.500	0.603
年龄	X_{21}	28	69	44.743	7.580
文化程度	X_{22}	3	5	4.203	0.702
身份	X_{23}	1	4	2.932	0.881
能力	X_{24}	2	5	3.595	0.826
政策支持数量	X_{25}	0	6	3.662	1.925
政府合作项目	X_{26}	1	2	1.581	0.497

通过对样本数据的初步统计特征来看：①在合作社规模方面，调研合作社最短成立时间为1年，最长为14年，平均在5年左右，很多合作社成立时间并不长；资产规模方面不同合作社之间的差异较大，最小为7万元，最大为4 690万元；在社员规模方面，社员数量最少只有5人，也是一般合作社登记注册要求的最低人数，而最多的合作社社员数量高达800人，组织规模较为庞大。②在产权制度方面，调研合作社的理事会持股比例从10%到100%不等，均值为73.72%，说明合作社理事会的总持股比例相对较高；而从组建方式来看，调研各地合作社更倾向于由生产种植大户或企业领办；在入社限制方面，对社员有入股或代销等入社条件的合作

社更多。③在治理结构上，理事会人数由1到30不等，均值为5人左右，说明调研到的合作社大多数偏向于中小型管理组织模式，而且合作社管理人员的数量也在6人左右，工作人员数量并不是很多；调研中还有一个突出现象是合作社内少有监事会设置，甚至没有执行监事，对合作社的内部监管处于缺失的状态；合作社内财务信息公开次数约为每年2次，一部分合作社并不进行财务公开；在社员大会与理事会的召开方面，理事会召开次数一般比社员大会要多。④在生产经营特征方面，大部分合作社仅从事一种农产品的生产经营，经营品种最多的合作社同时经营4种农产品；而合作社提供的服务种类较多，一般都涉及农业生产的各个阶段；大部分合作社为帮助农业生产顺利进行雇用了专门的技术人员进行指导，对于社员的培训数量也较多。调研到大部分的合作社并没有自己专门的品牌，农业生产处于初级农产品的状态或初加工状态，产品质量认证的也较少，难以达到企业级别的产品加工质量。调研合作社农产品的销售渠道较为顺畅，能够到达外市县甚至外省的农产品市场。在盈余分配方面，合作社更倾向于按交易额进行分配。⑤在理事长方面，调研合作社的理事长年龄最年轻的为28岁，年龄最大的为69岁，平均为44岁，大多数理事长处于青壮年，有足够的精力对合作社进行管理；合作社理事长的受教育水平普遍在高中及以上；调研的理事长中，大户或能人身份较多，也有部分企业家、村干部当选为合作社的理事长；在理事长的综合能力方面，大部分理事长的管理能力处于中上水平。⑥在政府扶持方面，大多数农民合作社都得到了政府减贫相关优惠政策支持，也有部分合作社得到了与政府协作实施减贫增收的专门项目。

2. 模型检验

首先，对所有26个变量（常数项除外）对农民合作社的综合减贫效应影响进行多元线性回归分析，如表5-8所示。

表5-8 初始模型回归结果

变量	非标准化系数		标准化系数	t	p	95%置信区间		共线性检验	
	系数	标准误				下界	上界	容忍度	VIF
常数项	−1.072	0.717		−1.496	0.141	−2.513	0.370		

（续）

变量	非标准化系数		标准化系数	t	p	95%置信区间		共线性检验	
	系数	标准误				下界	上界	容忍度	VIF
成立时间	−0.017	0.016	−0.111	−1.076	0.287	−0.049	0.015	0.539	1.855
资产规模	0.000	0.000	−0.309	−2.580	0.013	0.000	0.000	0.399	2.508
社员规模	0.002	0.001	0.605	4.432	0.000	0.001	0.003	0.307	3.253
理事会持股比例	−0.002	0.003	−0.067	−0.660	0.513	−0.007	0.003	0.549	1.821
组建方式	0.069	0.049	0.153	1.413	0.164	−0.029	0.167	0.486	2.056
入社限制	0.325	0.110	0.304	2.958	0.005	0.104	0.546	0.545	1.836
理事会人数	−0.006	0.012	−0.053	−0.491	0.626	−0.030	0.018	0.491	2.038
管理人数	−0.030	0.013	−0.253	−2.334	0.024	−0.055	−0.004	0.489	2.046
监事会设置	−0.042	0.077	−0.055	−0.553	0.583	−0.197	0.112	0.580	1.724
财务公开次数	−0.023	0.050	−0.049	−0.467	0.643	−0.124	0.077	0.510	1.962
社员大会次数	−0.001	0.036	−0.004	−0.025	0.980	−0.073	0.072	0.242	4.138
理事会议次数	0.036	0.020	0.261	1.835	0.073	−0.003	0.076	0.282	3.540
经营种类	0.083	0.079	0.101	1.049	0.300	−0.076	0.241	0.621	1.610
服务种类	0.014	0.024	0.064	0.569	0.572	−0.035	0.063	0.452	2.212
技术人员	0.000	0.018	0.003	0.027	0.979	−0.036	0.037	0.439	2.276
培训次数	0.008	0.024	0.035	0.327	0.745	−0.041	0.057	0.498	2.006
品牌	−0.152	0.107	−0.150	−1.424	0.161	−0.368	0.063	0.513	1.948
质量认证	−0.076	0.075	−0.108	−1.022	0.312	−0.227	0.074	0.513	1.950
销售范围	0.162	0.084	0.224	1.926	0.060	−0.007	0.331	0.422	2.370
盈余分配	0.195	0.085	0.230	2.278	0.027	0.023	0.367	0.562	1.779
年龄	−0.003	0.007	−0.037	−0.377	0.708	−0.016	0.011	0.584	1.712
文化程度	−0.025	0.095	−0.034	−0.263	0.794	−0.215	0.165	0.339	2.952
身份	−0.057	0.059	−0.098	−0.959	0.343	−0.176	0.063	0.544	1.837
能力	0.208	0.072	0.337	2.883	0.006	0.063	0.353	0.420	2.381
政策支持数量	−0.014	0.031	−0.054	−0.460	0.647	−0.077	0.048	0.416	2.403
政府合作项目	−0.181	0.110	−0.176	−1.648	0.106	−0.401	0.040	0.503	1.988

通过表 5－8 可以看出，模型中存在一些不显著的变量，因此我们采用多元逐步回归中的后退法来逐步剔除不显著的变量，最终得到显著且适

配的模型结果（表 5-9）。

表 5-9 模型拟合优度检验结果

模型	R	R^2	调整后的 R^2	标准误	$D-W$ 检验值	F	P
1	0.819	0.671	0.619	0.315	2.186	12.868	0.000

样本判定系数的值为 0.671，调整后的样本判定系数值为 0.619，表明模型具有较好的拟合优度。而 $D-W$ 值为 2.186，可认为残差项独立。采用 F 检验对方程进行显著性检验，多元线性回归方程的显著性检验 P 值小于 0.05，拒绝原假设，可以认为模型存在显著的线性关系。

3. 建立回归方程

对回归方程总体显著性进行了 F 检验后可见，模型的显著性水平 P 值为 0.000，可以认为方程总体显著，建立方程是有意义的。通过 SPSS 进行多元回归分析得到方程参数的解及对显著性检验的说明，具体如表 5-10 所示。

表 5-10 回归方程系数表

变量	非标准化系数		标准化系数	t	P	95%置信区间		共线性检验	
	系数	标准误				下界	上界	容忍度	VIF
常量	−1.295	0.332		−3.897	0.000	−1.959	−0.631		
成立时间 X_1	−0.026	0.013	−0.168	−1.962	0.054	−0.052	0.000	0.713	1.403
资产规模 X_2	0.000	0.000	−0.271	−2.620	0.011	0.000	0.000	0.489	2.043
社员规模 X_3	0.003	0.000	0.685	6.293	0.000	0.002	0.003	0.440	2.274
入社限制 X_6	0.321	0.091	0.300	3.539	0.001	0.140	0.502	0.726	1.377
管理人数 X_8	−0.021	0.010	−0.180	−2.164	0.034	−0.041	−0.002	0.751	1.331
理事会议次数 X_{12}	0.025	0.011	0.183	2.313	0.024	0.003	0.047	0.835	1.198
销售范围 X_{19}	0.108	0.059	0.149	1.815	0.074	−0.011	0.227	0.770	1.299
盈余分配 X_{20}	−0.134	0.067	−0.158	−1.994	0.050	0.000	−0.268	0.832	1.202
能力 X_{24}	0.179	0.057	0.290	3.129	0.003	0.065	0.294	0.606	1.650
政府合作项目 X_{26}	−0.224	0.091	−0.219	−2.468	0.016	−0.406	−0.043	0.665	1.504

从表 5-10 可以看出，首先，常数项显著性为 0.000，高于 0.05，应该接受原假设，故排除常数项；农民合作社的资产规模、社员规模、入社

限制、管理人数、理事会议次数、盈余分配方式、理事长能力和政府合作项目等变量的显著性分别为 0.011、0.000、0.001、0.034、0.024、0.050、0.003 和 0.016，均低于 0.05 的显著性水平，应该拒绝原假设，将其包括在方程中；而对于合作社成立时间和销售范围，虽然其显著性分别为 0.054 和 0.074，但根据研究需要适当放宽假定至 0.1 的显著性水平时，这两个变量也是显著的，也应该囊括在最终的方程之中。综上所述，最后得到的拟合方程为：

$$CFS = -0.168X_1 - 0.271X_2 + 0.685X_3 + 0.300X_6 - 0.180X_8 + 0.183X_{12} + 0.149X_{19} - 0.158X_{20} + 0.290X_{24} - 0.219X_{26} \quad (5-8)$$

4. 多元线性回归结果分析

（1）规模特征与农民合作社的综合减贫效应。规模特征的三个变量因素与合作社的减贫效应都有较为显著的影响关系，首先，合作社的成立时间与减贫效应呈负相关关系，即合作社成立的时间越长，合作社的减贫效应越差，这与我们的原假设不符合。从实地调研来看，成立时间较长的合作社通常具有较强的实力，在当地的市场经营主体中占据较高的地位，其组织目标更注重于帮助社内大部分社员追求更高的利益，而对于社内的贫困社员以及低收入社员较为忽视，甚至排斥贫困社员的加入。而很多成立时间较短的合作社，有一部分也是在当地贫困农户的普遍需求与减贫目标下，以帮助贫困农户减贫增收为目标而成立起来的，虽然成立时间不长，但是合作社的减贫目标更加明确，减贫效应更受重视，因此在模型中体现出成立时长与减贫效应的负向影响。

模型中，资产规模与合作社的减贫效应也呈负相关关系，与成立时间的影响类似，资产规模较大的合作社，并不一定会利用其资源对贫困社员进行特别的投入，也不会获得更好的减贫效应。而社员规模对合作社的减贫效应的影响是正向的，而且在所有变量中影响程度最大，合作社作为同类农产品生产经营者的联合，互相协助合作是其成立的根本，也是合作社发挥应有作用的基础。社员规模大的合作社，一方面反映合作社出色的带动作用，另一方面也给社员提供了更多互动、协助、共同解决困难的机会，对于贫困农户减贫增收的作用和效果是非常显著的。

（2）产权制度与农民合作社的综合减贫效应。产权制度的相关变量中，只有入社限制对合作社的减贫效应有正向的影响。模型显示，理事会持股比例、组建方式等变量对减贫效应的影响作用并不大，而入社限制与贫困农户通过合作社减贫增收关系密切，根据变量设置，入社限制的值越小，合作社对贫困农户入社的限制越少；而值越大，合作社对农户入社的就有代销、出资入股等要求。入社限制值越大，合作社的减贫效应越好，这也从一定程度证明了贫困社员只有通过真正与合作社达到资本、业务、管理等方面的紧密联合，合作社才能对这些贫困农户起到减贫增收的良好效果。而一些对入社没有任何限制的合作社，其与社员之间的联系也非常松散，合作社对贫困社员的行为没有过多的约束，亦缺乏能力的培养，因此难以帮助贫困社员减贫增收，合作社自身也不能通过协助贫困农户来获得更好的发展。

（3）治理结构与农民合作社的综合减贫效应。治理结构的相关变量中，对合作社减贫效应有显著影响的变量包括：管理人数、理事会会议、销售范围和盈余分配方式四种。首先，管理人数对合作社减贫效应的影响是负向的，说明在农民合作社中，并不是从事管理的工作人员越多越好，合作社并不是像企业一类的以组织盈利为主要目的经营主体，合作社拥有一定数量的领导层，如理事会来决定合作社运营的一些重要事项，除此之外，合作社是一个通过社员共同自治的组织，通过管理参与能在一定程度上提高贫困社员的地位和话语权，而如果合作社内设置过多的管理岗位，不仅会使管理层冗杂，还会降低组织的自治特性，引发社员的不满，脱离合作社的本质特征。合作社理事会会议的召开频率对其减贫效应的影响是正向的，也说明合作社中领导层目标与指导对减贫增收的推进作用是很大的。

（4）经营特征与农民合作社的综合减贫效应。在生产经营特征方面，有两个变量对合作社的减贫效应有较为显著的影响，分别是合作社的销售范围和盈余分配的方式。合作社的销售范围对其减贫效应的影响是正向的，合作社生产农产品的销售范围越广，获得的产品利润越高，对于贫困农户来说减贫增收的效果越好，同时也能在一定程度上提高合作社的带动作用。另外，合作社的盈余分配方式与减贫效应存在负向影响，前文对盈余分配方式的设置是变量值越小，合作社越倾向于按交易额进行盈余返还，那么合作社的减贫效应就越好。

（5）理事长与农民合作社的综合减贫效应。在所有理事长相关的变量中，模型显示出与合作社减贫效应相关的变量只有理事长的能力水平一项，减贫效应与理事长的年龄、文化水平和身份没有太大的关系，而且理事长能力对合作社的减贫效应有较大的正向影响作用，说明理事长的综合管理能力和水平越高，越能增强农民合作社的减贫带动作用，理事长市场分析能力和管理水平等综合实力越强也会带动合作社的发展越来越好。

（6）政府扶持与农民合作社的综合减贫效应。在政府扶持的两个相关变量中，对合作社减贫效应有显著影响的是政府减贫合作项目的实施。模型显示，政府合作项目与合作社减贫效应呈负向影响，前文对该变量的设置是值越小，合作社更倾向于获得政府专门的减贫合作项目，可见，针对贫困农户的减贫项目对于合作社参与农村减贫增收能够起到显著的效果，而单纯的优惠政策支持并不能达到显著的效果。

本章小结

本章从经济维度、发展维度和社会维度三个方面建立了一套农民合作社综合减贫效应的评价体系，并根据该评价指标体系的特征选取因子分析法来对74个样本农民合作社的综合减贫效应进行评价。农民合作社减贫效应综合评分的对比在一定程度上显示出不同合作社间减贫效应的高低差距，也为之后对合作社减贫效应的影响因素研究奠定基础。之后从规模特征、产权制度、治理结构、经营特征、理事长和政府扶持六个方面对农民合作社综合减贫效应的影响进行理论分析和研究假设，并通过实地调研数据运用多元回归分析方法得出减贫效应影响因素的实证模型，通过模型分析可以得出：农民合作社的资产规模、社员规模、入社限制、管理人数、理事会议次数、盈余分配方式、理事长能力和政府合作项目等变量对合作社综合减贫效应的影响非常显著，而合作社成立时间和销售范围对减贫效应的影响相对显著。其中，社员规模、入社限制、理事会议次数、销售范围、理事长能力等对合作社的减贫效应有正向影响，而成立时间、资产规模、管理人数、盈余分配和政府合作项目对减贫效应有负向影响。因此，要进一步提高农民合作社的综合减贫效应，需要加强社员间合作、增强贫困社员的资本、业务和管理参与，提高农业生产效率，增加农产品附加值，加强合作社与政府间减贫项目合作。

参考文献

[1] Birchall J. Rediscovering the cooperative advantage: Poverty reduction through self-help [R]. International Labor Organization, 2003.

[2] Sapovadia V, Patel A. Drivers of Poverty Alleviation Process: Empirical Study of Community Based Organizations from India [R]. Munich Personal Repec Archive Paper, 2013.

[3] 孙艳华，周力，应瑞瑶．农民专业合作社增收绩效研究——基于江苏省养鸡农户调查数据的分析．南京农业大学学报（社会科学版），2007（2）：22-27.

[4] 黄祖辉，梁巧．小农户参与大市场的集体行动——以浙江省箬横西瓜合作社为例的分析 [J]. 农业经济问题，2007（9）：66-71.

[5] 伊藤顺一，包宗顺，苏群．农民专业合作社的经济效果分析——以南京市西瓜合作社为例．中国农村观察，2011（5）：2-13，95.

[6] 蔡荣．"合作社+农户"模式：交易费用节约与农户增收效应——基于山东省苹果种植农户问卷调查的实证分析．中国农村经济，2011（1）：58-65.

[7] 薛凤蕊，乔光华，姜冬梅．土地合作社对农户收入影响评价．农业经济问题，2012（5）：34-39.

[8] 张晋华，冯开文，黄英伟．农民专业合作社对农户增收绩效的实证研究．中国农村经济，2012（9）：4-12.

[9] 邵科，郭红东，黄祖辉．农民专业合作社组织结构对合作社绩效的影响——基于组织绩效的感知测量方法．农林经济管理学报，2014（1）：41-48.

[10] 苏群，陈杰．农民专业合作社对稻农增收效果分析——以江苏省海安县水稻合作社为例．农业技术经济，2014（8）：93-99.

[11] 胡联．贫困地区农民专业合作社与农户收入增长．财经科学，2014（12）：117-126.

[12] 陈杰．粮食类专业合作社的增收效果评价——基于 PSM-DID 模型分析．农林经济管理学报，2015（4）：369-375.

[13] 王真．合作社治理机制对社员增收效果的影响分析．中国农村经济，2016（6）：39-50.

[14] 刘宇翔．欠发达地区农民合作扶贫模式研究 [J]．农业经济问题，2015，36 (7)：37-45，110-111.
[15] 宋瑛，朱美，张驰．贫困村农民专业合作社促农增收减贫的影响因素分析——基于黔、渝 176 份社员的微观调查数据 [J]．特区经济，2019 (8)：59-64.
[16] 袁俊林，聂凤英．农民合作社减贫、增收效应与异质性分析——基于中国西部贫困地区农户调研数据 [J]．中国农业资源与区划，2021 (9)：1-15
[17] 唐宗焜．合作社功能和社会主义市场经济．经济研究，2007 (12)：11-23.
[18] 韩国民，高颖．西部地区参与式扶贫与农民专业合作社发展的互动研究．农村经济，2009 (10)：116-118.
[19] 苏晓云．贫困地区农民合作经济组织实证研究——基于广西凤山县的调查与思考．毛泽东邓小平理论研究，2012 (5)：8894.
[20] 牟永福，刘娟．贫困农户合作机制研究：合作式贫困治理结构的视角．河北师范大学学报 (哲学社会科学版)．2013 (4)：140-143.
[21] 李红玲．农民专业合作组织的多元扶贫逻辑与公共治理．贵州社会科学，2014 (7)：133-137.
[22] 曹湖云．农民专业合作社在农村扶贫中的路径和作用——以宁远县左坝烤烟种植专业合作社为例．管理观察，2016 (19)：23-25，29.
[23] 娄锋，程士国，樊启．农民专业合作社绩效评价及绩效影响因素．北京理工大学学报 (社会科学版)，2016 (2)：79-87.
[24] 黄胜忠，林坚，徐旭初．农民专业合作社治理机制及其绩效实证分析．中国农村经济，2008 (3)：65-73.
[25] 周春芳，包宗顺．农民专业合作社产权结构实证研究——以江苏省为例 [J]．西北农林科技大学学报 (社会科学版)，2010，10 (6)：14-18，23.
[26] 张淑辉．合作经济组织的多维减贫效应分析 [J]．财经问题研究，2019 (10)：122-129.
[27] 胡捷，等．四川秦巴山区农民合作社减贫效应评价 [J]．安徽农业科学，2018，46 (24)：205-209.
[28] 岑家峰，李东升．精准扶贫视域下资产收益扶贫的减贫效应——基于桂南 LN 养殖合作社的考察 [J]．开发研究，2018 (2)：20-26.
[29] 崔宝玉．农民专业合作社治理结构与资本控制 [J]．改革，2010 (10)：109-114.
[30] 马彦丽，孟彩英．我国农民专业合作社的双重委托—代理关系——兼论存在的问题及改进思路 [J]．农业经济问题，2008 (5)：55-60，111.
[31] 潘劲．中国农民专业合作社：数据背后的解读 [J]．中国农村观察，2011 (6)：2-11，94.

[32] 邵科，郭红东，黄祖辉．农民专业合作社组织结构对合作社绩效的影响——基于组织绩效的感知测量方法 [J]. 农林经济管理学报，2014，13 (1)：41 - 48.

[33] 孙亚范，余海鹏．农民专业合作社制度安排对成员行为及组织绩效影响研究．南京农业大学学报（社会科学版），2012 (4)：61 - 69.

（王任）

第六章　农民合作社对农户减贫效应的影响研究
——基于社会网络的视角

一、研究背景

农民专业合作社自改革开放以来发展迅速，因其治理结构的独特性和带动效果而成为农村地区重要的经济组织。作为弱势群体联合成立的互助型经济组织，合作社的制度安排具有“天然的益贫性”（徐旭初，2016；王任等，2020）。学者们从多角度论证了农民合作社减贫的作用机制，如合作社可以通过带动农户增收（张晋华等，2012；廖小静等，2016；袁俊林等，2021）、提升农户信息获取能力、技术应用能力和需求表达赋权能力等方式发挥缓贫作用（杨艳琳和袁安，2019；张淑辉，2019；袁俊林等，2021）。

不同于以往学者的研究视角，本章研究了合作社是否可以通过缓解融资约束的视角来发挥减贫作用。二元结构下的信贷配给问题是我国农村地区长期以来一直以来面临的问题（Mckinnon，1973；Shaw，1973），何广文（1999、2001）、朱喜等（2006）、李锐等（2007）、韩俊等（2007）、刘西川等（2009）、程恩江等（2010）、赵建梅等（2013）和余泉生等（2014）分别从信贷配给的类型和度量、信贷配给的程度和原因、信贷配给的影响因素、信贷配给如何影响农户的福利等角度研究了该问题，并指出应该从供给角度来推进金融深化、构建需求导向型农村金融组织结构、完善金融组织的内部治理结构和经营方式、推进农村金融机构多元化和利率市场化的步伐。我国政府也推出了一系列农村金融改革政策：包括放宽农村地区银行业金融机构准入政策、深化农村信用社改革和进一步推行利率市场化改革，这些政策无疑对增加农户信贷供给、提高农村金融市场资源配置效率产生深远影响。

除了从正式制度上改善农户的融资环境外，社会网络作为一种与市场经济资源配置方式并存的模式，在缓解我国农村地区普遍存在的信贷约束问题方面也受到了广泛关注。但是，之前的研究热点大多数集中亲戚朋友关系、党员关系等人际关系的社会网络对农户融资的影响（Guiso et al.，2004；Feigenberg B et al.，2010；胡枫等，2012；梁爽等，2014；孙永苑等，2016），以基于业缘的合作社作为社会网络的研究甚少。农民合作社是在以人际关系为核心的传统文化土壤中产生和成长的，尤其是我国目前还处于发展阶段的合作社，其内部管理大都是基于人际关系和信任，不像北美新一代合作社，依赖于专业化的委托代理合约。因此，合作社本身就是一种基于社会资本①的组织（Valentinov，2004），Chloupkova 等（2003）将合作社视为社会资本的代理人，我国学者近几年也指出了基于业缘、血缘、地缘和亲缘发展起来的本土化合作组织在农户融资中的“类金融中介”功能。本章在前人研究的基础上，进一步研究合作社作为一种社会网络，对农户正规及非正规融资能力的影响，这对弥补该领域的研究空白，解决农户融资难题有一定的理论与实践意义。

本章基于北京大学国家发展研究院于 2009 年开展的“中国农村金融调查”专项入户调研数据，运用 Biprobit 模型和 SEM 模型，研究基于业缘、血缘和地缘的农民合作社形成的社会网络对农户的减贫效应。研究发现，合作社形成的社会网络不仅在非正规信贷中起着降低违约风险（Karlan and Morduch，2010）、缓解逆向选择和道德风险的作用（Karlan，2007；Banerjee et al.，2012），对于正规信贷而言，在目前农村信用体系建设尚不完善的背景下，也是金融机构衡量农户信用、确定是否放贷的一个重要因素。研究表明，农民合作社形成的社会网络可以通过促

① 对社会网络的理解最初贯穿于社会资本的研究中，强调社会网络作为一种社会资本的内在特性。最早在社会资本理论研究中提出社会网络的是 Jacobs（1961），他将“邻里关系网络”作为社会资本进行城市社区的研究，这种将社会网络视为社会资本的研究方法一直被沿用至今，并且成为当前社会资本的主要研究范式之一（边燕杰，2004）。

进农户正规与非正规融资来发挥减贫效应。

二、数据来源及样本描述性统计分析

本研究所用数据来源于北京大学国家发展研究院于 2009 年开展的“中国农村金融调查”专项入户调研数据，调研选择黑龙江、湖南、云南 3 省 9 县 81 村的 1 951 户农户作为调查对象，三个省份都是中等经济发展水平，处于经济和社会发展的转型时期，能够较好地代表我国农户社会网络关系的现状。调研的信息包含了农户的收入、消费、社会网络、金融需求、金融机构借贷、民间借贷、资金使用情况等。基于此调研数据，我们对样本相关信息进行描述性统计分析。

（一）样本合作社特征的描述性统计分析

调研的 81 个样本村中合作社总数为 206 家。其中，种植类合作社占 99%，养殖类占 1%。因资金互助合作组织对农户正规融资的影响可以分为替代和互补两种效应，且研究结论不一。因此，本章中的合作社仅指农业种养合作组织，资金互助合作组织与小额贷款公司作为控制变量。

（二）样本农户特征的描述性统计分析

在调研的 1 951 户农户中（表 6 - 1），有信贷需求的农户为 1 020 户，占比 52.28%。其中，获得贷款的农户有 839 户，占比 82.25%。从借款渠道来看，获得正规信贷的有 241 户，获得民间借贷的有 641 户，分别占比 28.72%和 76.4%。

表 6 - 1　调查期内样本农户信贷需求分析

		户	%
是否需要借钱?	是	1 020	52.28
	否	931	47.72
如果需要借钱，借到钱了吗?	是	839	82.25
	否	181	17.75

（续）

		户	%
如果借到了，实际借款的渠道	正规机构	241	28.72
	民间	641	76.40

注：借到钱的农户中，有 43 户同时从正规机构和民间借款。

从农户各融资渠道的需求与供给[①]来看（表 6－2），对正规机构（银行、信用社和邮储）有融资需求的农户为 312 户，其中，241 户获得信贷供给，占比 77.24%；对正规机构的资金需求额平均为 8 254.02 元，供给额为 7 433.02 元，占比 90.05%。对民间融资有需求的农户为 773 户，其中，641 户获得信贷供给，占比 82.92%；对民间融资的需求额平均为 17 599.33元，供给额平均为 15 164.56 元，占比 86.17%。

表 6－2　调查期内样本农户融资渠道与可获得性分析

	有融资需求	%	获得融资供给	%	供需户占比（%）	信贷需求金额	%	获得信贷供给金额	%	供需金额占比（%）
正规机构	312	30.59	241	28.72	77.24	8 254.02	31.93	7 433.015	32.89	90.05
民间	773	75.78	641	76.40	82.92	17 599.33	68.07	15 164.56	67.11	86.17
合计	1 020		839		82.25	25 853.35	100	22 597.57	100	87.41

注：在需求户中，有 65 户同时从正规机构和民间借款；在供给户中，有 43 户同时从正规结构和民间获得借款。

三、实证分析

本研究分别采用需求可识别双变量 Probit 模型和联立方程组模型来解决需求和供给效应的分离问题。这两种估计方法可以包括借款者和非借款者在内所有样本的信息，从而避免了有偏估计。

（一）计量模型的设定

我们用 y_D 表示农户的信贷需求，y_S 表示信贷供给；y_D^* 和 y_S^* 分别表

① 这里的供给指获得信贷的农户。

示信贷需求和正供给的隐藏变量，其表达式如下：

$$y_D^* = X_D\beta_D + SN_D\gamma_D + \varepsilon_D$$
$$y_S^* = X_S\beta_S + SN_S\gamma_S + \varepsilon_S \qquad (6-1)$$

式（6－1）中，X_D 和 X_S 分别为影响信贷需求和信贷供给的外生变量（向量），γ_D 和 γ_S 是待估计参数向量；假设误差项 ε_D 和 ε_S 服从联合正态分布，记为 ε_D，ε_S～BVN（0，0，1，1，ρ），ρ 是 ε_D 和 ε_S 的相关系数。y_D^* 和 y_S^* 是不可观察的，它们与 y_D 和 y_S 的关系由以下规则确立：

$$y_D = \begin{cases} 1 & y_D^* > 0 \\ 0 & y_D^* \leqslant 0 \end{cases} \quad y_S = \begin{cases} 1 & y_S^* > 0 \\ 0 & y_S^* \leqslant 0 \end{cases} \qquad (6-2)$$

需求可识别双变量 Probit 模型在形式上可以表示为：

$$\Pr(y_D = 1) = \Pr(y_D^* > 1) = \Pr(\varepsilon_D > -x_D\beta_D) \qquad (6-3)$$
$$\Pr(y_S = 1 \mid y_D = 1) = \Pr(y_S^* > 0) = \Pr(\varepsilon_S > -x_S\beta_S) \qquad (6-4)$$

对方程（6－3）和（6－4）采用极大似然法进行联合估计，其对数似然函数表示如下：

$$\ln L(\beta_1, \beta_2, \rho) = \sum_{i=1}^{n} \{ y_D y_S \ln F(X_D\beta_D, X_S\beta_S; \rho) + y_D(1 - y_S)\ln[\Phi(X_D\beta_D) - F(X_D\beta_D, X_S\beta_S; \rho) + (1 - y_D)\ln\Phi(-X_D\beta_D)]$$

（二）变量设置

1. 因变量

为了有效识别社会网络对农户融资的影响，本章分别从信贷需求和供给角度设置了需求方程和供给方程，需求方程的因变量是农户是否有信贷需求，供给方程的因变量为农户是否获得贷款。调研中有正规信贷需求的农户为 312 户，其中获得正规信贷供给的为 241 户；有民间信贷需求的农户为 773 户，其中获得民间信贷供给的为 641 户。

2. 自变量设定和方程的识别

自变量中关键变量的设定，使用本村所包含的农民合作社数量来衡量该村社会网络的强度。使用“除本村外其他村合作社数量的平均值”作为工具变量。我们选取工具变量的考虑基于如下：①社会网络具有一定的互动性，同一社区（村）的家庭有产生联络的基础（Fan，2002），因此，社区内其他家庭的平均社会网络会影响家庭自身的社会网络；②在控制了社区固定效应后，家庭获得信贷与否不受社区（村）内其他家庭平均关系水平的影响，表 6-3 的弱工具变量检验证明了这一点。

表 6-3　内生性、弱工具变量检验

变量	回归	内生性检验 Wald 检验 P 值	弱工具变量检验 Wald 检验 F 统计量
信贷供给	2SLS	0.025	18.984
信贷需求	2SLS	0.019	19.774

其他控制变量包括家庭基本情况、户主信息、家庭的消费结构、家庭所在村的情况以及县级虚拟变量。其中，家庭的基本状况包括纯收入、总资产、劳均土地规模、家庭规模（人口数）、家庭人口抚养比；户主的基本特征包括：户主的受教育年限、年龄；家庭的消费结构包括耐用消费品支出占比、教育支出占比、医疗支出占比、建房支出占比。已有研究表明，家庭的基本特征和户主的情况影响家庭的信贷行为。为了控制地区差异（如经济发展水平、金融可得性、风俗习惯等）对农户借贷的影响，本研究还加入了县级虚拟变量和村级虚拟变量（包括住所离所在乡镇政府的距离、村所在乡镇有银行或信用社、本村所在乡镇是否有小额贷款公司）。

关于联立方程组的识别问题，我们用“家庭中是否有长期患病者”和“住所离所在乡镇政府的距离”来识别供给方程。家庭中是否有长期患病者可以识别农户因治病产生的对正规贷款的需求，相对而言，健康状况对正规信贷机构是不可观察的，因而在其供给决策中不是很重要；变量“住所离所在乡镇政府的距离”显然独立于影响信贷需求的因素，但对正规信贷供给可能有一定影响（我们假设距离越远，正规金融机构越不愿意贷给该农户）。

（三）回归结果分析

本研究分别使用需求可识别双变量 Probit 模型与联立方程组模型（SEM），来估计合作社作为一种基于业缘的社会网络对农户正规与非正规信贷的影响，并分别将合作社社会网络变量作为外生和内生变量来回归，从所有回归结果都可以看出，合作社社会网络对农户正规与非正规信贷均有显著影响。

从表 6-4 的回归结果中可以看出，村合作社数量增加 1 单位（以表 6-4 回归结果 1 为例），对非正规信贷的需求增加 0.99%，供给增加 1.25%；从表 6-5 的回归结果中可以看出，村合作社数量增加 1 单位（以表 6-5 回归结果 1 为例），对正规信贷的需求增加 1.81%，供给增加 1.57%。表 6-4 和表 6-5 的回归结果 2 与 3 是控制了内生性变量之后的回归结果，研究结论与回归结果 1 一致。表明在正规信贷市场以国有银行为主导、利率管制和政策性贷款存在的背景下，随着家庭拥有社会网络程度的提升，其金融资源的参与性与获得性也在增加。本村拥有合作社的数量代表了该村社会网络的密度，而高密度的社会网络有助于约束个人遵从团体规范（边燕杰，2004），从而降低了家庭在信贷过程中的履约风险。

对于非正规信贷而言：除社会网络外，家庭特征，如家庭教育支出占比、医疗支出占比、建房支出占比和家庭农业收入占比对其非正规信贷需求和供给有显著正向影响，家庭截至 2007 年底是否拥有未还正规贷款也对非正规信贷需求和供给有显著正向影响，这一方面说明非正规信贷需求和供给的发生是基于农户日常的生产和生活活动的，且家庭拥有未还的正规信贷并不影响农户非正规信贷的获得；家庭农业收入占比对农户民间借贷需求有显著正向影响，农业收入占比高的家庭一般以务农为主业，而农业生产的资金需求量一般较小，频数较高，满足民间借贷的特征。户主年龄、户主受教育年限、家庭在 2008 年是否经营农业生产、信用社是否在本村发放贷款证或信用证对非正规信贷需求和供给有显著负向影响。一方面说明非正规信贷并不是受教育程度高的人的主要融资来源，且非农经营的人群获得可能性更高；另一方面，随着正规信贷供给的增加，非正规信贷的数量将会有所下降。正规信贷对非正规信贷有一定的替代和挤出效应。

对于正规信贷而言：户主年龄对正规信贷需求与供给的影响都显著为负，与非正规信贷的研究结论一致。本村所在乡镇是否有小额贷款公司对农户的正规信贷需求和供给有显著正向影响，以往研究表明，民间借贷与

表 6-4　合作社对农户非正规借贷的影响

变量名称	合作社社会网络变量外生（Biprobit 模型）		合作社社会网络变量内生（Biprobit 模型）		合作社社会网络变量内生（SEM 模型）		
	需求	供给	需求	供给	需求	供给	合作社
本村农业生产合作社的个数	0.012 9***	0.012 4**	0.009 9**	0.012 5**	0.003 9**	0.002 6*	
	[0.004]	[0.005]	[0.004]	[0.005]	[0.002]	[0.002]	
家庭人口数	0.057 6***	0.032 1	0.058 1***	0.032	0.019 7**	0.009 3	−0.055 4
	[0.019]	[0.022]	[0.019]	[0.022]	[0.008]	[0.007]	[0.039]
家庭人口抚养比	0.028 1	0.028	0.028 2	0.028	0.009 1	0.011 1	0.041 6
	[0.032]	[0.033]	[0.032]	[0.033]	[0.012]	[0.011]	[0.059]
户主年龄	−0.018 1***	−0.014 4***	−0.018 2***	−0.014 3***	−0.006 6***	−0.004 7***	0.003 2
	[0.003]	[0.003]	[0.003]	[0.003]	[0.001]	[0.001]	[0.005]
户主受教育年限	−0.022 9**	−0.025 0**	−0.023 0**	−0.025 0**	−0.008 7**	−0.007 9**	0.008 9
	[0.011]	[0.010]	[0.011]	[0.010]	[0.004]	[0.003]	[0.017]
家庭在 2008 年是否经营农业生产	−0.165 9*	−0.220 3**	−0.166 4*	−0.220 2**	−0.062 9*	−0.065 7**	−0.202
	[0.093]	[0.109]	[0.093]	[0.109]	[0.035]	[0.033]	[0.176]
家庭总资产的对数	0.029 1**	0.014 7	0.029 1**	0.014 7	0.010 1**	0.003 5	−0.024 9
	[0.012]	[0.013]	[0.012]	[0.013]	[0.004]	[0.004]	[0.020]
劳均土地规模(亩)	−0.009 6**	−0.008 8	−0.009 7**	−0.008 9	−0.003 5*	−0.002 9	−0.017 4
	[0.005]	[0.006]	[0.005]	[0.006]	[0.002]	[0.002]	[0.011]
耐用品消费支出占比(%)	0.000 4	−0.000 5	0.000 3	−0.000 5	0.000 2	−0.000 4	−0.001 2
	[0.005]	[0.005]	[0.005]	[0.005]	[0.001]	[0.001]	[0.007]

（续）

变量名称	合作社社会网络变量外生（Biprobit 模型）		合作社社会网络变量内生（Biprobit 模型）		合作社社会网络变量内生（SEM 模型）		
	需求	供给	需求	供给	需求	供给	合作社
教育支出占比（%）	0.007 9***	0.011 5***	0.007 9***	0.011 5***	0.003 0***	0.003 9***	0.003 8
	[0.003]	[0.003]	[0.003]	[0.003]	[0.001]	[0.001]	[0.005]
医疗支出占比（%）	0.011 2***	0.013 0***	0.011 2***	0.013 0***	0.004 1***	0.004 4***	0.000 2
	[0.002]	[0.002]	[0.002]	[0.002]	[0.001]	[0.001]	[0.003]
建房支出占比（%）	0.012 6***	0.014 2***	0.012 6***	0.014 2***	0.004 6***	0.005 1***	−0.004
	[0.002]	[0.002]	[0.002]	[0.002]	[0.001]	[0.001]	[0.003]
农业收入占比（%）	0.002 4**	0.002 6**	0.002 4**	0.002 6**	0.000 8***	0.000 8***	−0.001 2
	[0.001]	[0.001]	[0.001]	[0.001]	[0.000]	[0.000]	[0.001]
自营工商业收入占比（%）	−0.000 2	−0.000 6	−0.000 2	−0.000 6	0	−0.000 1	0.000 2
	[0.000]	[0.001]	[0.000]	[0.001]	[0.000]	[0.000]	[0.001]
2007 年底是否有自营工商业	−0.148 6	−0.054 5	−0.150 9	−0.052 6	−0.054 7	−0.017 9	0.249 4
	[0.108]	[0.126]	[0.108]	[0.126]	[0.037]	[0.035]	[0.184]
家庭中健康差的人员占比（%）	−0.000 9		−0.000 9		−0.000 2		
	[0.001]		[0.001]		[0.000]		
本村所在乡镇是否有小额贷款公司	−0.237 3**	−0.160 9	−0.240 8**	−0.162 7	−0.084 0**	−0.059 6*	
	[0.113]	[0.117]	[0.113]	[0.117]	[0.037]	[0.035]	
信用社是否在本村发放贷款证或信用证	−0.264 4***	−0.375 3***	−0.266 0***	−0.376 4***	−0.091 7***	−0.129 0***	
	[0.088]	[0.092]	[0.088]	[0.092]	[0.025]	[0.023]	

（续）

变量名称	合作社社会网络变量外生（Biprobit 模型）		合作社社会网络变量内生（Biprobit 模型）		合作社社会网络变量内生（SEM 模型）		
	需求	供给	需求	供给	需求	供给	合作社
信用社是否在本村推广小额联保	0.148 1*	0.122 2	0.151 9*	0.125 8	0.054 3**	0.047 3*	
	[0.084]	[0.095]	[0.084]	[0.096]	[0.026]	[0.024]	
截至 2007 年底是否拥有未还正规贷款	0.579 5***	0.617 1***	0.594 4***	0.615 1***	0.217 1***	0.221 0***	
	[0.188]	[0.159]	[0.186]	[0.158]	[0.068]	[0.064]	
村庄内部及附近村庄是否有资金互助社	0.071 3	0.148 1	0.095 2	0.170 6	0.019 8	0.077	
	[0.094]	[0.104]	[0.099]	[0.107]	[0.115]	[0.109]	
住所离所在乡镇政府的距离（千米）		−0.000 2		−0.000 6		0.000 9	
		[0.020]		[0.020]		[0.006]	
村合作社平均数量（本村除外）							0.050 1
							[0.041]
athrho	13.522 8***		19.219 2***				
	[0.670]		[4.205]				
Constant	0.577 3**	0.302 6	0.580 2**	0.301 5	0.715 7***	0.572 6***	22.836 1***
	[0.291]	[0.298]	[0.292]	[0.301]	[0.092]	[0.087]	[0.434]
Observations	1 846	1 846	1 846	1 846	1 846	1 846	1 846
R - squared					0.109	0.116	0.915

*** $P<0.01$，** $P<0.05$，* $P<0.1$。

表 6-5　合作社对农户正规借贷的影响

变量名称	合作社社会网络变量外生（Biprobit 模型）		合作社社会网络变量内生（Biprobit 模型）		合作社社会网络变量内生（SEM 模型）		
	需求	供给	需求	供给	需求	供给	合作社
本村农业生产合作社的个数	0.018 1***	0.015 7**	0.021 6***	0.017 5**	0.005 5***	0.002 8**	
	[0.006]	[0.008]	[0.006]	[0.008]	[0.001]	[0.001]	
家庭人口数	0.047 3*	0.037 4	0.046 0*	0.037	0.009 7	0.003 1	−0.076 1*
	[0.028]	[0.030]	[0.027]	[0.029]	[0.007]	[0.006]	[0.044]
家庭人口抚养比	−0.069 2	−0.097 5	−0.067	−0.097 6	−0.009	−0.011 7	0.016 8
	[0.053]	[0.067]	[0.053]	[0.066]	[0.011]	[0.009]	[0.065]
户主年龄	−0.017 3***	−0.016 7***	−0.017 1***	−0.016 5***	−0.004 2***	−0.003 1***	0.006 4
	[0.004]	[0.004]	[0.004]	[0.004]	[0.001]	[0.001]	[0.006]
户主受教育年限	0.01	−0.014	0.011 7	−0.013 5	0.001 6	−0.003 3	0.010 9
	[0.012]	[0.013]	[0.012]	[0.013]	[0.003]	[0.003]	[0.019]
家庭中健康差的人员占比(%)	−0.001 2		−0.001 2		−0.000 2		
	[0.001]		[0.001]		[0.000]		
家庭在 2008 年是否经营农业生产	−0.234 2**	−0.239 3*	−0.226 5**	−0.234 5	−0.042 9	−0.039 5	−0.044 1
	[0.101]	[0.143]	[0.102]	[0.143]	[0.030]	[0.025]	[0.190]
2007 年底是否有自营工商业	−0.000 7	0.100 9	0.000 7	0.096	−0.003 1	0.016 1	0.093 7
	[0.102]	[0.130]	[0.101]	[0.122]	[0.027]	[0.022]	[0.164]
2007 年底生产性固定资产自然对数	0.008 3	0.011 4	0.010 3	0.012 6	0.002 4	0.001	0.025 1
	[0.012]	[0.013]	[0.012]	[0.012]	[0.003]	[0.002]	[0.018]

（续）

变量名称	合作社社会网络变量外生（Biprobit 模型）		合作社社会网络变量内生（Biprobit 模型）		合作社社会网络变量内生（SEM 模型）		
	需求	供给	需求	供给	需求	供给	合作社
劳均土地规模（亩）	0.006 4	0.016 5	0.006 2	0.016 2	0.001 5	0.002 9**	−0.018 4
	[0.009]	[0.010]	[0.009]	[0.011]	[0.002]	[0.001]	[0.012]
2007 年纯收入（千元）	−0.000 5	−0.000 1	−0.000 5	0	−0.000 1	0	0.000 2
	[0.001]	[0.001]	[0.001]	[0.001]	[0.000]	[0.000]	[0.001]
耐用品消费支出占比（%）	0.004 3	0.008 6*	0.004 4	0.008 7*	0.001 1	0.001 9	−0.004 4
	[0.005]	[0.005]	[0.005]	[0.005]	[0.001]	[0.001]	[0.009]
教育支出占比（%）	−0.002 4	−0.002 5	−0.002 1	−0.002 3	−0.000 7	−0.000 7	0.004 8
	[0.003]	[0.004]	[0.003]	[0.004]	[0.001]	[0.001]	[0.005]
医疗支出占比（%）	0.003 7	0.001 6	0.003 8	0.001 5	0.000 8	0	0.001 2
	[0.003]	[0.003]	[0.002]	[0.003]	[0.001]	[0.001]	[0.004]
建房支出占比（%）	0.004 5**	0.003 1	0.004 4**	0.003	0.001 3**	0.000 4	−0.003 5
	[0.002]	[0.002]	[0.002]	[0.002]	[0.001]	[0.000]	[0.003]
农业收入占比（%）	0.000 4	0.000 6	0.000 4	0.000 6	0.000 1	0.000 2	−0.000 5
	[0.001]	[0.000]	[0.001]	[0.000]	[0.000]	[0.000]	[0.001]
自营工商业收入占比（%）	0.000 1	0.000 8	0.000 1	0.000 8	0.000 1	0.000 2	−0.000 5
	[0.001]	[0.001]	[0.001]	[0.001]	[0.000]	[0.000]	[0.001]
村庄内部及附近村庄是否有资金互助社	−0.634 5***	−0.085 3	−0.565 0***	−0.041 2	−0.117 1	0.001 8	
	[0.135]	[0.135]	[0.133]	[0.139]	[0.131]	[0.109]	

（续）

变量名称	合作社社会网络变量外生（Biprobit 模型）		合作社社会网络变量内生（Biprobit 模型）		合作社社会网络变量内生（SEM 模型）		
	需求	供给	需求	供给	需求	供给	合作社
本村所在乡镇是否有小额贷款公司	0.357 7**	0.544 6***	0.369 6**	0.547 4***	0.099 9***	0.128 9***	
	[0.139]	[0.175]	[0.144]	[0.167]	[0.033]	[0.028]	
信用社是否在本村发放贷款证或信用证	0.532 9***	0.558 4***	0.538 1***	0.556 2***	0.134 3***	0.090 5***	
	[0.107]	[0.135]	[0.105]	[0.137]	[0.022]	[0.018]	
信用社是否在本村推广小额联保	−0.018 1	0.052 9	0.002 2	0.060 1	−0.006 2	0.011 8	
	[0.123]	[0.157]	[0.124]	[0.152]	[0.023]	[0.019]	
截至 2007 年底是否拥有未还正规贷款	0.116 9	0.31	0.108 7	0.311 3	0.043 6	0.093 6*	
	[0.248]	[0.239]	[0.241]	[0.237]	[0.060]	[0.050]	
住所离所在乡镇政府的距离（千米）		0.046 8***		0.047 8**		0.014 5***	
		[0.015]		[0.020]		[0.005]	
村合作社平均数量（本村除外）							0.697 2***
							[0.192]
athrho	15.550 7***		15.120 2***				
	[4.141]		[1.176]				
Constant	−0.544 8*	−0.903 0**	−0.608 2*	−0.930 3**	0.273 0***	0.209 1***	21.541 9***
	[0.317]	[0.376]	[0.325]	[0.377]	[0.082]	[0.069]	[0.544]
Observations	1 627	1 627	1 627	1 627	1 627	1 627	1 627
R - squared					0.077	0.075	0.914

*** $P<0.01$，** $P<0.05$，* $P<0.1$。

正规信贷之间可能存在替代和互补两种效应（Jain，1999；杨汝岱等，2011），本研究发现，小额贷款公司对正规借贷的互补效应大于替代效应，小额贷款公司的设立以服务三农为宗旨，其经营范围必须是本县（市、区）域内的“小企业”和农户，从风险控制和盈利的角度来说，我们推测“设有小额贷款公司”的村镇，其金融生态环境较好，且信贷活动较为活跃，小额贷款公司对农户信用等方面信息的甄别和监督有利于促进正规信贷的发生。信用社是否在本村发放贷款证或信用证对农户正规信贷需求和供给的影响显著为正，这说明加快信用体系建设和良好的金融生态环境对于正规信贷供给的重要性。此外，建房支出占比对正规信贷的需求影响显著为正，相比较于教育支出与医疗支出，建房支出的金额大，次数少，更符合正规信贷的特征。我们预期随着国务院“两权”抵押试点的展开①，房产也会成为影响农户正规信贷可得性的重要变量。住所离所在乡镇政府的距离、家庭耐用消费品支出占比对正规信贷的获得有正向影响，家庭耐用消费品购买取决于农户收入以及与家电等耐用消费品配套的基础设施完善程度等原因（荣昭等，2002），我们可以推断耐用消费品支出份额较高的家庭就是那些收入较高、更容易获得正规信贷支持的家庭。此外，为扩大农村耐用消费品的需求，各地农信社针对农户的消费贷款和农机贷款提供贷款尝试，这也为研究结论提供了现实支撑。

四、结论与讨论

本章以基于业缘、血缘和地缘的合作社形成的社会网络为研究对象，分析了其对农户正规和非正规信贷的影响。在研究方法上，分别采取了需求可识别双变量 Probit 模型与联立方程组模型（SEM）。研究发现，无论控制内生性变量与否，合作社形成的社会网络对农户的正规和非正规信贷均有正向影响，此外，家庭特征，如户主年龄对农户的正规和非正规信贷都有显著负向影响，家庭的教育支出占比、医疗支出占比、建房支出占比

---

① 2015 年 8 月 24 日，国务院印发了《关于开展农村承包土地的经营权和农民住房财产权抵押贷款试点的指导意见》，明确开展农村承包土地的经营权和农民住房财产权（以下统称“两权”）抵押贷款试点。

和家庭农业收入占比对其非正规信贷需求和供给有显著正向影响，对正规信贷没有影响，说明非正规信贷需求和供给的发生是基于农户日常的生产和生活活动的，且家庭拥有未还的正规信贷并不影响农户非正规信贷的获得。信用社是否在本村发放贷款证或信用证对农户的正规信贷需求和供给有显著正向影响，说明加快信用体系建设、形成良好的金融生态环境对于正规信贷供给的重要性。而信用社是否在本村发放贷款证或信用证对农户非正规信贷需求和供给的影响显著为负，说明随着正规信贷供给的增加，非正规信贷的数量将会有所下降，正规信贷对非正规信贷的替代效应大于互补效应。本村所在乡镇是否有小额贷款公司对正规信贷的影响显著为正，则在一定程度上说明了非正规信贷对正规借贷的互补效应大于替代效应。

由此可见：①农民合作社作为一种新型的农业组织制度，不仅在促进农业现代化方面发挥了重要作用，同时在村级社会网络的形成和村级信用体系建设方面也发挥了重要作用；②合作社形成的社会网络不仅在非正规信贷中起着降低违约风险（Karlan and Morduch，2010）、缓解逆向选择和道德风险的作用（Karlan，2007；Banerjee et al.，2012），对于正规信贷而言，在目前农村信用体系建设尚不完善的背景下，也是金融机构衡量农户信用以及确定是否放贷的一个重要因素；③虽然我国信贷市场化进程在不断推进，但在目前正规信贷市场以国有银行为主导、利率管制和政策性贷款存在的背景下，合作社形成的社会网络仍然对农户正规信贷市场的参与性与可获得性有显著影响；④验证了 Valentinov（2004）、Chloupkova 等（2003）将合作社作为社会资本代理人的理论假设，同时也有助于理解民间合作经济组织和现代金融制度之间的互动关系。本研究表明，充分发挥合作社社会网络在农村金融市场中的作用，对进一步深化农村金融体系改革具有积极的意义。

参考文献

[1] Mckinnon，R. I. Money and capital in economic development [M]. Brookings Institution. 1973：679 - 702.

[2] Gurley J G, Shaw E S, Enthoven A C. Money in a Theory of Finance Carnegie Rochester Conference, 1984 (21): 9-46.

[3] 何广文. 中国农村金融供求特征及均衡供求的路径选择 [J]. 中国农村经济, 2001 (9): 14-16.

[4] 何广文. 从农村居民资金借贷行为看农村金融抑制与金融深化 [J]. 中国农村经济, 1999 (10): 42-48.

[5] 朱喜, 李子奈. 我国农村正式金融机构对农户的信贷配给——一个联立离散选择模型的实证分析 [J]. 数量经济技术经济研究, 2006, 23 (3): 37-49.

[6] 李锐, 朱喜. 农户金融抑制及其福利损失的计量分析 [J]. 经济研究, 2007 (2): 130-138.

[7] 韩俊, 罗丹, 程郁. 信贷约束下农户借贷需求行为的实证研究 [J]. 农业经济问题, 2007 (2): 44-52.

[8] 刘西川, 程恩江. 贫困地区农户的正规信贷约束: 基于配给机制的经验考察 [J]. 中国农村经济, 2009 (6): 37-50.

[9] 程恩江, 刘西川. 小额信贷缓解农户正规信贷配给了吗? ——来自三个非政府小额信贷项目区的经验证据 [J]. 金融研究, 2010 (12): 190-206.

[10] 赵建梅, 刘玲玲. 信贷约束与农户非正规金融选择 [J]. 经济理论与经济管理, 2013, V33 (4): 33-42.

[11] 余泉生, 周亚虹. 信贷约束强度与农户福祉损失——基于中国农村金融调查截面数据的实证分析 [J]. 中国农村经济, 2014 (3): 36-47.

[12] Guiso, L., P. Sapienza, and L. Zingales. The Role of Social Capital in Financial Development [J]. American Economic Review, 2004, 94 (3): 526-556.

[13] Feigenberg B, Field E M, Pande R. Building social capital through microfinance. National Bureau of Economic Research, 2010 (5).

[14] 胡枫, 陈玉宇. 社会网络与农户借贷行为——来自中国家庭动态跟踪调查 (CFPS) 的证据. 金融研究, 2012 (12): 178-179

[15] 梁爽, 张海洋, 平新乔, 等. 财富、社会资本与农户的融资能力. 金融研究, 2014 (4): 83-97.

[16] 孙永苑, 杜在超, 张林, 等. 关系、正规与非正规信贷 [J]. 经济学: 季刊, 2016 (1): 597-626.

[17] 杨灿君. 关系运作对合作社获取外部资源的影响分析——基于对浙江省 27 家合作社的调查 [J]. 中国农村观察, 2014 (2).

[18] Valentinov V. Toward a Social Capital Theory of Co-operative Organization [J]. UK Society for Co-operative Studies, 2004, 37 (3): 5-20.

[19] Chloupkova J, Svendsen G L H, Svendsen G T. Building and destroying social capital: The case of cooperative movements in Denmark and Poland [J]. Agriculture and Human Values, 2003, 20 (3): 241 - 252.
[20] 胡士华，武晨笛，许静林．基于贷款监督技术的农户融资机制研究 [J]. 农业技术经济，2012 (11): 10 - 18.
[21] 潘婷，何广文，王力恒．合作组织改善农户融资条件的机理分析——基于金融中介功能视角 [J]. 农村金融研究，2015 (8): 51 - 55.
[22] Jain S. Symbiosis vs. crowding - out: the interaction of formal and informal credit markets in developing countries [J]. Journal of Development Economics, 1999, 59 (99): 419 - 444.
[23] 杨汝岱，陈斌开，朱诗娥．基于社会网络视角的农户民间借贷需求行为研究 [J]. 经济研究，2011 (11): 116 - 129.
[24] Fan, Y. Questioning guanxi; Definition, Classification and Implications [J]. International business Review, 2002, 11 (5), 543 - 561.
[25] Yan Yuan, Ping G. Farmers′ financial choices and informal credit markets in China [J]. China Agricultural Economic Review, 2012, 4 (2): 216 - 232.
[26] 边燕杰．城市居民社会资本的来源及作用：网络观点与调查发现 [J]. 中国社会科学，2004 (3): 136 - 146.
[27] 荣昭，盛来运．中国农村耐用消费品需求研究 [J]. 经济学，2002, 1 (3): 589 - 602.
[28] Karlan D, Morduch J, Mullainathan S. Take - up: Why Microfinance Take - up Rates Are Low & Why It Matters [R]. 2010.
[29] Karlan D, Zinman J. Expanding Credit Access: Using Randomized Supply Decisions to Estimate the Impacts [J]. Review of Financial Studies, 2007, 23 (1): 433 - 464.
[30] Banerjee A, Mukherjee A K. Method to establish theoretical yield - grade relation for Indian iron ore slime through quantitative mineralogy [J]. Minerals & Metallurgical Processing, 2012, 29 (3): 144 - 147.
[31] Chloupkova J, Svendsen G L H, Svendsen G T. Building and destroying social capital: The case of cooperative movements in Denmark and Poland [J]. Agriculture & Human Values, 2003, 20 (3): 241 - 252.
[32] 徐旭初．在脱贫攻坚中发挥农民合作社的内源作用 [J]. 中国农民合作社，2016 (2): 44.
[33] 王任，陶冶，冯开文．贫困农户参与农民专业合作社减贫增收的机制 [J]. 中国农业大学学报，2020, 25 (10), 216 - 224.
[34] 张晋华，冯开文，黄英伟．农民专业合作社对农户增收绩效的实证研究 [J]. 中国

农村经济，2012（9），4-12.

[35] 廖小静，应瑞瑶，邓衡山，等．收入效应与利益分配：农民合作效果研究——基于农民专业合作社不同角色农户受益差异的实证研究［J］. 中国软科学，2016（5）：30-42.

[36] 袁俊林，聂凤英，朱海波．农民合作社减贫的作用机理、现实困境与路径选择［J］. 农业经济，2021（4）：80-82.

[37] 杨艳琳，袁安．精准扶贫中的产业精准选择机制［J］. 华南农业大学学报（社会科学版），2019，18（2）：1-14.

[38] 张淑辉．合作经济组织的多维减贫效应分析［J］. 财经问题研究，2019（10）：122-129.

（张晋华）

第七章 京津冀合作社减贫的协同政策

进入21世纪以来，随着我国经济社会发展水平的持续提升，特别是随着国家在反贫困领域政策力度的不断加大，京津冀地区的脱贫攻坚取得了显著成效。特别是2020年，河北省232.3万建档立卡贫困人口全部脱贫，62个贫困县全部摘帽，7 746个贫困村全部出列，河北省消除了绝对贫困和区域性整体贫困①。但在脱贫攻坚任务全面完成后，一方面相对贫困问题仍然存在，城乡贫困问题具有新的表现形式，致贫因素也出现新的变化（张明皓、豆书龙，2020）；另一方面仍需巩固脱贫攻坚成果，确保贫困人口在过渡期内不返贫，并使巩固脱贫攻坚成果与推动乡村振兴有效衔接，推动农业农村高质量发展，全面建成小康社会。这仍然是京津冀地区合作社减贫中需要面对的问题，更是应当通过三地协同，共同解决的问题。

京津冀地区“协调发展”“协同发展”“一体化发展”等概念提出已有近40年的历史②，而事实上京津冀区域的协同发展却进展甚慢。进入21世纪之后，各种名义的京津冀一体化发展尝试被多次提出却屡推不动，如

① 河北省乡村振兴局网站. http://fp.hebei.gov.cn/2021-01/20/content_8333111.htm.

② 京津冀地区“协同发展”的概念最早可追溯到20世纪80年代。1982年《北京市建设总体规划方案》中首次提出了“首都圈”的概念。“首都圈”包括两个圈层：内圈由北京、天津和河北的唐山、廊坊和秦皇岛组成，外圈包括承德、张家口、保定和沧州四市。之后不久，京、津、冀、晋、内蒙古五省市（区）召开了第一次华北地区经济技术协作会议，成立了第一个区域协作组织——华北地区经济技术协作区。

2001年的“大北京规划”[①]，2004年的“廊坊共识”[②] 以及2008年的“京津冀发改委区域工作联席会”等一系列举措都没有取得理想的效果（程恩富、王新建，2015；匡贞胜、林晓言，2015）。国家“十二五”规划将推进京津冀区域经济一体化、打造首都经济圈、推进河北沿海地区发展上升为国家战略，“十三五”规划又明确提出要“坚持协同发展，着力打造京津冀城市群第三极”。2015年4月《京津冀地区协同发展规划纲要》正式公布，指出推动京津冀协同发展是重大的国家战略，核心是有序疏解北京非首都功能。但尽管如此，目前京津冀地区这一具有国家战略意义的重要核心区依然表现出诸多与自身地位和作用极不相称的尴尬，两市一省发展路径各具特色，科学有效的协同管理机制依然十分缺乏，诸如以要素单向流动聚集为代表的“虹吸效应”与以所谓“环京贫困带”为代表的“灯下黑问题”等过度竞争、协同欠缺现象仍然广泛存在。其中，京津冀地区两市一省合作社减贫各自为战、实际减贫效应参差不齐，正是京津冀区域协同进展缓慢、协同发展亟待破题的突出表征之一。

伴随着经济一体化进程的持续推进，区域协作在我国各地区经济发展中的地位与作用日益重要，已成为缩小城乡、区域差距，促进整体经济板块迅速崛起的重要途径。与此同时，随着2020年我国整体脱贫攻坚任务的全面完成，返贫问题和相对贫困问题成为巩固脱贫攻坚成效、加快实现乡村振兴和全面建成小康社会中所必须要面对和解决的问题。通过合作社的发展推动减贫、避免返贫、逐步缓解相对贫困，实现巩固脱贫攻坚成果、农民收入持续增加和区域乡村全面振兴，不仅是合作社发展的重要目标，也将是一个长期持续的历史过程。京津冀经济圈的快速发展和京津冀协同发展走向深入，不仅为京津冀合作社减贫的协同共进提供了优越的平

① 全称《京津冀北地区城乡空间发展规划研究》，建设部科技研究项目，吴良镛院士主持，2001年通过评审。参见吴良镛. 大北京地区空间发展规划遐想［J］. 北京规划建设，2001（1）：9-13.

② 2004年2月12日，国家发展改革委员会地区经济司召集北京、天津、河北省秦皇岛、承德、张家口、保定、廊坊、沧州、唐山等市召开了京津冀区域经济发展战略研讨会，达成了加强区域合作的“廊坊共识”，主要内容包括：“加强京津冀区域协调发展符合区域内各方的利益”“京津冀地区协调发展应坚持市场主导、政府推动的原则”“启动京津冀区域发展总体规划和重点专项规划的编制工作”等。

台与条件，更为合作社减贫成为进一步推动京津冀协同发展、促进区域经济社会发展整体质量和城乡居民福祉共同提升的突破口与引领极提供了可能。京津冀三地应抓住京津冀协同发展和北京非首都功能疏解的历史机遇，深刻把握贯彻新发展理念，积极发挥自身优势，探索出一条区域内部合作社减贫协同的新路。即通过区域内的协同性支持政策，使合作社的发展差距逐渐缩小，进而使合作社的减贫效应得到整体改善。

一、京津冀合作社减贫协同政策的必要性

整体来看，京津冀合作社减贫的协同，必须要有相应的政策支持。这是由于，农民专业合作社作为互助型经济组织，其减贫效应在巩固脱贫攻坚成果、解决相对贫困问题、全面实现乡村振兴背景下的充分发挥，以及合作社作为农业生产主体和市场经济主体之一与其他市场主体更好地实现要素交易与分工合作，都需要相应的制度体系以及制度体系发挥作用的外部环境条件，以明确产权界定、降低交易费用、提高经济绩效（冯开文，1998；冯开文等，2010）。而目前，京津冀区域合作社减贫协同甚至三地经济社会协同发展本身，都受到三大现实矛盾的制约，制度需求与制度供给不均衡，尚未形成较为完善的合作社减贫协同制度体系。

（一）合作社减贫对区域经济整体发展的实际需求与“中心—外围”空间格局的现实相矛盾

合作社本质上是一种合作经济组织。从合作社的减贫机制来看，虽然合作社具有降低农业生产成本、提升农产品经营收益、促进农业劳动力人力资本积累、通过分红直接增加农户收入等多种减贫机制，但总体来看，合作社的减贫效应取决于合作社自身的实力与经营发展水平。不论是农业生产要素和服务的统一低价购买、农产品加工销售的稳定收益，还是农业基础设施、知识、技术、人力资本的积累与扩散，以及对失去劳动能力的贫困人口的各种形式的“直接转移支付”，都要求合作社或者能够通过市场获取收益，或者能够通过制度设计获取要素支持，并将二者转化为合作社的积累与社员的收入，带动贫困社员减贫增收。由此来看，合作社的减

贫效应本质上是合作社经营绩效客观上的一种外溢效应（黄祖辉等，2019）。而通过市场获取收益与通过制度设计获取要素支持，都是以合作社所在区域或其要素获取渠道和产品销售渠道所覆盖区域的经济整体发展为前提的。归根结底，合作社的减贫效应依赖于区域经济增长所带来的“涓滴效应”（阮敬，2008；胡江辉，2009；姚毅，2010）。

然而从目前京津冀区域发展的实际情况来看，其长久以来形成的“中心—外围”结构已经在一定程度上严重影响了区域经济的整体持续增长和发展质量提升。新经济地理学的“中心—外围”理论（也称“核心—边缘”理论，The Center - Periphery）认为，区域内可分为中心区与外围区两部分，前者是指经济发展水平较高、产业集聚、消费能力强、人口密集的城市或者城市群，后者是指相对于中心区而言的经济落后、产业贫瘠、技术水平较低、人口稀少的区域。二者共同构成一个完整的空间系统。中心区域从外围区域吸取大量要素资源并产生各领域的创新，再扩散至外围区域，引导外围区域经济、文化、社会结构的转换，带动整个区域的整体发展。而中心区与边缘区之间差距的扩大也会激起区域内社会关系的紧张，除非这种紧张能通过中心区扩散效应的加速形成或边缘区对中心区依附性的减弱得以减轻，否则会阻碍中心区本身的发展（Friedman J，1966）。在京津冀区域内部，作为首都的北京市与作为首都之外我国北方唯一直辖市的天津市在行政级别、发展基础、资源配置能力等方面具有其他城市无法比肩的优势。北京市作为京津冀区域内经济、社会和文化发展都较为领先的城市，在经济社会发展中对于包括另一个直辖市天津在内的周边区域造成了巨大的虹吸效应。长期以来，京津冀区域内部资本、人才、技术、制度等各类有形无形的要素向北京单向流动并高度集聚。同时，京津冀区域内另一个直辖市天津，经济基础与历史文化积淀深厚，地理区位条件优越，在滨海新区（国务院批准设立的第一个国家综合改革创新区）、自贸试验区（国务院批准设立的中国北方第一个自贸试验区）等政策的加持下，同样对区域内要素产生巨大的吸引作用。京、津二市与京津冀区域内的其他地区经济发展梯度差过于悬殊，无论是“一核”的北京，还是“双核”的京津，其“集聚效应”都大于“扩散效应”，进而导致明显的“虹吸效应”，造成京津冀地区经济层级结构高低错落，超负荷发展与发展不足长期并存（孙东琪等，2013；薄文广、陈飞，2015；刘艳、郑杨，2019；姚永玲、邵璇璇，2020）。以区域市场发展为例，2004—2018年，京津冀区域的平均市场分割指数高出全国平均水平8.06%（苏剑等，2021）。

特别是河北省由于缺乏具有引领全省经济发展能力的超大城市，在上述“虹吸效应”的影响下，廊坊、沧州、唐山以及张家口、承德等邻近京、津的市、县发展必然会以京、津为极点，形成和京、津十分紧密的经济关系。而河北西部、南部的距京、津较远的市、县很难与京、津通过要素流动等途径形成紧密的经济关系，一定程度上会充分利用本地资源并依托相比京、津更加邻近的邯郸、邢台等次级城市发展，从而形成相对独立的社会经济系统。整个京津冀地区呈现多层次的“中心—外围”式空间经济结构。在这种“中心—外围”式空间经济结构中没有形成有序的城市梯度发展格局，城市等级结构不合理，中等城市和小城市发展不足，除石家庄外缺少发挥“二传手”作用的中间层次的城市，导致京津地区的产业聚集区和产业链向周边落后地区推广和扩散相对缓慢，京津冀地区内部存在“断崖式”的发展差距。这样的“中心—外围”结构无疑不利于京津冀地区区域经济的整体增长，因而也对区域内特别是河北省的合作社通过经济整体增长的“涓滴效应”实现自身发展与减贫增收造成不利影响。

更为复杂的是，京津冀区域内部的要素集聚或者扩散不完全是经济或者市场问题。从表面上看，京、津、冀三地是同级行政区域，而实质上则是“三地四方”的格局，第四方即三省市之上的中央政府。一方面，三省市都受中央政府的统一管理；另一方面，北京市既是一个独立的直辖市，又是中央政府的所在地，既需要承担作为一个独立城市的发展角色，又需要做好服务于中央的角色。这在客观上造成了作为国家政治中心的北京市在区域关系和发展实际中的超级或至上权威。这种客观上“身份”的不平等，显然强化了北京与天津、河北二者之间不平等的区域关系，强化了京津冀地区“中心—外围”格局。例如“环首都经济圈”规划制定中体现出的北京在区域规划方面的主导地位，就是天津和河北所必须尊重的，“优先考虑北京”对于天津和河北来说，很大程度上成为一种政治责任与义务。而在优先考虑北京（包括天津）方面，河北作为京津冀地区中政治地位相对弱势的行政区域，多年来作出了巨大牺牲。京津冀区域发展中这种因行政区划的级差和固有利益格局所造成的限制，不仅在一定程度上对京津冀协同发展进程产生了明显的迟滞效应，更不利于区域经济整体增长“涓滴效益”的扩散。

（二）合作社减贫对要素资源再分配的现实需要与京津冀三地“锦标赛”格局的现实相矛盾

区域经济主体协同发展过程和区域一体化过程本质上是要素与作为要素集合体的产业的空间再配置过程。合作社作为一种合作经济组织，具有多样化的减贫机制。合作社减贫机制的多样化虽然增加了其带动增收和促进区域经济发展的可能性，但需要指出的是，合作社的减贫效应乃至经济效益并不是凭空创造的。合作社在自身发展中对各类要素支持仍有刚性的需求（袁俊林等，2021）。一方面是资金、技术、人才乃至基础设施等方面“硬件”的支持，如农业产业化龙头企业投资合作、各类专利等先进农业生产技术、高水平科研人员与返乡创业精英人才等；另一方面是支持保障合作社发展的各类制度、政策等方面“软件”的支持，如支持合作社发展的各类财政、金融政策等。客观来讲，合作社发展对资金、技术、人才、制度以及合作机会、市场渠道等的需求是基于自身发展需要的，往往又是跨区域的，并不局限于本县、本市甚至本省。例如，掌握自有技术、设备、市场渠道和品牌的农业产业化龙头企业，当然是合作社发展中急需的“要素资源”；掌握种植养殖新品种繁育等方面高水平农业技术成果的优秀人才也同样属于合作社需要的“要素资源”。此类要素资源往往并非合作社所在的县、市、省能够获取。此外，在有形的要素资源之外，制度作为最重要的要素之一，同样也需要在区域协同中实现科学合理的再配置。这是由于，制度成本很大程度上决定着区域间协调联动的可能性。若制度成本高于区域合作带来的收益，区域间的协调联动也就难以为继。要实现制度要素的再配置，实现京津冀三地合作社减贫的协同发展，必须解决好在此过程中各方利益的协调问题。因此，合作社发展中对先进生产要素资源再分配的现实需要造成了合作社及其所在的县、市、省等行政区域跨区域吸引甚至争取高水平要素资源的局面，这就要求上述优质要素资源能够实现跨区域的流动或共享。

京津冀地区是我国要素资源最为密集的区域之一。京津冀三地空间关系密切、经济地理位置特殊，同时也在经济、社会、文化和环境等方面存在紧密联系。这在理论上为合作社发展中实现对要素资源的再配置提供了良好的外部条件。但同时，京津冀地区并非统一的行政区域，而是三个不同经济、政治地位的省市的集合区域，其内部具有清晰的行政地理边界。虽然因区位邻近，三地同属国家制定的京津冀协同发展战略并以实现协同发展为目标，但京津冀协同发展战略对北京、天津、河北三省市的定位有所不同，这也决定了京津冀三地之间具有完全不同的区域关系与发展目标。在京津冀协同发展战略中，北京市的定位为“全国政治中心、文化中心、国际交往中心和科技创新中心”；天津市的定位为“全国先进制造研发基地、北方国际航运核心区、金融创新运营示范区、改革开放先行区”；河北省的定位为“全国现代商贸物流重要基地、产业转型升级试验区、新型城镇化与城乡统筹示范区、京津冀生态环境支撑区”。北京市的产业结构调整更着力于非首都功能疏解、京津冀协同发展、生态环境提升等重点领域，天津市承接了一系列国家战略项目和制度建设的试点任务，相对而言，河北则承担了更多的产业转移承接任务和城镇化提质任务。京津冀三地的定位不同、分工不同①，这必然导致三者对经济发展的长期目标也存在一定差异。

从20世纪80年代开始的地方官员之间围绕GDP增长而出现的“晋升锦标赛”模式有助于理解京津冀区域两市一省各自经济发展需求的差异。晋升锦标赛作为一种行政治理的模式，是指上级政府对多个下级政府部门的行政长官设计的一种晋升竞赛，竞赛优胜者将获得晋升，而竞赛标准由上级政府决定，它可以是GDP增长率，也可以是其他可度量的指标（周黎安，2007；张军等，2016）。实际上，不同区域经济社会发展阶段的不同决定了其发展目标也不可能一致。因此，此类衡量指标还可以是企业投资、城乡居民收入甚至“经济发展质量”“城乡居民福祉”等更为虚化

① 参见2015年6月颁布的《京津冀协同发展规划纲要》。

的指标。我国实行的是行政区划管理制度，地方政府既是本区域的行政管理者，也是区域内经济社会发展任务的承担者。在区域经济发展的“锦标赛”模式中，地方政府作为地方利益的代表，往往会倾向于从本区域的局部利益出发，而难以兼顾整体利益，这也恰是当前区域合作中行政分割成本居高不下，“市场保护主义”“利益固化主义”等长期阻碍要素资源跨区域配置的主要原因。也因此，虽然京津冀三地各自发展目标不同，其发展水平的衡量尺度不同，但同处“锦标赛”的轨道之上，区域经济社会发展既存在不断加速提升的动力，同样也面临相互竞争的压力。典型的“行政区经济”割裂了京、津、冀三地协同发展的机会。

由于省（本区域还包括直辖市）级政区是我国区域管理的主要尺度，也就决定了省（市）是合作社减贫协同过程中区域关系协同的主要层级。京津冀合作社减贫的协同政策的制定实施离不开京津冀“两市一省”层面上的有效协同。而区域协同本质上又是政治领域中的各地方治理单元的利益竞争、立场协调和统筹磨合过程，这种客观存在的“锦标赛”竞争格局，无疑不利于京津冀合作社减贫协同的顺利进行。

（三）合作社减贫跨区域持续的技术条件需要与京津冀各省市标准差异的现实相矛盾

合作社作为一种合作经济组织，本身不仅是农业生产经营的组织主体，同时也是重要的市场主体，不仅要直接参与市场竞争，同时也要与企业等其他市场主体协作共同参与市场竞争。因此，合作社的关注点将越来越转向市场和合作社自身发展，而非只是社员收益（徐旭初，2012）。这就要求合作社在农业生产经营中的各项技术条件（这里的技术条件是指合作社生产经营中在具体操作层面具体执行或需要满足的一些标准，如农产品生产加工标准化程度、农业生产投入品环保程度、农产品质量的可追溯程度、冷链仓储物流的现代化程度、基于抵押担保权限和投融资额度的合作社自然与市场风险承受程度等，并不是指一般意义上的“农业生产技术”）不仅要达到其力所能及的最高水平，而且要面临与其他市场主体的竞争以及与自己合作方的协调。而农业生产经营中的上述各项技术条件，对不同的合作社与企业、在不同区域以及在不同的市场波动情况下都存在一定程度的差异。例如，合作社与农业产业化龙头企业合作以拓展生产渠道进而提高农产品市场收益，自身农产品往往需要符合龙头企业基于市场需求或其他因素（如企业自身高标准、企业技术条件等）而在农产品绿色环保、添加剂使用、生产全流程追溯等方面所提出的标准。而这些标准不仅不同企业高低不一，不同省市的具体要求也会不同；又如，合作社对农业生产社会化服务的采购也会面临不同区域、不同性质的农业生产社会化服务组织所提供服务的质量、价格与服务标准不一的问题，往往出现贫困地区合作社因价格问题难以获得高质量农业社会化服务的现象；再如，对合作社减贫在区域经济社会发展中的地位与作用的评价，不同省市的实际情况差异更大。在一些经济社会发展较快的省市，贫困人口极少甚至已经全部脱贫，仅有零星的返贫或相对贫困人口，在此类区域中合作社减贫在区域经济社会发展考核指标中的地位与权重就远不如相对不发达的区域，干部与合作社自身对减贫作用发挥的重视程度也不一样。合作社发展与减贫中的上述困境，表明在区域经济社会发展进程中，在市场主体的正常运行及其经济效益的外溢涉及多层次生产经营主体广泛合作、上下游产业链条交错延伸、市场供求频繁波动的条件下，一些技术性因素的作用往往与区域经济增长、区域差异竞争等因素的影响同样重要。技术性因素的标准一致，不仅能够在一定程度上降低各生产与市场主体在人力资本、品牌资产等方面的资产专用性，同时也能够有效提升各主体之间的交易频率与交易规模，并降低因标准不一而导致的交易不确定性，从而大幅降低区域协同中的交易费用（威廉姆森，1999）。因此，合作社减贫效应的长期持续不可避免地需要针对特定技术性因素建立跨行政区域规划管控的统一机制。

但整体来看，目前京津冀“三地四方”的“分割式”区域行政管理体制，导致各省（市）政府以自身经济社会发展的实际情况与未来需求为出发点建立与完善包括合作社减贫在内的相对完整的制度设计体系。而京津冀区域内又缺乏相对科学、权威而又能够有效地对三地差异化的制度设计进行统一协同的公共管理组织。京津冀区域内部农业生产经营中“技术条件”的统一与协调仍处于各自为政的状态。例如，早在2016年北京市就实施了农产品生产全程管控战略，近年来又拓展提升为“标准化＋全程管控”战略，同时在全国范围内率先研发应用了“北京市农业标准化信息系统”[①]，实现了对现有 1 456 家农业标准化基地的实时管理、动态管理。2020 年年底，北京市现行有效农业地方标准 236 项，已建成覆盖全市主导产业、特色产业的标准体系，农产品产前、产中、产后全过程的生产管理已有标可依[②]。而河北 2016 年出台的《关于推进农业供给侧结构性改革的意见》（简称《意见》）仅提出到 2020 年全省农业标准化生产率达到 70%以上，《意见》提出的农业综合标准化示范区、农产品质量追溯全程质量保障体系都仍在建设完善过程中。又如，2020 年河北省出台《河北省智慧农业示范建设专项行动计划（2020—2025 年）》，提出推进物联网、人工智能、大数据、区块链、5G 等现代信息技术在农业生产领域的应用，要推动实施智慧农业大数据工程、“互联网+”农产品出村进城工程、智慧农业监测预警工程等多项工程。但早在 2015 年，北京首都农业集团有限公司就与京东集团合作开始实施“首都农业大数据中心暨互联网农业技术与产业创新中心”实体化运营，并为北京市政府涉农部门以及首都农业龙头企业提供数据支撑和服务[③]。虽然北京与河北的经济实力、区域面积、农业基础和政策执行力不在同一层面，所能引进的外部资源也不一样，但二者在农业生产经营的技术条件方面的差距仍然是客观存在的，并且日益成为制约京津冀区域内部合作社减贫协同的重要因素之一。

二、京津冀合作社减贫的协同政策建议

京津冀合作社减贫协同不仅是一个单纯的经济问题，而且是一个涉及政治、社会和文化等多个方面的综合问题；不仅仅是提高区域内农民收入、改善农村面貌的问题，也是如何谋求区域农业、农村、农民长远发展的问题。“东部发达地区”的经济定位、“京畿重地”的政治地位、历史文化一脉传承的人文格局、人口大量聚集的社会管理压力，都是京津冀合作社减贫协同的重要背景。京津冀区域的合作社减贫协同，不仅存在地方经

① 人民网 . http：//bj. people. com. cn/n2/2020/0106/c360761 - 33691552. html.
② 农业农村部网站 . http：//www. moa. gov. cn/xw/qg/202102/t20210204 _ 6361202. htm.
③ 新华网 . http：//www. xinhuanet. com/politics/2015 - 10/21/c _ 128340099. htm.

济社会发展目标与路径的差异、各自利益的角逐，更涉及中央与地方利益博弈的整体选择。京津冀合作社减贫协同不仅是协调地方利益，更是维护国家整体利益。只有采取综合的分析维度才能全面把握好京津冀合作社减贫协同的政策选择。

（一）宏观层面

1. 推动构建京津冀合作社减贫协同的区域内外双循环

在经济地理学中，空间层次和空间尺度对区域经济分析具有重要影响，合理的空间尺度选择是空间经济干预取得理想效果的前提。中国是一个农业人口众多、农村面积广阔的大国，这一基本国情从根本上决定了，在中国几乎考虑任何全局性问题时都必须重视在空间维度上的考量（黄祖辉、徐旭初、蒋文华，2009）。一直以来，在理论与实践中，所谓“京津冀协同发展”囿于“两市一省”的区域空间尺度。因此，从这个区域空间尺度来看，京津冀合作社减贫的协同好像就是协同三个省级行政单位的关系，包括协同政府、企业、社会组织与合作社自身等市场主体之间的关系，调控资本、人才、技术、制度等各方面要素的流动，通过推动合作社经济效益的提升，增进合作社经济效益在减贫领域的外溢并使其在京津冀区域内的空间配置更为优化。从“两市一省”的区域空间尺度而言，这一视角并没有错。但这一认识存在对京津冀合作社减贫协同所涉及空间尺度的界定偏差，相当于片面锁定了京津冀合作社减贫协同的“两市一省”空间尺度，反而限定了京津冀合作社减贫协同发展的空间视野。

党的十九届五中全会将“加快构建以国内大循环为主体、国内国际双循环相互促进的新发展格局”作为“十四五”时期经济社会发展的指导思想和中国经济迈向高质量发展新阶段的强国方略。在此背景下，区域一体化进程带来的对大国市场空间纵深化的利用与整合对企业成长的支持作用凸显（邓慧慧等，2021）。京津冀地区不仅是首都所在的“京畿重地”，更是我国北方最大的城市群与经济圈，其对要素资源的吸纳范围、经济发展与政策影响的外溢范围不仅局限于北京、天津、河北二市一省，而且还通过“环渤海经济圈”向东北地区拓展，更因其欧亚大陆桥东端交通要地的地理区位和“一带一路”倡议的实施，不断向中西部地区和海上丝绸之路沿线地区持续扩散。但不可否认的是，双循环的新发展格局中，无论是产业链的整合还是超大规模内需的拉动，都离不开农业农村现代化发展（于晓华等，2021）。因此，京津冀合作社减贫的协同政策，也应当在上述思路的基础上，拓展政策视野与实操范围，充分利用与整合我国纵深化的市场空间，推动构建合作社减贫协同的“京津冀与区域外地区大循环”与“京津冀区域内部小循环”的双循环促进机制。

应采取京津冀区域示范合作社引领战略，加快推动京津冀区域合作社“走出去”，提高京津冀合作社市场主体的综合实力与市场竞争力。要以京津冀区域内运行规范、实力较强、产业链完善、与农业龙头企业合作较紧密、品牌具有一定市场知名度、减贫带贫作用较为突出的合作社示范社为引领，积极参与“长三角”“珠三角”“长江经济带”等国内经济群之间的农业领域市场竞争和在项目、技术、人才等领域的多层次合作，广泛参与“一带一路”建设，积极参加中国国际农产品交易会等知名展会，拓展农产品贸易与投资渠道，提高京津冀区域内合作社的国际市场知名度与美誉度，提升京津冀合作社在跨区域合作中规则制定等方面的话语权，提高跨区域合作绩效，打造一批在全国范围内具有较强市场竞争力的农业生产经营领军合作社，并逐步从商品和要素型协同转向规则、管理等制度型协同。通过合作社农业生产经营的区域间更加均衡与多元的“大循环”，进一步增进京津冀地区与国内其他地区之间的要素交换与资源流动，促进京津冀地区经济的整体发展和合作社整体实力的进一步提升，并以此促进合作社减贫效应在区域内外的扩散。

在推动京津冀区域合作社生产经营外部“大循环”的基础上，要继续充分利用国家东西部扶贫协作的各项政策措施，依托京津冀内部的脱贫攻坚协作方案或框架性协议（如《全面深化京冀扶贫协作工作三年行动框架协议》《北京市东西部扶贫协作对口帮扶内蒙古、河北三年行动计划（2018—2020年）》《天津市扶贫协作及对口帮扶河北省承德市规划（2016—2020年）》等），以京津冀区域内部的合作社减贫“小循环”，巩固脱贫攻坚成效。特别是要在巩固脱贫攻坚成效并与乡村振兴有效衔接的五年过渡期内，保持京津冀区域内与合作社产业发展相关的主要帮扶政策总体稳定，针对脱贫攻坚任务完成后的易返贫和相对贫困问题，继续增强区域内合作社实力，夯实脱贫的产业基础，“扶上马送一程”，形成良性互动的区域“内循环”格局。

2. 构建京津冀区域内部农业发展与反贫困的整体制度安排

应当承认的是，在某些方面，京津冀“三地四方”之中，中央利益和作为首都的北京的利益之间并没有划分严格的界限。因此，一些从中央视角出发的制度设计和政策规定实际上却维护了北京的利益（如基本公共服务方面），损害了天津与河北的利益；当然也有一些从中央视角出发的制度设计和政策规定实际上却损害了北京的利益（如非首都功能疏解方面的部分人口政策）。凡此种种，都加剧了京津冀之间本已存在的不平等、不协同现状。

因此，中央作为“三地四方”中居于北京的独立“一方”，也作为京津冀协同发展的受益者之一，应当坚持整体性治理理念。在京津冀三地跨界实施合作社减贫的协同中，中央作为对三地权力、资源进行分配的统筹规划者，应秉承公平统一原则，实施合作社减贫协同的整体性制度设计，特别是要协调整合京、津、冀三地之间在农业产业发展、农业产业链延伸和以合作社建设带动减贫与乡村振兴方面的不同总体目标与制度设计。目前，国家出台的《中华人民共和国国民经济和社会发展第十四个五年规划和2035年远景目标纲要》和《乡村振兴战略规划（2018—2022年）》均未明确提到我国特定经济区内部的农业产业布局与结构调整问题。《乡村振兴战略规划（2018—2022年）》只是提出“华北地区着力稳定粮油和蔬菜、畜产品生产保障能力，发展节水型农业”，同时还提出要“做好东西部扶贫协作和对口支援工作，着力推动县与县精准对接，推进东部产业向西部梯度转移，加大产业扶贫工作力度。加强和改进定点扶贫工作，健全驻村帮扶机制，落实扶贫责任。”2015年出台的《京津冀协同发展规划纲要》政策重点偏重于京津冀区域内部的功能分区与基于交通、生态环保、产业三个重点领域的要素再配置，并未对京津冀区域农业发展提出明确的目标要求与制度设计。

因此，要在整合现有的涉及京津冀协同发展的各类规划与涉及农业现代化和反贫困等垂直领域的各类规划的基础上，出台京津冀地区乡村振兴协同发展的相关实施意见和行动计划。借此，一方面统筹规划京津冀三地农业生产体系、产业体系和经营体系的现代化发展，特别是加强三地在农业产业体系和经营体系现代化中的协同，对京津冀三地农业产业现代化发展的重点作物、重点项目、区域布局、农业产业链跨区域的延伸与补缺、农业龙头企业和特色农产品品牌建设中的市场竞争与合作等进行统筹规划，确保协同一致，避免京津冀区域内部农业产业的低水平重复建设与要素争夺；另一方面，推动形成京津冀三地包括合作社减贫在内的反贫困整体框架机制，特别是要强化对过渡期内脱贫不稳和相对贫困问题的关注。既要重视河北贫困区域脱贫不稳和易返贫问题，也要逐步重视京、津和河北城市中的相对贫困问题，特别是大城市中部分“边缘人口”的发展能力与发展机会问题，避免反贫困政策与资源向特定区域和特定人群的过度倾斜，导致三地之间出现不合理的分配不均，削弱京津冀三地的减贫协同合作意愿，阻碍三地合作社减贫整体性治理路径的形成。

（二）中观层面

京津冀地区合作社减贫的中观层面协同是指行政区域层面的协同，即京、津、冀三个省级行政区域之间在合作社减贫中的协调合作与联动发展。

在中国现实的政治格局中，各地地方政府具有相对的治权独立性。市场化进程中制度环境的深刻变迁，使得地方政府演变成了拥有特殊利益结构、效用偏好和相当的行动自主性的行为主体，进而形成了地方政府行为以及地方经济发展模式的区域性和个性化差异（黄祖辉、徐旭初、蒋文华，2009）。改革开放以来，随着全球化、市场化和分权治理的出现与不断推进，我国经济发展中不同区域之间经济协作的内容和形式也在逐步多元化。政府之间的有效合作，是理顺公共部门内外关系，对区域内部个人和组织的行为与决定进行控制，以促进整体目标实现的前提，也是确保公共事务管理有效、有序运行的必要条件（何精华，2011）。但在区域协同发展的大背景下，传统分权制度下的科层式管理模式已不能满足城市与区域经济高质量发展和管理精细化、差异化、协调化的现实需求，如何处理行政区划分割与区域经济一体化之间的内在关系、更好地实现区域合作与跨区域管治日益重要。从长三角、珠三角等高度一体化地区的经济发展历程来看，政府层面的战略统筹具有重要作用。

京、津、冀三地作为不同的行政区，必然会在经济社会发展实践中形成不同的利益格局。当前，京津冀三地的合作社减贫，如果说在实践中存在一定的合作与协调，不仅借了国家要求2020年坚决打赢脱贫攻坚战和出台关于东西部扶贫协作的一系列政策要求的“东风”，也在一定程度上借了北京市“疏解非首都功能”和京津冀内部借助产业转移实现产业结构优化升级的“顺风”。但这一进程还停留在河北与京、津之间经济联系并不足够紧密的基础上，本质上仍然无法逃离行政区经济之争、非合作博弈的困境。具体来看，京津冀三地的合作社作为农业产业化发展、农民收入提升和实现乡村振兴的重要带动主体，其运行很大程度上依赖当地经济社会发展水平与产业政策的影响。三地政府出台的产业发展政策都是基于自身产业发展情况的考虑，很难站在京津冀地区协同联动的整体角度考虑，更遑论三地合作社在减贫上的协同合作。虽然国家从“东西部扶贫协作”到“东西部协作”的战略转变以及关于巩固脱贫攻坚成果并与乡村振兴有效衔接的一系列政策举措为京津冀三地反贫困的协同治理提供了制度条件和相关目标要求，但在京津冀地区合作社减贫的协同方面，国家政策是创造条件、提供便利，并未上升到制度硬性要求的层面。虽然在目前的京津冀协同发展过程中，三地已经通过农业生产与反贫困治理等领域的制度设计，逐渐引导推动各种要素资源在更大范围内合理配置，促进合作社发展所产生的经济效益在更大范围、更加精准地外溢，三地合作社减贫协同也取得一定的成效，但仍存在继续拓展提升的空间。因此，京津冀地区的合作社减贫协同，亟待改变政府间“竞争锦标赛”模式，构建京津冀协同的“跨域合作治理”模式，以应对目前京津冀地区在经济社会发展中长期存在的“中心—外围”格局对区域整体发展的不利影响。

1. 树立省（市）层面的协同发展、协同减贫理念

对于构建京津冀区域省（市）层面的协同发展、协同减贫理念这一问题，既要有历史的视角，又要有辩证的视角，更要有创新的视角。从历史的视角来看，时间维度（或称历史维度）本身就是考察中国三农问题的基本维度之一。中国三农问题及其解决必须放在中国经济社会发展的历史进程中来加以考察与研判，由此才能发现中国三农问题产生、演进乃至逐步解决的必然性、紧迫性和阶段性（黄祖辉、徐旭初、蒋文华，2009）。考虑到贫困与反贫困的多维内涵以及巩固脱贫攻坚成果之后同乡村振兴有效衔接的后续任务，京津冀区域协同发展、协同减贫理念的树立并成为区域共识和政策举措的指导思想将是一个长时期的历史过程，在此过程中必然存在观念的反复争论与政策执行的起伏波动，但京津冀区域内部在合作与减贫方面相互促进、相互融合的大趋势不会变。这是树立京津冀区域协同发展、协同减贫理念的历史基础。从辩证的视角来看，任何时代、任何国家都会有部分区域因为各种原因而陷入发展落后状态，这种落后状态可能是绝对的，但更多情况下是相对的。在我国，即使在全面建成小康社会和社会主义现代化之后，这一问题也将依然存在。构建京津冀区域优势互补、共建共享、合作共赢的发展格局，恰恰为应对“后脱贫时代”的发展差异问题提供了具有足够包容性和针对性的制度框架。这是树立京津冀区域协同发展、协同减贫理念的现实基础。从创新的角度来看，在京津冀各自分别具有不同发展基础和处于不同发展阶段的条件下，京津冀三地通过协同发展所要解决的问题也不同。在城市群发展的后工业化时代和巩固脱贫攻坚成果与乡村振兴有效衔接的过渡期，京津冀区域发展所要面对的既有要素单向流动集聚造成的“灯下黑”问题，也有非贫困农村发展的机会与能力欠缺问题。这都要求与时俱进地调整京津冀协同的“交叉点”“嵌入点”“衔接点”，完善创新相应的制度体系。而合作社作为农村地区连接区域要素转移、串联区域产业分工的最为基层也最为活跃的农业生产经营主体，成为这样的“节点”有着天然的优势。这是树立京津冀区域协同发展、协同减贫理念的现实需要。

2. 完善省（市）层面合作社减贫的产业协同框架

要强化北京市作为京津冀区域首位城市在合作社减贫协同中的辐射带动作用，继续完善北京农业现代化和合作社产业升级带动京津冀区域内次中心城市和周边区域农业产业和合作社转型升级的区域联动协同发展态势。

一是要加快培育专业大户、家庭农场、农民专业合作社（联社）等各类新型经营主体。鼓励北京市的各类农业龙头企业在整个京津冀区域范围内通过并购重组、参股控股、改制上市等形式培育一批产业关联度高、功能互补性强、科技含量高、市场竞争力强的种业型、加工型、流通型、服务型、科技型农业龙头企业。探索发展跨省市农业产业化联合体，通过“公司＋合作社＋家庭农场”等组织模式实现一体化农业经营。支持农民专业合作社独立或联合建立农业科技园区、特色农业示范园区等，通过资产、股份和服务等利益联结机制与小农户、农业产业化龙头企业共建共享农业产业链和区域品牌。加快培育区域性的大型农业社会化服务组织，创新社会化服务方式，探索合作式、订单式、托管式等新的服务方式，发展“专业服务公司＋合作社＋农户”“涉农企业＋专家＋合作社＋农户”等服务模式。采取政府订购、定向委托、奖励补助、招投标等方式，引导农业社会化服务组织跨区域提供服务。加快建设区域内合作社战略联盟，基于合作社之间的组织再合作和资源再协同，实现某些关键生产要素的共同使用，缓解合作社的资源禀赋约束（崔宝玉等，2019）。

二是要依托非首都功能疏解中的产业转移带动京津冀合作社减贫协同。要将北京城市副中心、雄安新区所在区域作为产业梯度转移、要素流通再配置的主导方向，特别是要结合河北农业发展的实际情况，推动以合作社为主体的农业新产业、新业态发展。

要鼓励农民合作社加大开放办社力度，强化与本领域、本地区的农业产业化龙头企业、专业化的农业服务公司等的合作（苑鹏，2021）。可借助北京非首都功能疏解，依托农业产业化龙头企业和涉农高技术企业，充分发挥重点企业和项目的联动牵引作用，为京津冀区域合作社特别是河北省的专业合作社以及与合作社相关的各类新型农业经营主体加快引进育种、栽培、除草、土壤改良、节水灌溉、防虫防疫等领域的先进技术。加快引进特色优质农产品精深加工中的先进适用技术，加大生物、工程、环保、信息等技术集成应用力度，加快新型非热加工、新型杀菌、高效分离、节能干燥、清洁生产等技术升级，推进秸秆、稻壳米糠、麦麸、果蔬皮渣、畜禽皮毛骨血、水产品皮骨内脏等副产物综合利用，促进合作社与相关新型经营主体农产品精深加工技术水平不断提升。

要以合作社为发展主体，推动“合作社＋”多业态发展。要在京津冀区域内充分挖掘和体现农业的多种功能，带动合作社发展二、三产业，进一步拓展完善合作社全产业链、全价值链、全增收链建设，真正把农业新业态做大做强。加快推进合作社与加工、物流、仓储、营销业融合，鼓励发展农产品初加工和精深加工等，助推中央厨房、直供直销、会员农业等新产业、新业态。推进合作社与文化、科技、旅游、教育、康养等服务业融合，鼓励发展生态餐厅、庄园经济、古建民俗、红色教育、康养度假等，助推创意农业、功能农业、休闲农业等新产业、新业态。推进合作社与信息产业融合，鼓励发展农业大数据，农业物联网、直播带货等，助推数字农业、智慧农业等更为多元的新产业、新业态发展。通过合作社产业链延长和产业结构优化升级，促进资源循环利用、高值利用和梯次利用，促进合作社的农业供给侧结构性改革，推动形成占据产业链顶端的合作社生产经营体系，促进合作社发展和减贫效益提升。

三是促进京津冀区域合作社经营的农业品牌化发展，做大做强特、优农产品。要立足京津冀区域农业资源优势和市场需求，以水果、干果、旱碱麦、特色杂粮、优质蔬菜、食用菌等特色优势农产品为重点，分区分类、因地制宜，鼓励支持专业合作社以及农业龙头企业从事乡村特色农产品生产加工经营。按照“配强做大”“扶强扶优”的原则，重点培育和扶持一批规模经营、具有品牌影响力和市场竞争力的合作社，促进特色优势农业向规模化、集约化方向发展。支持合作社在特色农产品优势区通过租赁、承包、股份合作等形式自建、联建、合作建设标准化生产基地、加工基地、仓储物流基地。完善京津冀区域特、优农产品市场营销体系，巩固拓展特、优农产品的市场辐射面与知名度。充分利用互联网方式解决合作社农产品市场营销的空间匹配和时间匹配问题，加快发展农产品电子商务，推动实行 O2O 原产地直销。鼓励引导合作社参与区域农产品交易公共信息平台和现代物流中心建设，鼓励合作社大力发展连锁店、直营店、配送中心。大力推进农超对接，积极开展合作社直供直营，以团购、预售或众筹等方式对合作社农产品以销量定产量。

3. 完善省（市）层面合作社减贫的制度协同框架

区域协同是区域内各相关主体为实现互利共赢而建立的在目标、观念与具体行动方面的一致关系，是区域内各主体提升自身实力、参与市场竞争、实现共同发展的现实选择，但也是包括地方政府、企业、社会组织、制度文化等多元主体与复杂因素在内的有机互动产物。其中，政府因素能够在一定程度上影响和决定其他因素。在中国当前的国情下，区域之间的合作和协同首先取决于地方政府的积极与主动程度。

更为重要的是，改革开放以来我国经济社会快速发展，跨行政区的经济活动和社会活动不断增加。以往依靠单一地方政府可以解决的事务，现在往往需要一定区域内的地方政府协作处理，因而地方政府之间已在经济社会各领域逐步形成固定或不固定的各种协同机制。府际合作治理的目的是为了塑造成员在政策过程中的行为与角色，同时将府际合作视为一种稳定的制度结构以赋予行动者双方或多方相互分享资源与价值，并通过这一制度的建立来达成共识，以减少交易成本，发挥府际治理的功能（何精华，2011；Coase R，1988）。也正是在这样的背景下，京津冀地区作为不同尺度的经济、政治、社会、文化和制度的行政区域所构成的综合功能空间，已经超越了自然地理层面上的空间概念，涉及京津冀区域的很多政策只能通过协同治理的手段来进行推动。通过区域协同制度的建立，在合作社运行发展中最大限度地消除地方性行政壁垒，为合作社所需的生产要素依据市场化原则有效流动降低制度成本，这是京津冀地区实现可持续的合作社减贫协同的前提和基础。

因此，京津冀区域要全面突破三地之间包括合作社、农业产业化龙头企业等在内的主要市场主体相互之间良性互动的隐性市场壁垒，在利益表达、要素流动、科技创新及成果转化、次级区域合作等方面实施区域一盘棋的政策协同机制和具体实施制度安排。要在充分考虑各省（市）区域发展特点、发挥区域比较优势的基础上，在延续现有的京津冀三地自行制定实施的《北京市全面深化扶贫协作三年行动实施意见》《全面深化京冀扶贫协作工作三年行动框架协议》《北京市东西部扶贫协作对口帮扶内蒙古、河北三年行动计划（2018—2020年）》《天津市扶贫协作及对口帮扶河北省承德市规划（2016—2020年）》等制度安排的基础上，针对脱贫攻坚任务全面完成之后区域反贫困治理仍然要面对的巩固脱贫攻坚成果与相对贫困问题，充分发挥三个省级行政区（特别是其中两个中国北方的直辖市和超大城市）区域相接、文化相通、经济融合的有利条件和自身在经济基础、区位条件、自然禀赋、市场渠道甚至区域发展政策话语权方面的巨大优势，继续深化细化区域合作社协同发展的政策尺度，提高各项协同政策的精度与有效性，并针对各自目前在合作社减贫协同中存在的突出问题，出台差别化、精细化的实施意见，填补合作社减贫协同的制度漏洞，补齐合作社减贫协同的运行短板，从而加快破解制约京津冀地区合作社减贫协同的深层次体制机制障碍和结构性矛盾，在不断创新中探索实现京津冀合作社减贫协同的制度变革，释放更多的政策红利。

(1) 构建京津冀合作社减贫协同的利益表达机制

要推动建立京津冀区域市长联席会议和政企联席会议等府际间长期互动机制，推动形成严密的组织形式以及一整套常态化的议事、沟通、决策机制，对京津冀区域内包括合作社发展与减贫在内的农业农村整体发展中的必要机构设置、职责划分、主体类型、主体权利义务、经费来源、人力资源管理、要素优化配置等重大问题进行整体协同的讨论与规定，以此增进互信，建立相互间就共同目标与合作事宜的互动模式与心理上的互相期望。

一是要推动建立京津冀三地政府间长期互动机制。要推动建立京津冀三方政府高级官员定期会晤制度，就京津冀地区内包括合作社发展与减贫协同在内的农业农村发展整体协同的原则与方向的制度框架进行磋商和协调，以协商解决区域协同中的重大问题。要推动建立由京津冀三方具有相关领域决策权的有关人员组成的京津冀经济合作委员会，对包括合作社发展与减贫在内的京津冀协同发展面临的农业产业结构与布局、交通物流、研究与开发、人力资源教育培训等方面问题进行协商，组织完成合作的具体规划和协调，并处理日常工作和事务。同时，三地政府的有关职能机构应加强联系与合作，协调解决诸如农产品质量标准、农民收入与返贫监测等技术层面的问题。

二是要建立京津冀内部多层次多部门区域合作机制。要突破省级合作瓶颈，鼓励地方政府、企业、高校和科研单位、开发区等主体积极与京津冀地区各部门、单位等在农业产业发展、合作社发展与减贫等方面积极开展正式和非正式的交往与互动，共享信息和经验，在长期的互动中培育稳定的信任和合作关系。大力推动建立“市—市—社”“市—企—社”“市—校（院）—社”等包括合作社在内的多层次、多目标、多种类的区域合作机制。支持省内同类、上下游农业产业化龙头企业与合作社采取组成联合体或建立战略联盟等方式，组团在京津冀区域开展投资合作。大力培育协商会、洽谈会、合作论坛、咨询委员会等多形式、多功能的“京津冀”非实体性合作组织，就合作社产业链延伸、龙头企业投资等区域合作项目和领域进行广泛的研究、咨询、沟通，营造良好的区域合作氛围，促进合作共识的达成。积极推动实体性组织之间、非实体性组织之间以及实体性组织和非实体性组织之间密切协作、加强沟通、相互融合，构筑开放性的合作组织网络平台，为京津冀三地合作社发展与减贫乃至整个乡村振兴战略的实施建言献策，共同努力。

（2）完善京津冀合作社减贫协同的要素流动机制

一是完善京津冀地区内部财政横向转移机制。要推动更多财政支农惠农政策和资金资源向合作社特别是京津冀区域内中小型合作社倾斜，让处于产业链低端的合作社也能分享财政政策红利。要推动建立京津冀地区“落后地区对口帮扶”“重大项目异地支持”“抽肥补瘦生态补偿”等三地政府间横向转移支付机制（李增欣、梁丽丽，2020）。北京、天津应在条件许可的前提下加大对财力薄弱的河北的转移支付，落实扶贫协作资金增长机制，确保扶贫协作资金纳入部门预算并及时拨付受援地区。资金项目应主要由受援地县级统筹并主要用于合作社建设项目。完善县级合作社减贫项目库建设，建立规范的项目库动态调整机制，确保横向转移资金项目实施和各项工作的进度、质量和效益。优化合作社项目资金管理流程，防范化解风险隐患，支援地区要配合合作社减贫受援地区加强对扶贫协作资金的绩效管理和考核，确保扶贫资金合法合规使用。推动京津冀三地共建合作社产业发展引导基金，可采取“引导基金＋平行子基金＋项目库”的运作模式，依托区域内大型国有企业设立引导基金，支持和引导其他涉农企业和地市设立平行子基金，支持农业产业化龙头企业或引导地方政府发起设立投向不同农业细分产业、不同地市合作社的平行子基金，逐步形成集群效应。要充分利用亚洲开发银行中华人民共和国减贫与区域合作基金、京津冀产业协同发展投资基金等对区域要素集聚与合作社协同发展的引领作用。推动形成京津冀合作社减贫“多边合作”的财税工作协调格局，推动建立京津冀三地共同享有的区域普惠性的税收政策，逐步统一京津冀区域针对合作社以及相关农业龙头企业与农业社会化服务组织的税收政策。探索建立京津冀内部的税收分成机制，为防止农业龙头企业等的迁入地和迁出地反复博弈，部分税种可在区域间协商分成。

二是完善京津冀地区内部农业金融服务机制。鼓励针对合作社及其相关的各类新型农业经营主体开展“一项目一方案”的金融服务模式，依据合作社需要设计金融产品，围绕生产链条展开金融业务，提供全方位的金融支持。通过设计“专业合作社金融服务产品包”等产品，为合作社发展量身定制融资、理财、投资等全方位的综合金融服务方案。积极拓宽农业农村金融服务抵质押物范围，推动厂房和大型农机具抵押、圈舍和活体畜禽抵押、动产质押等信贷业务，推动形成全方位、多元化的农村资产抵质押融资模式。进一步加大创业担保贷款政策对于返乡创业、自主创业合作社的倾斜力度。积极运用融资担保、财政贴息等政策工具引导激励金融机构和社会资本更多投向合作社发展。引导京、津金融机构到河北农村通过建立合作机制等方式，参与支持扶贫协作和支援合作工作，为受援地产业培育、产业合作项目提供金融支持及金融人才培训。探索推广廊坊银行基于农业大数据、农贷调查 APP、农贷评分卡、线上自主提款等方式的“爱农贷”模式，发挥农业大数据在合作社金融支持中的重要作用。完善资金监管协同机制，注重提高资金绩效管理和项目带贫益贫作用。

三是完善京津冀地区内部土地制度改革和集体产权制度改革。要继续做好农村集体产权制度改革“后半篇”文章，特别是要总结推广北京大兴区等地农村土地制度改革三项试点的成功经验，继续探索集体资产股份权能改革，建立农村集体资产评估交易体系，逐步推动城市规划范围内集体建设用地与国有土地同价同权同等入市。完善土地增值收益合理分配机制，促进农村集体资产直接市场化配置。积极开展土地承包权有偿退出试点，引导进城落户的非农户有序退出承包地，扩大小农户土地经营规模，从而为合作社、农业产业化龙头企业与农业社会化服务组织实施农业规模化生产、现代化经营提供良好条件。

四是完善京津冀区域内部有利于合作社的农业科技创新与成果转化机制。合作社与农业产业化龙头企业是农业技术创新和农业产业转型升级的主体，是区域农业经济发展的动力源泉。要以合作社与农业产业化龙头企业的自主创新机制建设为发力点，带动京津冀区域内农业产业的技术进步和农业经济的整体发展。一方面要不断强化专业合作社与农业产业化龙头企业自身的技术研发能力，鼓励更多的专业合作社与农业产业化龙头企业建立技术研发机构，落实人员、技术、资金的支撑机制，积极推行项目攻关“悬赏制”、项目经费“包干制”，进一步推动农业技术创新；另一方面要大力推进自主创新能力建设的区域交流与合作，为京津冀区域内合作社、农业产业化龙头企业、各类涉农高校和科研院所广泛开展技术交流与合作、建立长期的战略合作关系搭建平台。支持京、津高水平科研院所、高等院校以技术入股、讲座培训等方式与合作社共建农业科技园区。支持京、津地区的涉农大企业、大集团与合作社共建研发机构和产业化基地。大力发展区域性行业协会、商会，鼓励河北省合作社、农业产业化龙头企业与京、津企业联合组建跨地区跨行业产业、技术、创新、人才等合作平台。

(3) 完善京津冀地区内部跨边界的次区域合作机制

2018年，《中共中央、国务院关于建立更加有效的区域协调发展新机制的意见》明确提出，要加强省际交界地区合作，探索建立统一规划、统一管理、合作共建、利益共享的合作新机制。新经济地理学认为，跨边界次区域可以通过中介效应改善边界地区因边界的政治属性而被扭曲的市场，缩小区域边缘地带与中心地带的经济差距，最终促进边界两边次区域的共同发展（陆继峰，2013）。边界的中介效应是指它具有次区域彼此接触和交流的空间中介功能。这一空间中介通常是两个次区域之间经济、社会、文化等交流的中介面，是两个次区域之间接触和交往最频繁的地带（李铁立，2004）。在当前经济全球化和区域集团化的背景下，边界的中介效应在国与国之间的区域协作中十分明显。同时，在一个国家内部的区域协同发展中，边界的中介效应也能对区域经济社会发展和一体化进程产生巨大的推动作用。其机制主要包括以下几个方面：

一是自然、地理、人文环境具有连续性和相似性是边界中介效应的作用基础。不同次区域的边界两侧具有大致相同的自然、地理、人文环境的特点，使其往往具有经济合作的便利条件和彼此的天然开放性，也有助于大大降低双方经济合作的交易成本（李铁立，2004）。

二是物质和人员的过境需求。在区域内部经济文化联系日益紧密、区域内部协同发展日渐成为一种大趋势的背景下，区域内部的次区域边界地区所承担的物质、人员等方面的过境需求比以往明显增大，这为边界地区的经济发展带来空前活跃的要素流动，能够有力地促进次区域边界地区的经济发展。

三是经济主体在更大范围内配置优质生产要素和市场扩张的需求。边界的中介效应促进区域经济发展的根本动力来自于经济发展的区域分工和区域集团化，从而使作为区域间行政分隔线的边界在经济区域一体化的影响下不断向经济“接触带”转化（李铁立，2004），并不断完善跨边界经济交往所需的基础设施等硬件条件和制度安排等软件条件，进而促进区域经济社会发展。

可见，我国区域经济一体化高质量发展，就是要通过探索建立省际交界区域一体化发展新机制，消除经济分割，推进基础设施互联互通、产业发展协作协同、生态环境共保共治和公共服务共建共享，建立统一开放的区域市场，形成促进区域协调发展的新格局（肖金成等，2020）。基于上述中介效应，京津冀区域的合作社减贫协同，也应充分发挥京津冀三个省级行政区的次区域之间的边界中介效应，促进区域经济一体化并在此基础上推动合作社减贫的协同发展。

一是在次区域边界“接触带”小范围内（例如两个县边界附近的若干乡镇），合作创办具有良好基础条件和较高经济预期的农业专业合作社，例如在特色农畜产品产区开展具有产业链延伸的农业专业合作社，实行生产、精深加工、销售一条龙服务。边界“接触带”内若干乡镇等相关区域围绕这一特定合作项目共同进行开发建设。

二是次区域地方政府应围绕该合作社项目的建设，持续推动政府间协调机制、税收优惠、技术帮扶等制度供给和制度创新，使该跨边界次区域合作具有较好的制度安排保障，同时通过产品展示促销、冷链仓储物流合作等措施来发育、完善市场，为合作项目顺利进行创造有利的外部环境，进而增强次区域合作的要素吸引力，促进次区域合作“自下而上”顺利开展。

三是地方政府还应围绕合作社等次区域经济合作项目，鼓励次区域边境两侧的民间交往，通过加强对双方文化和风俗习惯的了解，增进感情，拉近距离，以改善合作关系，提高彼此信任度，推动跨边界次区域经济合作项目顺利进行。

京津冀合作社减贫的协同，可以在处于京津冀三省（市）行政区划交界处的若干边缘小范围地区内，通过合作共建发展合作社以及“农户—合作社—龙头企业”等项目，形成跨次区域的共同利益和示范效应，从而弱化边界壁垒和地方保护行为，形成“共生共荣”的局面。在这个过程中积累的多边协作经验能够显著降低次区域之间的信息不完善和不对称的程度，促进各地区消除壁垒，加强合作，优势互补，推动经济要素自由有序流动、资源配置优化和高效利用以及各类市场融合统一（马燕坤、王喆，2021），从而降低次区域间的交易成本，提升合作社等次区域合作项目的经济效益及减贫效果。通过共建合作社和以合作社为主体的新型农业经营主体这种次区域边界小范围经济合作形式的引领，能够推动资源要素首先在京津冀区域内部限定的范围内自由流动，形成循环因果累积机制，不仅有助于合作社减贫效应在边界“接触区”内大范围扩散，也有助于实现京津冀地区内部更大范围内经济社会均衡发展和一体化，这种均衡发展和一体化反过来也会通过经济增长的“涓滴效应”促进京津冀地区合作社减贫成效的提升。

（4）完善合作社减贫协同的非正式机制

非正式机制（制度）是人们在长期的实践活动中形成的行为规范、价值观念、伦理道德和意识形态等。它不仅是正式制度的延伸、阐释和修正，而且是由社会制裁约束的行为规范（诺斯，2014）。非正式机制也是京津冀区域内部合作社减贫协同机制的重要内容。与正式机制相比，合作社减贫协同的非正式机制不一定得到法律法规、规章制度的保障，也不一定常态化实行，但其形式多样、机动灵活、成本低廉、效果直接，能够有效弥补合作社减贫协同正式机制的不足。

要依托京津冀城市群强大的市场需求，深入开展针对合作社农产品的消费扶贫，积极促进消费扶贫的城乡协同。加大基于合作社农产品订制、采摘、体验观光游、农家乐等项目的消费扶贫卡推广。结合五一节、中秋节、国庆节、春节等重大传统节日，开展贫困地区农产品“六进”活动（进机关、进学校、进医院、进商超、进企业和进社区），引导推动北京、天津相关市场主体与河北农村合作社建立长期稳定的农产品产销关系。要广泛开展京津冀旅游扶贫公益活动，引导京、津群众赴河北旅游消费。培育一批消费扶贫示范合作社，打造河北合作社消费扶贫示范品牌。要加快实施电商扶贫，动员京、津大型电商企业和网络平台对口帮扶河北贫困地区，开设线上专区，促进河北贫困地区（以及新近脱贫地区）合作社农副产品销售。积极依托北京农业嘉年华等各种大型展销活动，推介河北合作社特色农产品、旅游项目和民俗文化。要推动形成京津冀地区内部的消费扶贫市、区、部门联动机制，建立三地消费扶贫的标准政策支持体系，推动河北贫困地区合作社农产品融入京、津大市场。

4. 完善省（市）层面合作社减贫协同的硬件支撑

在区域协同的硬件支撑方面，京津冀区域内应重点开发连接次级区域的交通线路，尤其是加强联通基础条件较好的各级中心城市和口岸城市的交通线路建设，完善以中心城市为依托，以交通线为轴线的经济网络，从而在包括合作社在内的整个农业生产经营中，实现交通基础设施线状分布与农业产业片状布局的最佳结合，以基建空间拓展为改善京津冀区域合作社协同发展、协同减贫的基本条件和提升协同发展、协同减贫的能力夯实“硬基础”。

一是继续推进京津冀区域内部城镇化高质量发展。第一，要以石家庄市这一河北省唯一的特大城市[①]为中心，增强京津冀区域南部地区的经济实力。第二，加快环京津城市带建设，提升京津冀内部河北所属“次区域”的发展水平。第三，加快京津冀地区内部节点城市建设，重组不同等级节点城市的专业化功能，促进城镇体系格局优化和城市功能互补。

二是“传统基建”和“新基建”协同发力，降低空间距离对合作社减贫的区域协同的制约，提升京津冀地区内部合作社减贫的合作效率。一方

① 根据《国务院关于调整城市规模划分标准的通知》（国发〔2014〕51号），以城区常住人口数量为标准，我国城市规模标准分为五类七档：超大城市（城区常住人口1 000万以上）、特大城市（城区常住人口500万～1 000万）、Ⅰ型大城市（城区常住人口300万～500万）、Ⅱ型大城市（城区常住人口100万～300万）、中等城市（城区常住人口50万～100万）、Ⅰ型小城市（城区常住人口20万～50万）、Ⅱ型小城市（城区常住人口20万以下）。据石家庄市统计局官网，2019年石家庄市城区常住人口506.56万人。

面要通过提高区域整体交通基础设施建设与服务水平，最大程度实现京津冀区域内外交通便利化，以路通促交流、人通促协同；另一方面要加强5G基站、大数据中心、数据平台等以信息网络为基础，提供数字转型、智能升级、融合创新等服务的新型基础设施建设。促进互联网技术、互联网思维、互联网模式与合作社减贫的全面融合，更好地发挥新基建对合作社产业结构转型、产业链延伸、跨区域协作的先行引导作用。

（三）微观层面

中国特色的贫困治理结构，必然是在农民主体作用、政府的主导作用、市场的基础作用和社会的促进作用等共同作用下的合作治理结构（黄祖辉等，2019）。同时，合作社本质上是一种治理结构，其变革、创新和运营优化不只是单一的业务问题，必然涉及其组织结构及制度、机制的相应变革（徐旭初，2018）。因此，京津冀区域合作社减贫协同的微观层面主要包括两方面的协同：一方面是合作社发展与减贫所涉及的各种类型的市场主体，如各类农业专业合作社本身、京津冀区域内各级政府及下属部门、合作社之外的主要农业生产经营主体（如农业产业化龙头企业、家庭农场、农业社会化服务组织等）、乡村精英（包括经济精英、政治精英等）以及其他社会机构（如涉农高校和科研院所等），形成组织化、制度化的协同协作；另一方面是合作社生产经营与减贫带贫所涉及的各类技术性标准，例如贫困人口界定与救助标准、农产品生产质量标准、农业生产环保标准、各种现代技术应用水平以及相关人员和部门的考核标准等，形成通用或互认。

1. 加强京津冀合作社减贫协同中各微观主体的协同

合作社减贫协同中政府部门、农业产业化龙头企业、合作社、社会化服务组织等多主体协作，能够形成“多中心治理模式”，从而打破减贫中单一主体治理模式中权力高度集中的局面。多个权力中心或组织体制共存，通过合作性或竞争性活动建立“多中心”的概念，共同承担公共管理与服务供给的职责，可给予公众多个选择机会和更多的权利，避免“搭便车”之类的集体困境的产生，增强社会治理的公共性（奥斯特罗姆，2012）。因此，在京津冀区域合作社减贫协同过程中，应在综合考虑各类不同主体基本特征和功能的情况下，在微观层面建立多元主体分工协作机制：政府有关部门的主要角色是制度提供者、宏观性公共物品供应者、农业生产经营活动的支持者和监管者。农业生产经营主体的主要角色是农业生产经营的从事者，农产品和农业社会化服务的组织者、协调者。乡村精英的主要角色是特定涉农产业项目与事务的承接者、基层治理团队的组织者和引导者，甚至可能是乡村基层公共服务的提供者。各类主体既要充分发挥自身功能，又要坚持角色界限，从而通过进一步完善农村治理体系与治理能力，增强乡村的资源要素承载能力（李建平、梅晓光，2021），共同形成多元主体协同参与合作社减贫的格局。

（1）加强地方政府与合作社的减贫协同

要加强京津冀三地各级政府在河北农村地区发展中与合作社以及“企业—基地—合作社—农户”等联合体的协同。要结合非首都功能疏解与河北农业产业发展实际，引导京津冀产业转移与和河北农村地区资源精准对接，开展“全链式农业发展协同”。

一是要结合河北农村地区自然资源禀赋和特色优势农业发展实际，鼓励京津冀三地各级政府与河北农村地区合作建设以合作社为主体的各类产业转移基地，因地制宜发展贫困人口参与度高、带动贫困户增收作用明显的农业特色产业，推广一批有市场、有品牌、有效益的特色农产品。

二是要加强合作社减贫协同的人才援助。要加强区域干部人才交流，探索选派党政干部开展跨区域的合作社交流挂职，挂职干部要协助分管或直接从事合作社减贫工作，进一步聚焦合作社减贫任务，压实援派干部责任。加强对各级扶贫协作干部和挂职干部的培训，切实提高政治站位和履职尽责能力。围绕合作社减贫工作实际需要，组织开展各类扶贫相关干部人才学习培训，提高思想认识和实际能力。选派教育、医疗、科技、农业等领域专业技术人才到受援地挂职和开展以合作社减贫为中心的支教支医支农、短期讲学、业务咨询指导、经验交流培训等活动。加强北京、天津两个直辖市对京津冀地区合作社减贫协同的援派干部、受援地区扶贫协作干部、致富带头人的培训工作。以合作社减贫为重点，合理安排受援地区来京、津挂职干部的工作岗位。

（2）加强合作社与乡村精英之间的减贫协同

乡村精英是指乡村社会中在经济实力（包括财富积累等）、个人能力

（包括学识学历、经验阅历、个人品行等）、社会网络（包括人脉关系等）等方面拥有特定优势，能够在特定情境下掌握并支配各种重要的关系与资源，并利用这些关系与资源取得一定成就，因而在某些领域具有一定权威，能够对乡村社会成员乃至一定范围内乡村社会本身产生影响的社会成员（刘生琰、梁哲，2020）。

由于贫困农户缺乏人力资本和社会资本，很难通过组建合作社的方式将农业产业的组织化潜在收益变现。合作组织的形成有赖于农村能人的牵头，而能人不仅可以是农村内部稀缺精英，也可以是外部引入精英（黄祖辉等，2019）。乡村精英包括多个类型，其中最重要的是乡村经济精英和乡村政治精英。乡村经济精英主要指那些依托乡村内外部资源开展创新创业，并取得较好经济效益，先富起来的乡村社会成员（卢小平，2018）。这些乡村经济精英中相当一部分人，在自己发展致富的同时，因其利益需要和对乡土、村民的责任感，愿意且积极配合国家在农村产业发展、精准扶贫等方面的政策，通过自己投资创办企业、合作社或乡村基础设施建设投资等途径，带动相当一部分贫困村民走上发展产业、脱贫致富的道路。乡村政治精英，是指村委会主任、挂职干部、下派干部、大学生村官等在农村乡镇和村级政治组织中具有一定领导地位的群体，或者是在村级组织决策中具有影响力的群体。一般而言他们具有较高的文化水平和个人素质，同时还拥有更多的政治资源，视野更广，对区域经济特别是乡村发展的各方面政策更为熟悉，是能够深刻影响乡村经济社会发展的重要群体。此外，还包括其他类型的乡村精英，特别是乡村技术精英，即在农业生产经营的某个特定专业领域（如种植养殖新品种繁育、无人机等新装备新技术应用等）具有他人所不具备或不容易具备的专业知识与技术能力，他们或者是家传手艺，通过上一代的言传身教学习专业技能；或者是进入职业院校经过训练获取专业技能，不仅通过专业技能安身立命，更重要的是其专业技能对乡村的农业生产经营主体的正常运行进而对农业产业发展都具有重要的影响。

京津冀合作社减贫协同，要加强对不同类型乡村精英的吸纳能力，为乡村精英参与合作社减贫的区域协同提供机会、创造平台。要在合作社发展过程中，继续促进乡村精英发展产业，提升效益，强化乡村精英的经济安全感和利益获得感。要针对农业产业发展的需求不断提供各类优质公共服务，夯实乡村精英发展的社会基础。要促进各类已经在京津地区成功实现的先进经济理念、机制、渠道向河北农村地区下沉，为乡村精英更便利地进入大市场创造机会、提供条件。要通过做好农村集体产权制度改革“后半篇”文章，使乡村精英能更踏实地从事有利于农村长远发展和带动贫困户脱贫的事业。要通过建立和完善提供就业岗位、荣誉称号、体制内编制和参政议政机会等精英吸纳机制，鼓励乡村精英参与乡村治理、公共政策制定和市场开发项目，提高乡村精英参与公共治理和社会服务的积极性，进而激发其追求更高层次发展、带动更多贫困群体发展的意愿。

(3) 加强社会力量与合作社的减贫协同

在我国当前处于经济社会全面转型的大背景下，在京津冀这样一个内部多类似、多层次的区域中，在合作社减贫这样一个多元市场主体参与、多元利益分散化的领域中，政府（无论是中央政府还是地方政府）和企业（无论是农业产业化龙头企业还是扎根乡村的小微企业）作为单一主体都很难有效地参与完成与合作社减贫协同相关的全部事务。相对于政府和企业来说，行业协会、中介机构、研发机构等各种社会力量在合作社减贫的区域协同中也能够发挥重要的作用，可以有效地弥补政府部门和企业参与合作社生产要素配置与乡村反贫困治理的不足。

要充分发挥京、津二市的科技资源、成果优势，与河北农村地区广泛开展科技交流，组织北京、天津科技企业、科研院所或创新联盟等与河北的农业专业合作社开展各个领域的对接帮扶。要以合作社产业发展为重点，聚焦合作社产业链延伸、新品种培育、农产品精深加工中的前沿问题或重要产业前瞻部署，每年组织一定数量的合作社农业科技研究项目，给予专项科研经费支持。引导京津地区的科研机构与组织大力参与合作社发展相关的农业技术咨询、技术中介和技术服务机构，引导先进农业科技成果在合作社的转化应用。要动员社会力量参与合作社减贫，发挥枢纽型社会组织作用，引导社会组织参与扶贫协作。依托北京市支援合作促进会、北京农产品流通协会、北京超市供应企业协会等社会组织，在合作社减贫中开展组织化、社会化、市场化、企业化的帮扶协作，推动社会资源供给和扶贫需求有效对接。

（4）加强合作社减贫中的党建协同

要以党建引领京津冀合作社减贫协同走向深入。要加强对合作社交流援派干部的教育和管理，实施“建档立卡”服务。加强对合作社减贫援派干部的教育，不断提升其履职尽责能力，建设培育一支对党绝对忠诚，有情怀、有担当、有奉献的合作社交流支援干部队伍。帮助加强受援地贫困村（及初步脱贫村）合作社党支部建设，加强结对共建活动，提升基层党组织领导脱贫攻坚能力。强化党风廉政建设，完善职责清单、问题清单、任务清单，进一步压实工作责任。坚持问题导向，着力解决合作社减贫协同中干部不作为、乱作为、慢作为、形式主义、官僚主义问题，把合作社减贫领域监督执纪问责落到实处。

2. 加强京津冀合作社减贫协同中技术层面的协同

一是要加快提升合作社农业生产经营标准化水平。加强京津冀区域内农产品及其加工产品的标准化生产和管理。京津冀三地共同制（修）订与国家标准、国际标准接轨并符合京津冀区域内部各地实际的农业生产技术规程和农产品分等分级质量标准，推进农产品生产标准化。完善统一京津冀内部的农产品质量安全监管、风险评估、监测预警和应急处置体制机制和“白名单”“黑名单”制度，推进农产品质量安全京津冀全区域监管。加强京津冀区域统一的“三品一标”① 认证工作，建立以大数据、二维码、移动终端、区块链以及物联网技术为支撑的，三地共享共用、通查通识的农产品质量安全信息化监管服务平台，使京津冀区域内部农产品质量有标准、生产有规程、产品有标志、流向可追溯，为京津冀合作社农产品的跨区域流通销售提供质量保证。

二是加强数字技术在京津冀合作社减贫协同中的应用。推进京津冀合作社减贫协同的智能化统一管理平台建设和应用，完善数据申报、统计的信息化支撑。加强合作社农产品生产和市场监测，强化生产数据实时采集监测，推进农产品批发市场、商超、电商平台等关键市场交易环节信息实时采集、互联互通，构建交易主体、交易品种、交易量、交易价格一体化的农产品市场交易大数据库。汇集农业机械装备拥有量等管理统计和重要

① 无公害农产品、绿色食品、有机农产品和农产品地理标志。

农时作业调度数据库，加强农机作业安全在线监控和信息服务①。在京津冀区域内部加强遥感、物联网、大数据等现代信息技术的应用。特别是要着力缩小河北与北京、天津在农业物联网建设、长期固定观测站点位布设、数据监测系统建设以及可视化平台建设等方面的差距，加强对农作物生长发育、畜禽养殖、土壤与水等环境质量状况的实时监测和分析，为绿色农业生产技术体系、标准体系的优化完善提供数据支撑。以合作社为主体深入实施信息进村入户工程。完善农业科技信息服务平台，鼓励农业专家在线为农民解决生产难题。引导合作社等各类农业生产经营主体利用信息网络技术开展市场信息、农资供应、废弃物资源化利用、农机作业、农产品初加工、农业气象“私人定制”等领域的农业生产性服务，促进公益性服务和经营性服务便民化。加强对京津冀的相对贫困人口和易返贫人口的大数据监测并纳入京津冀数字政府“政务云”体系中。

三是加强合作社减贫效果评估总结的协同。在京津冀政府部门的行政考核方面，应当将合作社减贫协同纳入京津冀协同发展的重要细分领域并作为部门考核指标，构建以合作社减贫协同为重要内容的区域协同导向的新型政绩考核机制。去除脱贫攻坚成果考核的“唯农民收入增长论”、“唯贫困人口减少论”和“唯贫困地区摘帽论”，树立区域导向、协同导向的考核机制。一方面，对京津冀三地合作社减贫效果进行区域整体考核或根据农业产业化龙头企业、大型合作社的覆盖范围进行“次级区域”整体考核，打破合作社减贫考核中的“辖区”观念和“一亩三分地思维”；另一方面，将合作社产业链延伸、合作社与企业及科研机构合作、区域农产品物流等方面的指标纳入考核范围。通过行政考核机制的转变，引导三地由竞争到合作，避免过去“一刀切”式考核方式造成的无序竞争。

四是加大合作社减贫协同的经验总结与典型宣传。在公共管理领域，话语不仅可作为分析工具，实际上也是一种治理工具。在完成脱贫攻坚历史任务过程中，“小康路上一个都不能掉队”“两不愁三保障”等话语体系

① 农业农村部、中央网络安全和信息化委员会办公室：《数字农业农村发展规划（2019—2025年）》。

发挥了独特作用。这些治理话语体系一方面渗透到公共治理体系之中进行组织和行政动员，另一方面又外溢到社会领域进行社会导引和资源整合（左停等，2021）。因此，在京津冀合作社减贫协同中，同样应重视话语体系在反贫困治理协作中的社会共识构建和社会资源引导作用。要充分挖掘京津冀合作社减贫协同的工作特点、亮点，总结提炼工作经验和阶段性成效，探索更多可复制、可推广的经验。有计划地组织媒体深入京津冀三地合作社减贫协同的典型地区或典型合作社开展集体采访。加大信息整理、加工、报送力度，围绕合作社减贫协同领域中的重点工作深入挖掘协同典型，持续推出报道。借助“扶贫日”系列活动等平台，大力宣传习近平总书记关于扶贫工作的重要论述、党中央扶贫协作决策部署和京津冀三地合作社减贫协同的先进典型和经验。召开表彰大会，对合作社减贫协同中涌现的先进集体和个人予以表彰。

本章小结

区域协同发展是指通过加强区域间产业分工与协作，破除区域间在产业结构、自身定位、要素流动、制度差异等方面存在的制约区域间经济社会发展关联互动的各种障碍，积极开展区域间产业对接与转移，促进产业链在更大范围内不断拓展延伸，寻求在一定时间、空间和有限的要素供给范围内，区域间经济、社会等各项事业的优势互补与协调发展。因此，区域协同发展可以总结为一种区域经济合作的方式，其实质是以不同市场主体为载体，以要素流动为纽带，以生产要素在不同区域间的重新优化组合和合理配置为表现，促进区域共同构建形成各地区互利共赢为目标的双向互动的良性发展系统。

作为世界上最大的发展中国家，彻底消灭贫困问题在相当长的历史进程中始终是我国经济社会发展的重要目标。纵观我国的反贫困治理历程，从新中国成立之初国家每年大规模的实物救济到改革开放后组织化、制度化的扶贫大开发，再到党的十八大以来大力实施精准扶贫、脱贫攻坚，我国走出了一条具有中国特色的反贫困治理道路，建立了具有鲜明时代特征的反贫困治理理论与政策体系。其中，通过合作社这种农业生产经营的合作组织形式带动农业发展、农民增收作为我国反贫困治理理论与实践的重要创新，对于增强脱贫成效的稳定性、促进相对贫困问题的进一步消除和推动农村经济社会的持续发展仍然具有重要的指导性意义。

京津冀区域是我国北方最大的经济圈与都市群，也是我国北方经济规模最大、发展最具活力的地区之一。但整体来看，京津冀区域内部发展也存在巨大差异，北京、天津、石家庄等城市经济社会发展已进入工业化后期阶段，同时广大农村地区农业生产体系、产业体系、经营体系仍在现代化发展阶段，农村贫困地区的脱贫攻坚任务刚刚完成，农村发展不平衡、不充分问题依然突出。合作社作为京津冀区域特别是农村地区最具活力的农业生产经营主体，其对巩固脱贫攻坚成果与乡村振兴有效衔接、推动京津冀区域反贫困治理走向深入的支撑引领作用仍有很大的发挥空间。

京津冀合作社减贫协同中，宏观层面的定位、分工协同，中观层面的省市之间协同，微观层面的主体、技术协同，三者内容不同、功能各异，实则内涵同一，融会贯通于京津冀区域合作社反贫困治理这一大方向、大趋势、大变革之中。因此，只有扭住京津冀三地协同发展、合作社协同减贫相辅相成、齐头并进这个“牛鼻子”，在“京津冀协同发展”中落实“合作社减贫协同”，以“合作社减贫协同”推动“京津冀协同发展”，才能在京津冀区域反贫困治理、京津冀区域乡村振兴乃至京津冀协同发展中真正找准发展平衡点、选对改革突破口、牢牢把握主动权。

处大事贵乎明而能断，临大势贵在顺而有为。京津冀区域协同发展不能一蹴而就，京津冀区域合作社减贫协同也同样呈现历史性、动态性特征。目前，京津冀区域合作社减贫协同的体制机制设计尚未完全定型，只有在树立协同理念、拓展协同领域、细化协同举措等方面大胆闯、勇敢试、有序改，充分利用区域协同的优势互补、联动升级的有利条件，克服以要素单向集聚、区域以邻为壑、市场主体恶性竞争为代表的传统文明形态的弊端，实现对旧有文明形态的继承、扬弃与创新，才能最终达到以良性互动、互利共赢为核心精神的更为高级的人类文明形态，并为全国区域经济一体化发展特别是以合作社为主体的反贫困治理提供一整套先行先试、示范引领的制度经验。

参考文献

[1] Coase R H. The Firm, the Market, and the Law [M]. University of Chicago Press, 1988.

[2] Friedman J R. Regional development policy: a case study of Venezuela [M]. Cambridge: MIT Press, 1966.

[3] 埃莉诺·奥斯特罗姆．公共事物的治理之道——集体行动制度的演进［M］．上海：上海三联书店，2000.

[4] 奥利弗·E. 威廉姆森．资本主义经济制度［M］．北京：商务印书馆，1999.

[5] 薄文广，陈飞．京津冀协同发展：挑战与困境［J］．南开学报（哲学社会科学版），2015（1）：110-118.

[6] 程恩富，王新建．京津冀协同发展：演进、现状与对策［J］．管理学刊，2015，28（1）：1-9.

[7] 崔宝玉．政府规制、政府俘获与合作社发展［J］．南京农业大学学报（社会科学版），2014，14（5）：26-33.

[8] 道格拉斯·C. 诺思，杭行．制度、制度变迁与经济绩效［M］．上海：上海人民出版社，2014.

[9] 邓慧慧，李慧榕．区域一体化与企业成长——基于国内大循环的微观视角［J］．经济评论，2021（3）：3-17.

[10] 冯开文，蒋燕，高颖．我国农村微观经济组织从农民组织化到农业一体化的变革［J］．经济纵横，2010（8）：57-60.

[11] 冯开文．一场诱致性制度变迁——改革开放以来中国农村经济制度变迁的反观与思考［J］．中国农村经济，1998（7）：70-72.

[12] 何精华．府际合作治理：生成逻辑、理论涵义与政策工具［J］．上海师范大学学报（哲学社会科学版），2011，40（6）：41-48.

[13] 胡江辉．中国农村公共投资的减贫效应研究［D］．武汉：华中科技大学，2009：72-76.

[14] 黄祖辉，徐旭初，蒋文华．中国“三农”问题：分析框架、现实研判和解决思路［J］．中国农村经济，2009（7）：4-11.

[15] 黄祖辉，等．现代农业的产业组织体系及创新研究［M］．北京：科学出版社，2019.

[16] 匡贞胜，林晓言．边界视角下中国京津冀地区协调发展的壁垒与破解［J］．技术经济，2015，34（2）：68-76.

[17] 李铁立．边界效应与跨边界次区域经济合作研究［D］．长春：东北师范大

学，2004.
[18] 李增欣，梁丽丽．京津冀区域经济协调发展与财税机制问题研究 [J]. 商场现代化，2020 (4)：177-178.
[19] 刘生琰，梁哲．乡村精英参与乡村振兴的行为逻辑与路径研究 [J]. 兰州大学学报（社会科学版），2020，48 (5)：127-137.
[20] 刘艳，郑杨．非首都功能疏解背景下京津冀产业协同发展问题研究 [J]. 商业经济研究，2018 (19)：177-180.
[21] 卢小平．乡村经济精英参与贫困村产业培育的激励机制——基于广西地区部分县域的观察与思考 [J]. 中国特色社会主义研究，2018 (4)：78-83.
[22] 陆继峰．边界效应转化下的跨边界次区域经济合作研究 [J]. 商业时代，2013 (14)：41-42.
[23] 马燕坤，王喆．中国省际交界区域高质量合作发展研究 [J]. 区域经济评论，2021 (2)：63-69.
[24] 阮敬．亲贫困增长理论与测度方法研究 [D]. 北京：首都经济贸易大学，2008：26-27.
[25] 苏剑，邵宇佳，陈丽娜．中国市场一体化进程：趋势、成效与建议 [J]. 社会科学辑刊，2021 (3)：157-170.
[26] 孙东琪，张京祥，胡毅，等．基于产业空间联系的“大都市阴影区”形成机制解析——长三角城市群与京津冀城市群的比较研究 [J]. 地理科学，2013，33 (9).
[27] 吴良镛．大北京地区空间发展规划遐想 [J]. 北京规划建设，2001 (1)：9-13.
[28] 肖金成，马燕坤，洪晗．我国区域合作的实践与模式研究 [J]. 经济研究参考，2020 (4)：15-31.
[29] 徐旭初．合作社在农业产业组织体系中的角色及策略 [J]. 新疆农垦经济，2018 (1)：28-33.
[30] 徐旭初．农民专业合作社发展辨析：一个基于国内文献的讨论 [J]. 中国农村观察，2012 (5)：2-12，94.
[31] 姚毅．中国城乡贫困动态演化的理论与实证研究 [D]. 成都：西南财经大学，2010：69-70.
[32] 姚永玲，邵璇璇．京津冀协同发展中的多极核—双重边界效应 [J]. 首都经济贸易大学学报，2020，22 (5)：46-55.
[33] 于晓华，黄莹莹，王汉杰．国内大循环新格局下农业农村发展的目标再定位与战略选择 [J]. 华中农业大学学报（社会科学版），2021 (3)：10-18，182-183.
[34] 袁俊林，聂凤英，朱海波．农民合作社减贫的作用机理、现实困境与路径选择 [J]. 农业经济，2021 (4)：80-82.
[35] 苑鹏．以新发展理念推进农民合作社质量提升 [J]. 中国农民合作社，2021 (4)：

38－39.

[36] 张军，范子英，方红生．登顶比赛［M］．北京：北京大学出版社，2016.

[37] 张明皓，豆书龙．2020年后中国贫困性质的变化与贫困治理转型［J］．改革，2020（7）：98－107.

[38] 周黎安．中国地方官员的晋升锦标赛模式研究［J］．经济研究，2007（7）：36－50.

[39] 左停，金菁，刘文婧．组织动员、治理体系与社会导引：中国贫困公共治理中的话语效应［J］．西北大学学报（哲学社会科学版），2021，51（2）：50－61.

（栗挺）

后　记

POSTSCRIPT

终于还是打破了我不爱写后记的习惯。这次选择写后记，最重要的原因其实是想写得简短些；也出于一直以来自己的某些坚持。自以为序言不应该写得太简洁，因为那样就像题词了，又自觉不够分量写题词，于是这个简明扼要的后记就新鲜出炉了。这不，还带着刚刚杀青的翰墨香呐。

这本书是北京市社科基金课题《京津冀农民合作社减贫绩效及协同政策研究》（审批号18YJA002，书名仅对课题名称做了一字改动）的最终成果。真诚感谢北京市社科规划办以及各位专家评委的厚爱。我和课题组也丝毫不敢怠慢，还潜心竭诚地完成了一些阶段性成果，包括CSSCI论文以及领导批示等。

绪论基本上是课题申请书的改良版。因此顾名思义，也就是要展示本研究的意义、相关的既有研究、本研究可能的新意以及研究框架。说到本研究的新意，不能不提的是寻求新形势下减贫（包括应对相对贫困）的内生动力、这种内生动力与合作社的契合、京津冀地区的重要性特殊性以及此区域合作社减贫协同问题的挑战性等。

除绪论外，本研究分为三个部分：

一是讨论了合作社和合作社减贫问题，以回答绪论中提到的内生减贫主体到底是什么、成长得怎么样等问题，通过论述合作社具有天然的益贫性以及其在中国发生的异化和中国化现象，揭示了中国合作社的特殊性，从而使本研究能够在中国的具体实践中实事求是地考察合作社的减贫问题。

二是实证分析。这是本研究的主干部分。课题组在京津冀地区内和山东、河南等地进行了认真细致的实地调查研究，调查的形式包括访谈、问卷、重点案例集中考察等，涉及百余家合作社、数百位合作社的贫困社员以及较之两倍多的非贫困社员，据此以及其他的数据，我们得出了农民专业合作社都有较为强烈的减贫动机，也通过农业生产经营、盈余分配、提供岗位、设施建设等多样化的减贫机制形成了较好的减贫效应，对比分析了较落后与较发展地区合作社在减贫效应方面存在的差异及其成因；指出了合作社通过市场进入机制、盈余分配机制、主观能动机制进行减贫，并通过结构方程模型（SEM）验证了合作社能够增加贫困社员收入、改善其能力和满意度等假说；在多维减贫视角下，通过建立一整套指标体系，对合作社减贫效应进行了计量分析，判断了规模特征、产权制度、治理机制、政府、理事长、经营特征等对合作社减贫效应的影响；依据北京大学国家发展研究院的“中国农村金融调查”专项入户调研数据，从业缘、血缘和地缘等合作社形成的社会网络视角，运用需求可识别双变量 Probit 模型与联立方程组模型（SEM）考察了合作社对减贫效应的影响，得出了合作社社会网络对农户正规与非正规信贷均有显著影响等结论。可以说，不同角度的研究殊途同归地证实了本研究的基本假定：合作社具有较好的减贫效应。

三是协同问题。包括京津冀的地区特征以及各自的差异，合作社减贫协同的必要性和相关的设想、建议等。基本主张是，因为存在差异，就需要通过各种协同性的系统的支持政策，缩小合作社发展的差距进而改善本区域合作社的减贫效应。

本研究的完成有赖于群策群力。甚至可以说我只是提供了想法和思路，做了一些组织协调工作。为了记录他们的贡献，他们的分工和名字都在各章中一一注明了。在此向可畏的后生们致敬。

当然，不得不点到的一点是，本研究设计的工作量过多了，这是开题时专家们就已经达成的一致看法，结题时这种感觉更深重了。这也许是借口，但不是理由，可本研究还是留下一些遗憾和暂时难以克服的不足，本人和课题组真诚地欢迎方家不吝指正，以期在后续的研究中得到提高和完善。

再次真诚感谢所有与本课题有关的帮助和提携。

又：今年恰逢“第一个百年”光辉目标完成之期，又正值我执教三十周年之际，时光的交汇让人不由生出“江山留胜迹，我辈复登临”的豪迈感。此时此刻，也不由得回望来路，良多感慨应时而至。犹记少年时，“独上高楼望尽天涯路”的踌躇满志……到后来，跋山涉水时，有“秋风萧瑟”“洪波涌起”的爽快；申请课题时，有“已是悬崖百丈冰，犹有花枝俏”的惊喜；把酒临风时，有“塞下秋来风景异，衡阳雁去无留意”的惆怅；放眼风物时，有“莫道君行早”“风景这边独好”的感悟；神疲力倦时，有“六亿神州尽舜尧”的自我激励……总而言之，一言以蔽之，“幸甚至哉”，谨记如左。

冯开文

2021 年 12 月 28 日于北京

图书在版编目（CIP）数据

京津冀农民合作社减贫效应及协同政策研究 / 冯开文等著. —北京：中国农业出版社，2022.3
ISBN 978-7-109-29215-4

Ⅰ.①京… Ⅱ.①冯… Ⅲ.①农业合作社—作用—扶贫—研究—华北地区 Ⅳ.①F321.42②F323.8

中国版本图书馆 CIP 数据核字（2022）第 040763 号

中国农业出版社出版
地址：北京市朝阳区麦子店街 18 号楼
邮编：100125
责任编辑：赵　刚
版式设计：王　晨　　责任校对：沙凯霖
印刷：北京中兴印刷有限公司
版次：2022 年 3 月第 1 版
印次：2022 年 3 月北京第 1 次印刷
发行：新华书店北京发行所
开本：700mm×1000mm　1/16
印张：17.5
字数：265 千字
定价：88.00 元
